歴史の道をたどる
日本地図帳

街道
アトラス

平凡社

目次……2
はじめに・凡例……4
海の道……142

北海道・東北の道……6

奥州街道……8
野田・沼宮内街道／小本街道／宮古街道、遠野街道／釜石街道……10
石巻街道、陸前浜街道……11
松前街道／札幌本道、秋田街道／津軽街道……12
笹谷街道／六十里越街道、七ヶ宿街道……13
羽州街道／羽州浜街道……14
白河街道／米沢街道……15

関東の道……16

日光街道……18
日光例幣使街道、御成道／壬生道……19
信州街道／下仁田街道、水戸街道／成田街道……20
川越街道、中原街道／大山街道……21
甲州道中……22
青梅街道／五日市街道……23

東海と甲信の道……24

東海道……26
下田街道、身延道……59
姫街道、伊那街道……60
美濃路、伊勢街道……61
中山道……62
秩父往還、佐久甲州街道……104
善光寺街道……105

北陸の道……106

三国街道／北国街道、会津通り……108
北陸道……109
千国街道、飛騨街道／野麦街道……110
郡上街道／白川街道／塩硝街道／美濃街道……111

近畿の道……112

西近江路／若狭路／周山街道……114
丹波路、奈良街道……115
竹内街道、山の辺の道……116
伊賀街道／柳生街道、初瀬街道……117
伊勢本街道、高野街道……118
大和街道、紀州往還……119
熊野古道（大辺路、中辺路、小辺路、伊勢路、大峯奥駈道）……120

中国の道……122

山陰街道……124
西国街道（山陽道）……124
出雲往来／智頭街道、東城往来……128
石見銀山街道、萩往還／北浦街道……129

四国の道……130

志度街道／長尾街道、伊予街道／撫養街道……132
高松街道／丸亀街道／多度津街道、讃岐街道／小松街道／今治道……133
土佐北街道／土佐東街道、松山街道……134
中村街道／檮原街道、大洲街道／宇和島街道／宿毛街道……135

九州・沖縄の道……136

日向街道……138
長崎街道／唐津街道／島原街道……139
日田往還、豊後街道……140
薩摩街道／人吉街道、国頭方西海道……141

はじめに

街と街、さらには寺社仏閣や港（湊）などの主要拠点を結ぶ交通路である街道。人の往来や物資の輸送、情報の伝達を支える主要インフラとして、古くから整備されてきた。

8世紀の古代律令制の時代においては、都と各地の国府を結ぶための道路網として、山陽道、東海道、東山道、北陸道、山陰道、南海道、西海道の七道が整備された。これらの道には、原則として約16㎞ごとに宿泊施設や人馬が配置される「駅」が置かれ、朝廷からの使者である駅使に馬を用意する仕組みが整えられた。いわゆる「駅伝制」である。制度は時代とともに変化し、経路も変わっていったが、七道は日本の交通ネットワークの中核となった。

以降も各時代、各地域の権力者によって道は整えられてきたが、全国的に大きな整備が行われたのが17世紀の江戸時代。政治の中心が江戸に移ったなかで、徳川家康が五街道の整備に着手した。慶長2年（1601）、東海道に「伝馬制」が定められ、人馬を常備させる宿がおよそ2〜3里（約8〜12㎞）ごとに設けられた。さらに、宿には旅籠や本陣が設けられたほか、道幅の拡張や関所、一里塚、並木の設置など、道の整備も行われた。東海道に続き、中山道、日光街道、奥州街道、甲州道中、さらには主要街道以外の脇街道でも整備が進められていった。

街道を利用したのは、参勤交代で江戸に向かう大名や、物資を運ぶ商人、手紙を運ぶ飛脚などが主だが、旅をする庶民も利用した。この時代、庶民の移動は厳しく制限されていたものの、伊勢参りをはじめとした参詣の旅は許されやすく、多くの街道を利用して巡礼の旅に赴いた。そうした旅人のために、宿場には旅籠や茶屋、商店が立ち並び、街道沿いは大きく賑わった。

明治時代に入って鉄道が整備されると、徒歩での長旅が減り、街道や宿場は往時の輝きを失っていった。だが、過去に埋もれてしまったわけではない。当時の面影を伝える史跡や建築物が、かつての宿場町や街道沿いには残されており、現代の国道をたどってみれば、かつての街道のルートが踏襲されていることがわかる。過去の道ははっきりと現代に続いている。本書の地図を眺めながら、そのつながりを確かめていただきたい。

凡例

・掲載している街道は、日本の主要な街道を選定したものであり、すべての道を網羅しているものではない。
・街道の呼称や経路、始点や終点については、『日本歴史地名大系』をはじめとした資料にもとづいて、妥当性があると判断したものを編集部で選定している。
・宿場をはじめとした地名の読みについては、『日本歴史地名大系』を参照している。
・街道によっては宿場だけではなく、主要な集落や村を記載している。
・東海道、中山道については、２０２３年10月時点の地図情報を用いている。
・東海道・中山道の標高図は、標高によって尺度を変えている。

東海道・中山道の凡例

街道（点線は推定部分）
興津（おきつ）　宿場
高速道路
その他の道路
ＪＲ新幹線
ＪＲ線
私鉄線
1　国道番号

その他の街道図の凡例

主題街道
接続する主な街道
○　主な宿場・集落
●　峠・名所など
▲　山頂
⛩　神社
卍　寺院
城・城跡

参考文献

『日本歴史地名大系』平凡社　１９７９-２００５年
『太陽コレクション 地図 江戸・明治・現代 江戸・東海道』平凡社　１９７７年
『太陽コレクション 地図 江戸・明治・現代 京都・大阪・山陽道』平凡社　１９７７年
『太陽コレクション 地図 江戸・明治・現代 南海道・西海道』平凡社　１９７７年
『太陽コレクション 地図 江戸・明治・現代 中山道・奥州道』平凡社　１９７７年
『世界大百科事典』平凡社　２００７年
『太陽の地図帳 日本の古道を歩く』平凡社　２０１８年
『旧国名でみる日本地図帳 お国アトラス』平凡社　２０２０年
『国史大辞典』吉川弘文館　１９７９-97年
『日本大百科全書』小学館　２００１年公開（ジャパンナレッジ）
『日本の街道ハンドブック 新版』三省堂　２００６年
『週刊 日本の街道』1～100号　講談社　２００２-04年
『江戸時代図誌』1～27巻　筑摩書房　１９７５-78年
『県別全国古街道事典 東日本編』東京堂出版　２００３年
『県別全国古街道事典 西日本編』東京堂出版　２００３年
『別冊宝島 日本の古道』宝島社　２０１５年
『地図と写真から見える！日本の街道 歴史を巡る！』西東社　２０１４年

北海道・東北の道

奥州街道

野田・沼宮内街道

小本街道

宮古街道

遠野街道

釜石街道

石巻街道

陸前浜街道

松前街道
札幌本道
秋田街道
津軽街道
笹谷街道
六十里越街道
七ヶ宿街道
羽州街道
羽州浜街道
白河街道
米沢街道

奥州街道

江戸から本州の北端へ。日本一長い街道

奥州街道は武蔵国の日本橋（東京都中央区）から陸奥国の三厩（青森東津軽郡外ヶ浜町）を結ぶ道。国道4号の道筋と重なる。奥州道中とも呼ばれる五街道のひとつで、全長は約900㎞と、日本の街道のなかでも最も距離が長い。古代、奥州は大和王朝の定めた東山道のさらに奥の国に位置付けられ、道が整ってきたのは鎌倉時代頃。青森県の外ヶ浜までが奥大道とされており、江戸時代に入ってこの道筋を整備して、奥州街道とされた。

奥州街道は初め、江戸四宿のひとつ千住から日光街道と同じ経路をたどり、宇都宮で分かれる（地図は宇都宮から）。ここから北上し磐城国に入り、かつて白河関が置かれた奥州の玄関口白河へ。なお、宇都宮の次の白沢から白河までの10宿は道中奉行の支配下に置かれており、白河までが幕府の公式な奥州街道とされたが、これ以降も広く奥州街道と呼ばれる。岩代国に入って、郡山

奥州街道 三厩〜一関

盛岡の北上川から岩手山を望む

本州最北端外ヶ浜の龍飛岬

や二本松、福島、七ヶ宿街道と合流する桑折を経て、再び磐城国へ。仙台藩の越河番所の置かれた国見峠を超え、金ヶ瀬の手前で陸前国に入り、岩沼で陸前浜街道と合流し、やがて仙台藩の城下町の仙台(宮城県仙台市)へ入る。仙台から北上し一関で陸中国に入り、釜石街道と分岐する花巻を経て、南部藩の城下町で宮古街道や秋田街道が合流する盛岡へ。北上川の舟運で栄えたこの地は、江戸時代前期には商家が1万を超すほどの商都として繁栄した。さらに野田・沼宮内街道と分岐する沼宮内を経て、三戸で陸奥国へ。青森を経由して、本州の最北端三厩へと至る。三厩より先の松前は、海路で繫がっており、松前街道へと続いていく。

仙台藩の青葉城跡に立つ伊達政宗騎馬像

奥州街道は多くの藩の参勤交代に利用され、松前藩、盛岡藩、八戸藩、一関藩などがこの道を通った。江戸時代中期は蝦夷地の開発、江戸時代後期にはロシア勢力南下による北方警備のため、幕府の役人が通り、沿道で公用人馬の徴発が増加したとされる。出羽三山への参詣者や松島の遊山客も通ったが、この道の利用をした人物でよく知られるのが、松尾芭蕉。『おくの細道』で描かれるルートは江戸から奥州街道沿いを歩き、途中、日光例幣使街道などを通るが、白河から仙台、一関へは奥州街道を利用している。

かつて白河関があったとされる旗宿の地

野田・沼宮内街道／小本街道／宮古街道

奥州街道から太平洋側へと抜ける

野田・沼宮内街道は、陸中国の奥州街道沼宮内（岩手県岩手郡岩手町）から野田（岩手県九戸郡野田村）を結ぶ道。現在の国道281号の道筋と重なる。平庭峠を越えて野田に至る道だが、小本街道から分岐して野田へ至る道もあったという。この街道は「塩の道」ともいわれ、江戸後期には、直煮製塩で作られた天然の塩が運ばれた。

小本街道は、陸中国の奥州街道盛岡（岩手県盛岡市）から小本（岩手県下閉伊郡岩泉町）を結ぶ道。現在の国道455号の道筋と重なる。小本から塩・魚類・海藻が盛岡へと運ばれた。特に小本産の鮭は珍重された。坂が多く馬が使えなかったため、1人の牛方が荷物を背負った牛を5～6頭引き連れて民謡の「南部牛追唄」を唄いながら峠を登ったという。

宮古街道は、盛岡から宮古（岩手県宮古市）を結ぶ道。現在の国道106号と道筋が重なる。宮古沿岸の海産物を内陸に運び、内陸からは米や雑穀が運ばれていた。魚問屋や魚の仲買人を五十集と呼ぶことから、五十集の道とも呼ばれた。また、宮古港は江戸と松前を結ぶ東航路の中継地として発展し、町も大いに繁栄した。

遠野街道／釜石街道

塩や鉄を運んだ、仙人峠越えの道

遠野街道は、陸中国の奥州街道盛岡（岩手県盛岡市）から遠野（岩手県遠野市）を結ぶ道。現在の国道396号の道筋と重なる。

釜石街道は奥州街道花巻（岩手県花巻市）から釜石（岩手県釜石市）を結ぶ道。現在の国道283号の道筋と重なる。標高約890mの仙人峠越えの山道は難所として知られ、「九十九曲の急坂」と称されるほどの険しさだったとされる。

この両街道は三陸海岸の塩や海産物を内陸に、内陸の米を沿岸部に運ぶ道で、二つの街道が交わる遠野は物資の集散地として栄えた。江戸末期には釜石に日本初の洋式高炉が誕生したことから、「鉄の道」とも称された。

紅葉の美しい仙人峠

世界遺産に登録された釜石の橋野高炉跡

石巻街道

金華山参詣や松島遊山へ

石巻街道は、陸前国の奥州街道仙台（宮城県仙台市）から石巻（宮城県石巻市）を結ぶ道。国道45号の道筋と重なる。霊島・金華山への参詣道。金華山は牡鹿半島に浮かぶ孤島で、鉱物の神である金山毘古神・金山毘売神を祀る金華山黄金山神社があり、島全体が神域となっている。「3年続けて参詣すれば、一生お金に困らない」という民間信仰があり、多くの参詣者が訪れた。このほかにも道中には、景勝地・松島、瑞巌寺、多賀城跡、塩竈などの名所が点在し、松尾芭蕉をはじめとした多くの文人墨客が往来したとされる。また、石巻は港町として栄え、北上川周辺の米を集積し、江戸へと送る拠点としても栄えた。

金華山に立つ金華山黄金山神社

陸前浜街道

勿来関を通る古代の官道

陸前浜街道は、常陸国の水戸（茨城県水戸市）から陸前国の岩沼（宮城県岩沼市）を結ぶ道。水戸から先は江戸へと至る水戸街道で、岩沼は奥州街道との合流地点である。国道6号の道筋と重なる。そもそも歴史は古く、5世紀頃には歌枕でもあり奥州三関のひとつ「勿来関」がこの道に設けられ、官道として整備されていた。陸前国を通り、海岸線の浜通りに沿って進むことからこの名で呼ばれるが、かつては藩によって呼称が異なり、仙台藩では「江戸浜街道」、水戸藩では「岩城相馬街道」「磐城街道」などとされ、陸前浜街道が正式名称として用いられるようになったのは、明治期に入ってからのこととされる。五街道に次ぐ主要な街道のひとつとされながらも、幕府の命により参勤交代は奥州街道が主に使われたが、相馬藩や磐城平藩は利用していた。

街道沿いの小高は、平安時代に始まるとされる「相馬野馬追」の地

松前街道／札幌本道

本州と蝦夷をつなぐ

松前街道は、陸奥国の奥州街道油川(青森県青森市)から蝦夷の函館(北海道函館市)を結ぶ道。国道228号と道筋が重なる。松前藩が参勤交代で通った道で、津軽海峡を船で渡り、三厩から奥州街道を経て江戸へ向かった。三厩は蝦夷地への出航地で、松前藩の本陣が置かれた。また、津軽海峡の風待ち場でもあり、ニシンや昆布、ヒバやエゾマツなどを取り扱う廻船問屋が軒を連ね、賑わいをみせた。

札幌本道は北海道の函館から札幌を結ぶ道。国道36号と道筋が重なる。もともと千歳越えという道があったとされ、それをなぞるように明治期に作られた。アメリカの技術者の協力のもと、総延長180kmに及ぶ西洋式馬車道であった。

松前街道沿い、約1km続く黒松並木

秋田街道／津軽街道

盛岡を起点に、秋田と津軽をつなぐ

秋田街道は、陸中国の盛岡(岩手県盛岡市)から羽後国の大曲(秋田県大仙市)を結ぶ道。国道46号の道筋と重なる。盛岡藩と久保田藩の境である国見峠の麓には番所が置かれ、通行する旅人や物資の監視にあたった。西廻り航路で秋田湊に陸揚げした木綿・京細工物・扇子などが運ばれ、盛岡からは塩干魚・海藻などの海産物が運ばれた。

津軽街道は、盛岡から陸奥国の碇ヶ関(青森県平川市)を結ぶ道。国道282号と道筋が重なる。碇ヶ関は羽州街道と交わる要衝で、津軽藩が管理する関所が置かれた。盛岡藩の尾去沢鉱山から産出された銅のほかに、塩や穀物などの生活物資がこの街道を通して運ばれた。

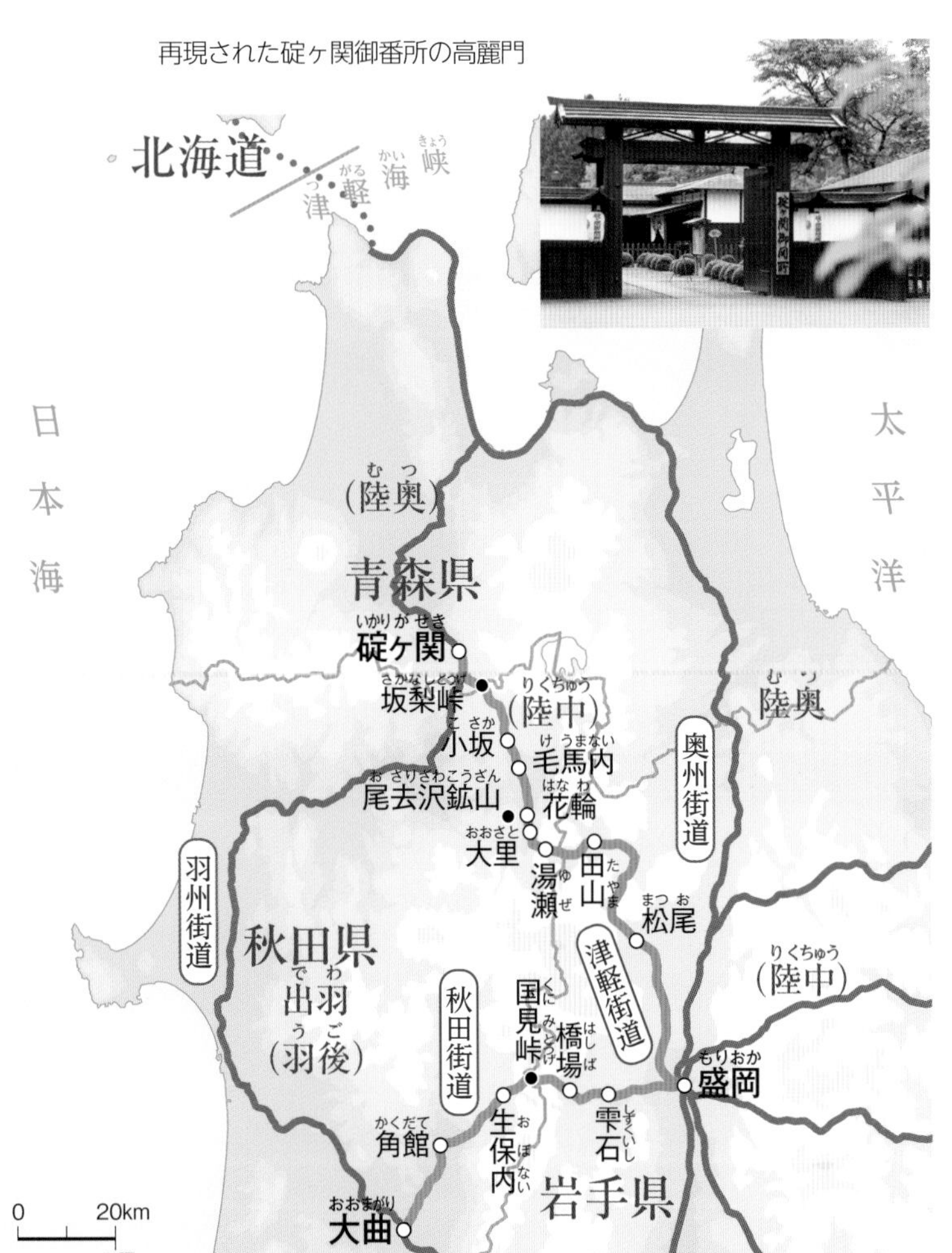

再現された碇ヶ関御番所の高麗門

笹谷街道／六十里越街道

出羽三山の参詣者が利用した道

笹谷街道は、陸前国の仙台（宮城県仙台市）から羽前国の山形（山形県山形市）を結ぶ道。国道286号の道筋と重なる。古くから笹谷峠を越えてふたつの地域を結ぶ道として使われ、羽前側の大名が参勤交代で利用したほか、米や海産物などの物資の輸送経路としての多くの人々が行き交った。また、出羽三山参詣者も多く利用した。

六十里越街道は、山形から鶴岡（山形県鶴岡市）を結ぶ道。国道112号の道筋と重なる。この街道も古代から出羽三山の参詣者に使われ、白装束の行者で賑わった。門前町には多くの宿坊があり、寒河江・海味・田麦俣などは行者宿として栄え、街道沿いの他の村には行者相手の茶屋などが設けられた。

出羽三山羽黒山の五重塔

七ヶ宿街道

羽州街道と奥州街道を結ぶ

七ヶ宿街道は、羽前国の羽州街道上山（山形県上山市）から岩代国の奥州街道桑折宿（福島県伊達郡桑折町）を結ぶ道。途中に、湯原・峠田・滑津・関・渡瀬・下戸沢・上戸沢の7つの宿場があったことからこの名がついたとされる。出羽国諸藩13の大名が参勤交代で利用した。上山から東へ向かうと金山峠、小坂峠を越える険しい道が続くが、峠からは蔵王連峰の雄大な眺望が広がる。

中心的な宿場であった関宿の本陣は規模が大きく、東海道品川宿本陣と同等。戊辰戦争時、関宿本陣に仙台藩・米沢藩・会津藩の家老らが集まり、会津藩の降伏条件を巡って論議した「関宿会談」が行われた。滑津宿には、七ヶ宿街道で唯一本陣建築が残る。

滑津宿に残る安藤家本陣

羽州街道／羽州浜街道

奥州の日本海側を走るふたつの街道

羽州街道は、羽前国の上山（山形県上山市）から陸奥国の奥州街道油川（青森県青森市）を結ぶ道。国道13号、国道7号の道筋と重なる。七ヶ宿街道と合流する上山から北上し、笹谷街道と合流する山形へ。さらに北へ進み雄勝峠を越えて羽後国に入ると、湯沢や横手を経て大曲で秋田街道と合流し、羽州浜街道と合流する秋田藩の城下町久保田へ。さらに矢立峠を越えて陸奥国へ入り津軽街道と合流する碇ヶ関を経て、奥州街道の油川へと至る。津軽氏の陸奥黒石藩、酒井氏の庄内藩、佐竹氏の秋田藩など13の大名が参勤交代にこの街道を利用している。この街道きっての商都は、初代山形藩主・最上義光が礎を築いた山形で、最上川の舟運を利用した交易によって繁栄。特産である米や材木、真綿などを運び、街道沿いは賑わいをみせた。特に、山形の紅花は質が良く、高級な西陣織や化粧用の紅などに使う染料として需要があり、日本一の紅花産地に成長した。

羽州浜街道は、越後国の村上（新潟県村上市）から羽後国の久保田（秋田県秋田市）を結ぶ道。国道7号の道筋と重なる。出羽の日本海側を南北に結ぶ道で、商人のほかに出羽三山の参詣者が利用した。湊として繁栄した酒田は、江戸の商人・河村瑞賢が出羽地方の年貢米を江戸に送るために整備した西廻り航路の拠点で、西国の商船も出入りするようになった江戸中期には毎年約3000艘もの船が往来したという。「日本一の大地主」と呼ばれた本間氏のような豪商が次々と誕生するなど、酒田は江戸を通じて繁栄した。

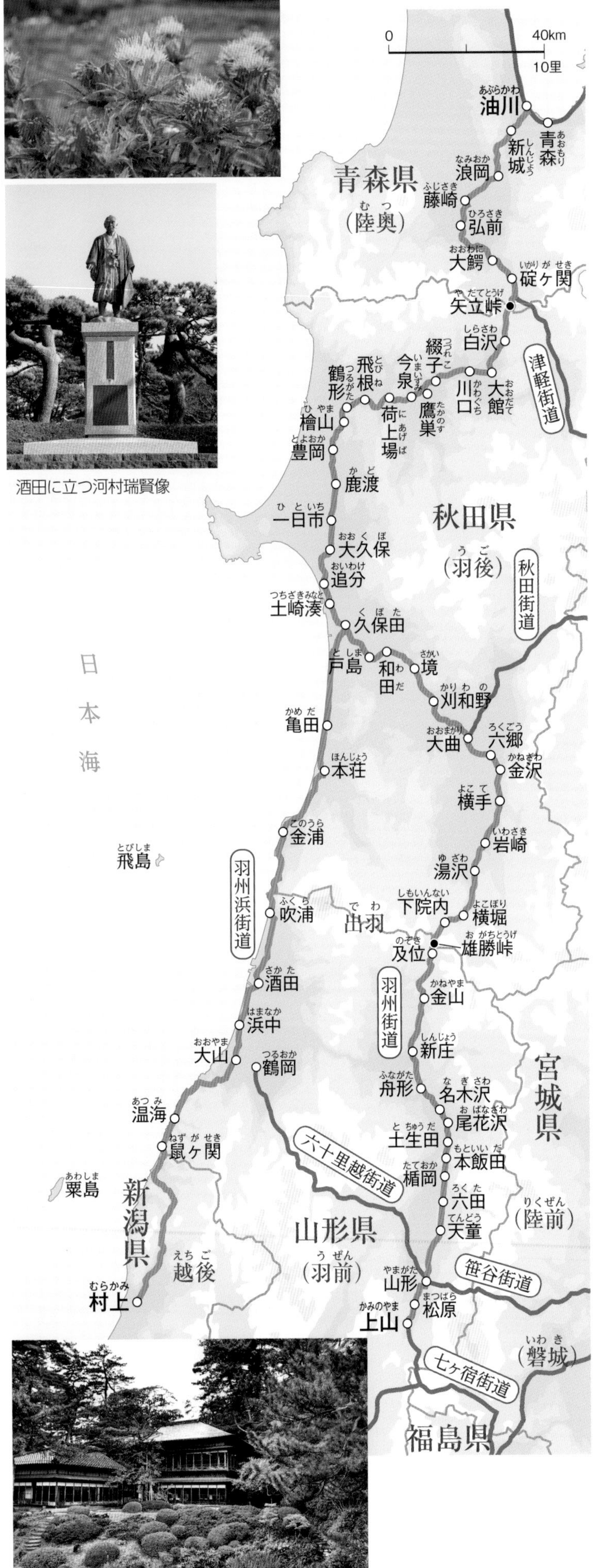

山形の紅花畑

酒田に立つ河村瑞賢像

日本一の大地主と言われた本間氏の別邸庭園

白河街道／米沢街道

若松を起点に奥州街道と出羽方面を結ぶ

白河街道は、磐城国の奥州街道白河（福島県白河市）から岩代国若松（福島県会津若松市）を結ぶ道。国道294号の道筋と重なる。奥州街道と交わるこの道は、会津方面から江戸へと通じる道であり、越後新発田藩、村上藩などが参勤交代の道として利用した。また、佐渡金山へ続く佐渡三道（残りは三国街道、北国街道）のひとつでもある重要な道であった。出羽三山への参詣者も利用したという。会津から白河へ向かう場合、福良が約1日の行程で到着するため宿泊する人が多い宿場で、さらに猪苗代舟運の拠点で物資の集散地としても繁栄した。また、難所の勢至堂峠の麓にある三代宿は、会津藩の口留番所や本陣・問屋などが設けられた。鶴ヶ城へ向かう伊能忠敬も白河街道を通った際に、当宿に宿泊している。

米沢街道は岩代国の若松（福島県会津若松市）から羽前国の米沢（山形県米沢市）を結ぶ道。国道121号の道筋と重なる。白河街道と結節する道で、会津街道とも呼ばれた。大塩峠や檜原峠などの険しい峠道が幾所もある難路だが、若松と米沢間の要路として古くから利用された。江戸時代には上杉氏の米沢藩と会津藩を結ぶ道として人や物資の往来が盛んで、米沢からは筆や生糸などが運ばれ、会津からは会津漆器や陶磁器などが運ばれた。伊達政宗の会津侵攻や豊臣秀吉の奥州仕置にも利用され、初代会津藩主・保科正之が山形藩から会津に入る際も、この道を通っている。また、出羽三山の参詣者も利用し、途中の宿場には遥拝所も設けられたという。

米沢城跡に立つ上杉神社

会津若松の鶴ヶ城

関東の道

日光街道
日光例幣使街道
御成道
壬生道
信州街道
下仁田街道

水戸街道
成田街道
川越街道
中原街道
大山街道
甲州道中
青梅街道
五日市街道

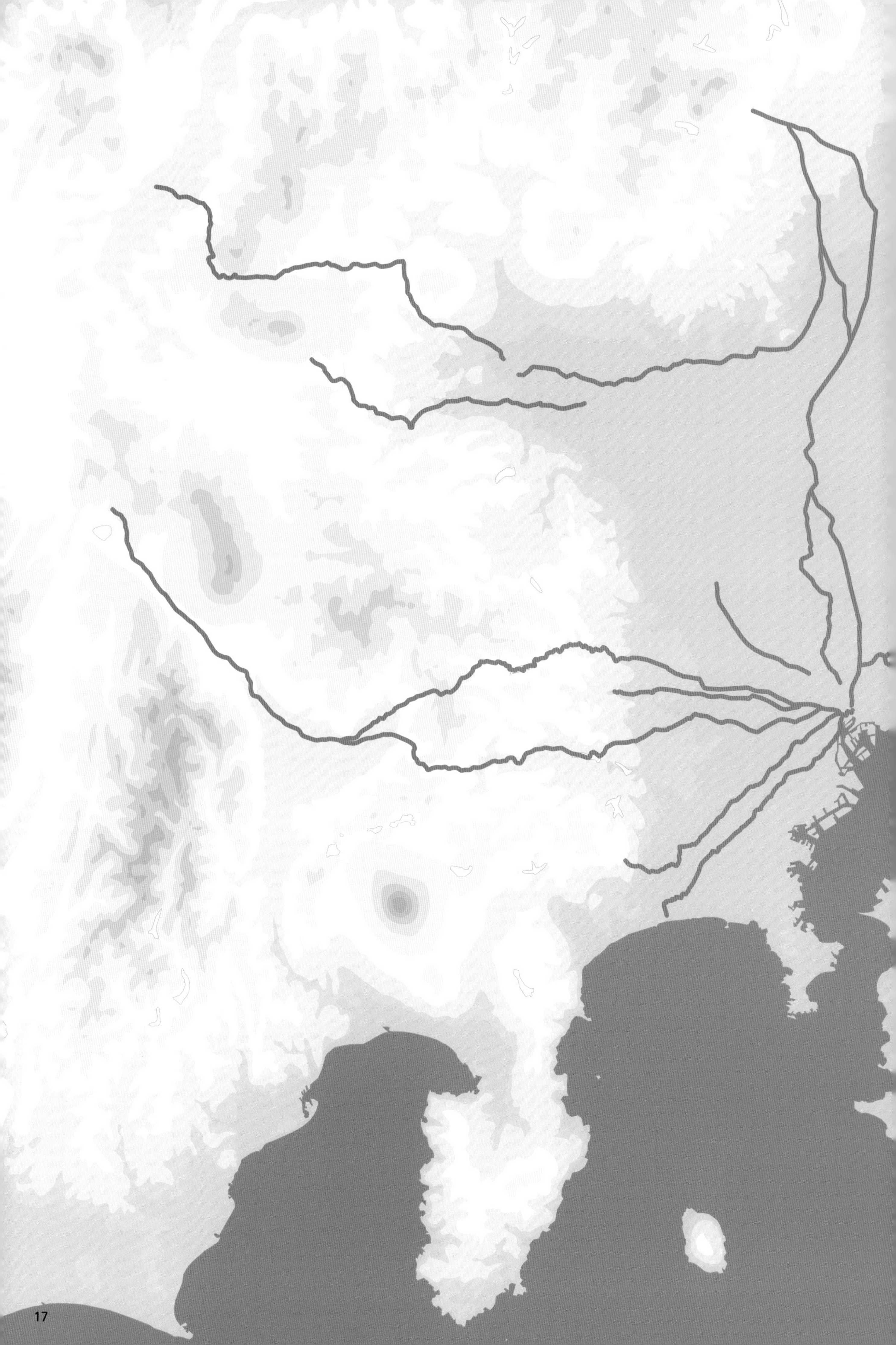

日光街道（にっこうかいどう）

日光東照宮へ続く道

日光街道は、武蔵国の日本橋（東京都中央区）から下野国の日光（栃木県日光市）を結ぶ道で、五街道のひとつ。全長は約144㎞。現在の国道4号と119号の道筋と重なる。宇都宮宿までは奥州街道と同じ経路をたどるが、そこで分岐して杉並木の続く今市、日光東照宮の門前町である鉢石を通って日光へと到達する。元和3年（1617）に徳川家康の廟所が久能山から日光東照宮に移されたのを契機に、宇都宮以降の街道の整備が本格的に始まり、将軍家の日光参詣が制度化されると、街道も大きく賑わっていくようになる。なお、将軍の参詣道は千住宿を通らず、西の御成道を通った。また、日光街道は奥州や下野の大名の参勤交代の道としても利用された。

日光はもともと男体山を中心とする山岳信仰があり、室町時代末期から門前町が形成されていたが、東照宮が造営されるとさらに繁栄し、参詣客で日光街道は大いに賑わったという。

日光街道のシンボルといえば、今市から日光へと続く杉並木。川越藩松平氏が20年余りの年月をかけて植樹したもので、日光例幣使街道なども合わせると総延長は30㎞を超す。今も杉並木は残されており、江戸時代の面影をとどめている。

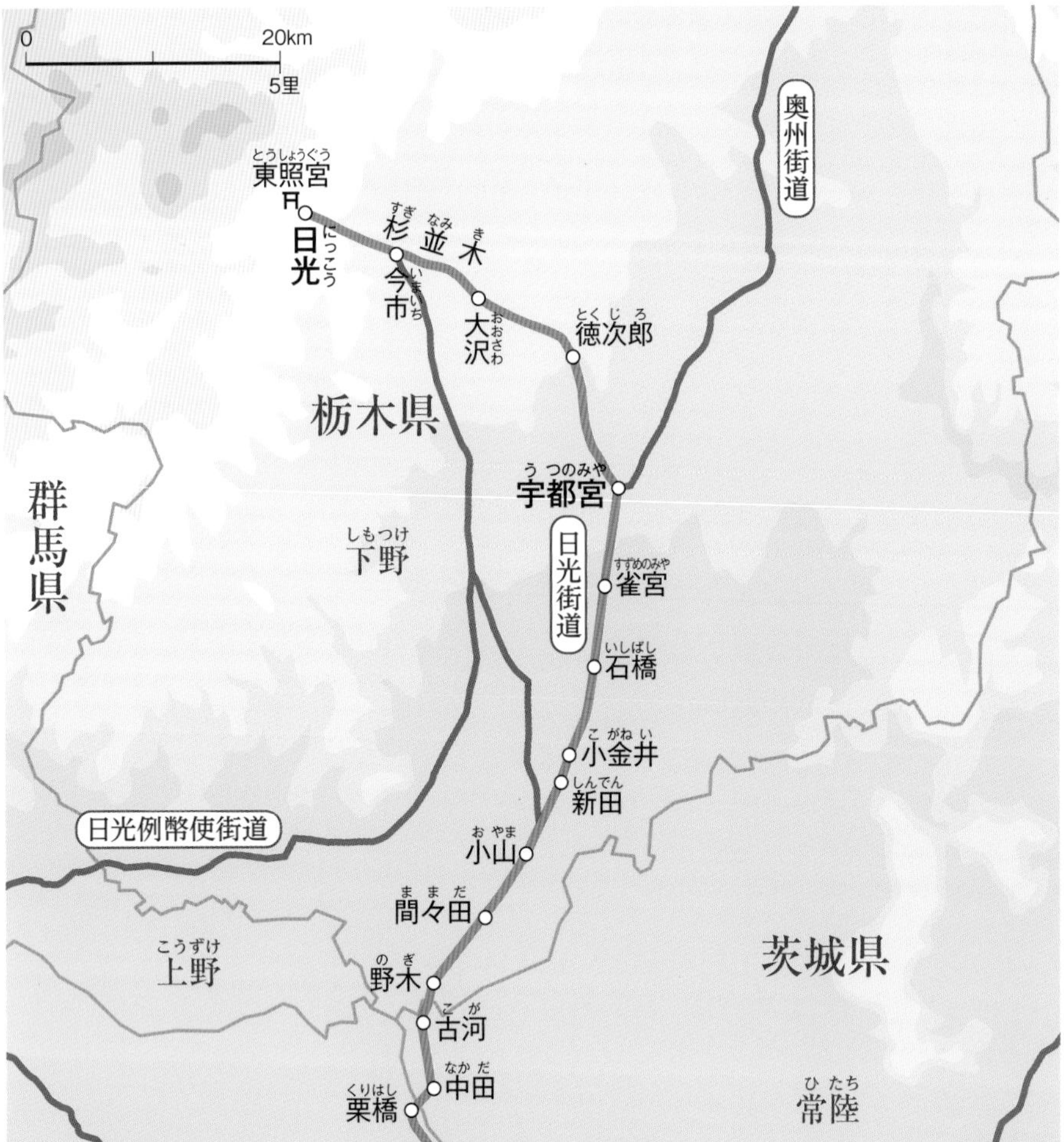

0　20km　5里
東照宮　日光　杉並木　今市　大沢　徳次郎　奥州街道
栃木県　群馬県　下野　宇都宮　日光街道　雀宮　石橋　小金井　新田　小山　間々田　野木　古河　中田　栗橋　幸手　杉戸　粕壁　越ヶ谷　草加　千住　日本橋
日光例幣使街道　上野　茨城県　常陸　埼玉県　御成道　水戸街道　下総　武蔵　千葉県　東京都　東京湾

日光東照宮の参道

未舗装の道に杉並木が続く

日光例幣使街道

朝廷の勅使が東照宮へ向かう

日光例幣使街道は、上野国の中山道倉賀野宿（群馬県高崎市）から下野国の日光街道今市宿（栃木県日光市）を結ぶ道。京の朝廷が日光東照宮へ幣帛を奉献するための勅使「日光例幣使」が通った道。例幣使は京を出発し中山道を通り、15日をかけて日光へと旅した。この慣例は慶応3年（1867）まで続けられた。例幣使だけでなく商人も多く往来し、舟運で栄えた栃木宿を中心に、北関東と江戸の物流を支える道でもあった。

巴波川沿いに蔵の町並みが残る栃木宿

御成道／壬生道

日光に向かう、2つの脇往還

御成道は、中山道の日本橋と板橋宿の間の本郷追分（東京都文京区）から、幸手宿（埼玉県幸手市）の手前で日光街道と合流する道。国道122号の道筋と重なる。将軍が日光に向かう際に利用した道で、途中の岩槻宿で宿泊したことから、岩槻街道とも呼ばれる。

壬生道は、日光街道の小山宿（栃木県小山市）の北にある喜沢追分で分かれて、壬生宿を経由して日光例幣使街道と合流する道。徳川将軍が壬生城を経由する際に用いたほか、松尾芭蕉が日光に向かう際にこの道を通った。

御成道の一里塚は東京の西ヶ原に残る

信州街道／下仁田街道

上州を通る、善光寺への道

信州街道は、上野国の中山道高崎宿（群馬県高崎市）から信濃国の善光寺（長野県長野市）を結ぶ道。国道406号の道筋と重なる。善光寺への参詣道のひとつ。鳥居峠などの険しい山道も多いが、江戸と北信濃を結ぶ最短の道であり、安い経費で米・菜種油・煙草・木綿などの商用荷物を運ぶことができたことから、旅人や商人にも利用された。江戸時代中期以降は、草津温泉の湯治への訪問者や善光寺参詣者が急増し、中山道をしのぐほど賑わったとも伝わる。

下仁田街道は、武蔵国の中山道本庄宿（埼玉県本庄市）から信濃国の中山道追分宿（長野県北佐久郡軽井沢町）を結ぶ道。国道254号の道筋と重なる。沿道には七日市・小幡・吉井各藩の陣屋があり、上野の藩の公用道でもあった。ふたつの関所が設けられたが、中山道の碓氷関所より厳しい取締りが少なかったため、女性や善光寺への参詣者に好んで利用された。

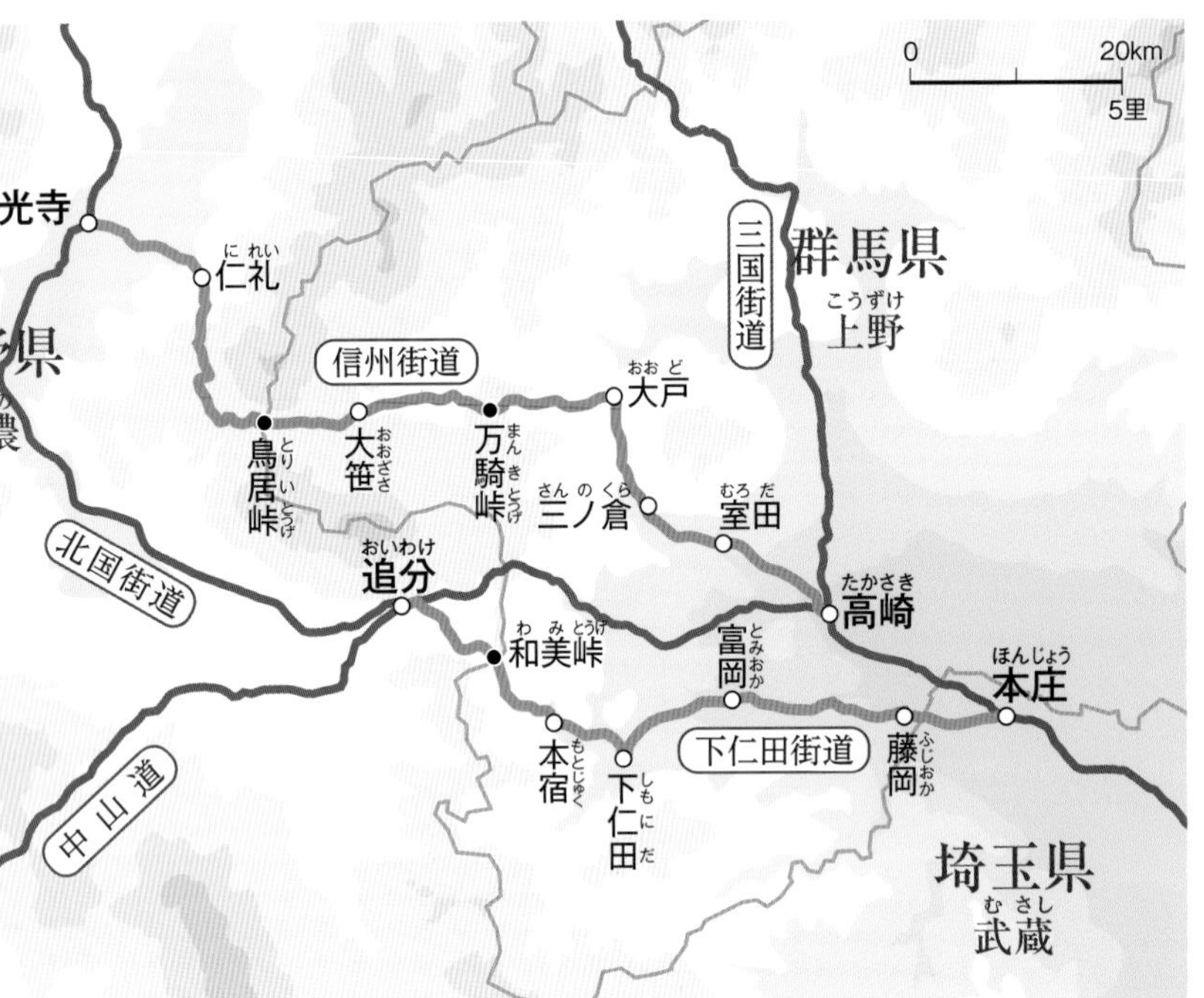

水戸街道／成田街道

江戸と常総方面を結ぶ

水戸街道は、武蔵国の日本橋（東京都中央区）から常陸国の水戸（茨城県水戸市）を結ぶ道。国道6号の道筋と重なる。水戸より先は陸前浜街道とつながる。五街道に次ぐ主要道として重要視され、主に常陸国、下総国、上総国の大名の参勤交代に利用された。また、混雑する奥州街道を避けて水戸街道を利用する奥州の諸大名もあった。

成田街道は、武蔵国の水戸街道新宿（東京都葛飾区）から下総国成田（千葉県成田市）を結ぶ道。国道296号、51号と道筋が重なる。主に成田山新勝寺の参詣路として利用されたが、佐倉城に向かう道でもあったため、佐倉道とも呼ばれた。陸路のほかに木下河岸から安食河岸間を船で渡り、そこから徒歩で陸路を利用するなどの道もあった。

成田山新勝寺の総門

川越街道

北の防衛の要衝川越と江戸を結ぶ

川越街道は、中山道の武蔵国板橋宿（東京都板橋区）から武蔵国川越（埼玉県川越市）を結ぶ道。国道254号の道筋と重なる。北の防衛の要衝として重視された川越に続く道で、川越藩主の松平信綱・輝綱父子が整備した。当時は「川越往還」と呼ばれていた。川越藩の参勤交代や幕府の要人が利用したほか、川越の喜多院や仙波東照宮の参詣者も通った。また、川越と江戸は舟運で結ばれており、川越からは米・さつまいも・木材などを運び、江戸からは織物や小間物、塩などの日用雑貨が運ばれた。特に川越のさつまいもは江戸で評判で、江戸から川越までが13里だったことから、江戸の焼き芋屋は「十三里」と呼ばれていた。

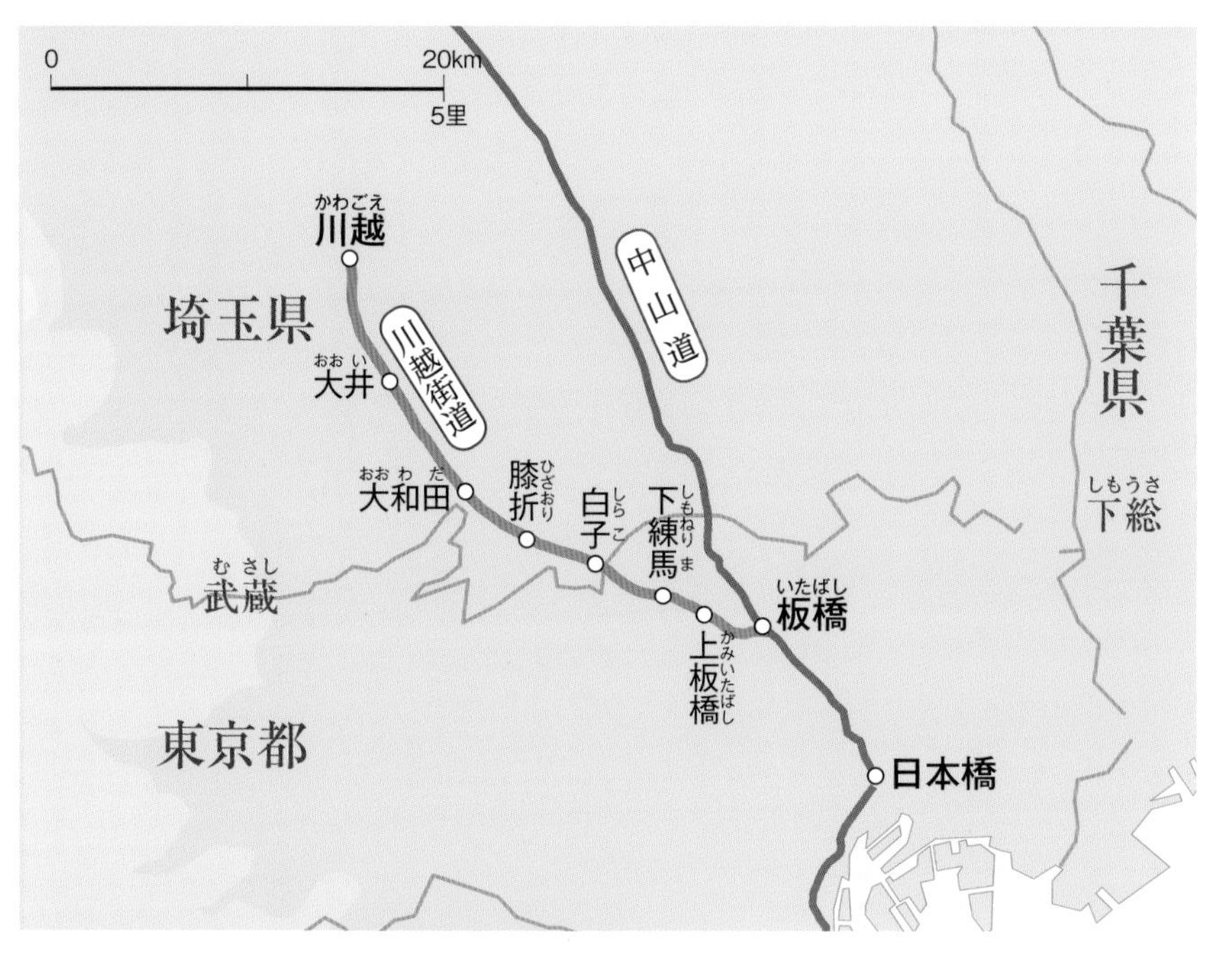

江戸時代の情緒を残す川越の町並み

中原街道／大山街道

東海道とは別の、相州方面の道

中原街道は、江戸の虎御門（東京都港区）から相模国の東海道平塚宿（神奈川県平塚市）を結ぶ道。徳川家康が江戸に入部する際に、この道を利用したと伝わる。将軍が用いる御殿が平塚宿の中原と、下川井、小杉に建てられ、それを利用する道であったが、東海道の整備が進むと、御殿は次々と廃止。その後は江戸への物資の輸送路として商人に利用された。

大山街道は、江戸の赤坂御門（東京都千代田区）から相模国の大山（神奈川県伊勢原市）を結ぶ道。霊山・大山への数ある参詣道のなかでも主要な道。大山詣と江ノ島詣を合わせてめぐる旅が江戸の庶民に人気だった。

葛飾北斎の『冨嶽三十六景 相州仲原』は、中原からの富士を描いたもの

甲州道中（こうしゅうどうちゅう）

甲州と江戸を結ぶ五街道のひとつ

甲州道中は、武蔵国の日本橋（東京都中央区）から、甲斐国の甲府（山梨県甲府市）を経て、中山道の信濃国下諏訪宿（長野県諏訪郡下諏訪町）を結ぶ道で、五街道のひとつ。全長は約220kmで44の宿があり、江戸から甲府までの38宿は表街道、甲府以降の下諏訪までの6宿は裏街道と呼ばれる。現在の国道20号の道筋と重なる。五街道のひとつではあるが、甲州道中を参勤交代に利用した藩は、信濃高遠藩、高島藩、飯田藩のみで、そのほかの沿道の藩は中山道を利用した。江戸城から将軍が退いて甲府城へと向かう備えとして甲州道中が設けられたとも言われるが、大名の往来が無かったことから沿道の整備は進まなかったという。富士吉田登山口を目指す富士講の旅人や、深大寺の参詣者が利用し、第一宿の内藤新宿は江戸四宿のひとつとして賑わった。難所とされるのは、多摩川を渡る日野の渡し、厳しい取締りで知られた小仏関所のある小仏峠などだが、最大の難所は笹子峠。甲州道中が切り開かれる前は「日陰の四寸道」と言われ道らしい道もなく、整備されてからも険しい道が旅人を苦しめたという。猿橋宿には、日本三奇橋のひとつである猿橋がかけられ、旅人が訪れる名所となっていた。

四層のはね木で支えられる猿橋

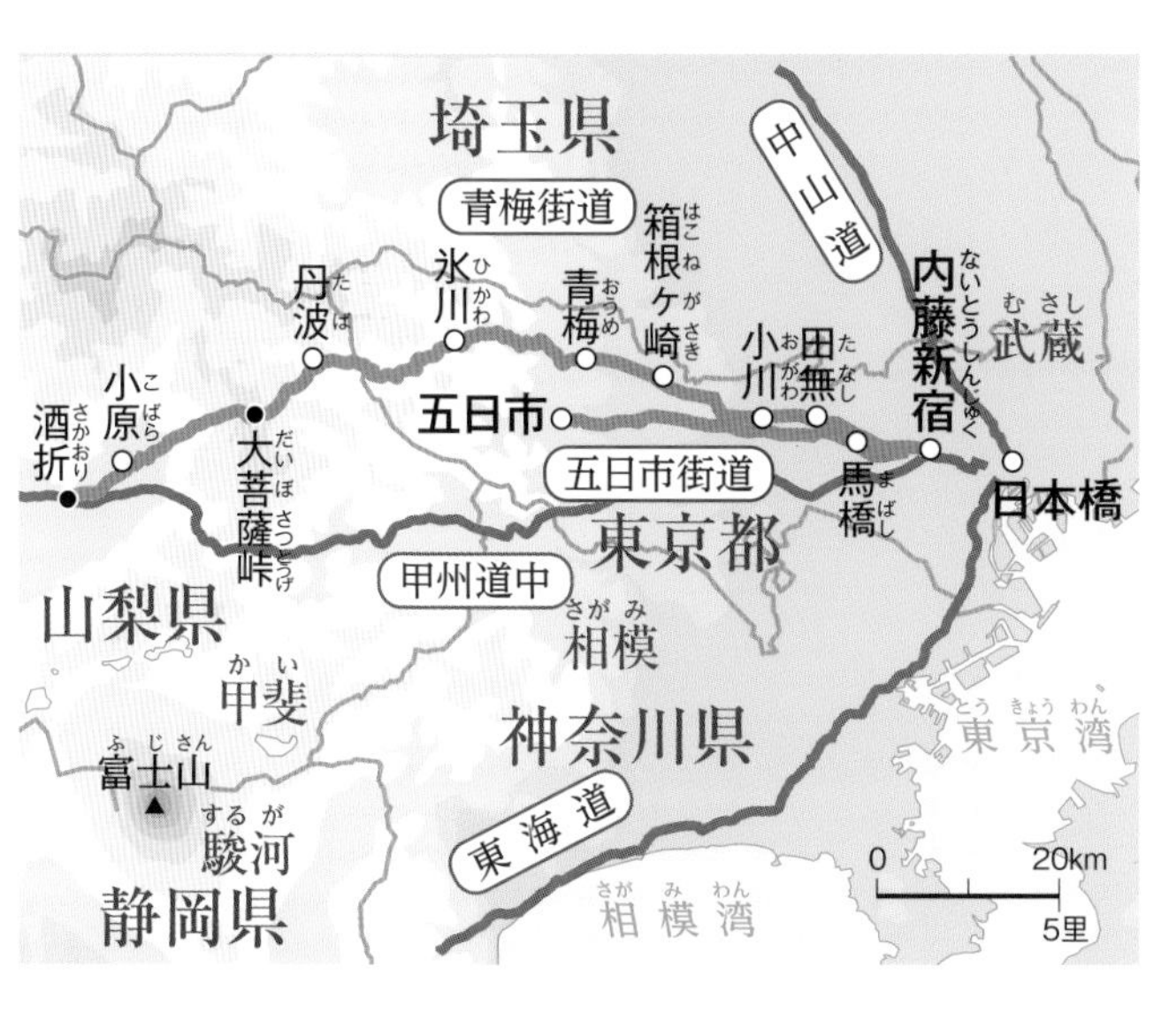

青梅街道／五日市街道

甲州道中と並行してのびる、西方面の道

青梅街道は、武蔵国内藤新宿（東京都新宿区）から青梅宿（東京都青梅市）を経て、大菩薩峠を越えて甲斐国酒折村（山梨県甲府市）で甲州道中と再び合流する道。「甲州裏街道」とも呼ばれる。青梅地方は石灰の産地で、江戸城修築の際に用いる白壁用の石灰を運ぶ輸送路として整備されたのが青梅街道の始まりとされる。杉皮・薪炭・織物など多摩西部の特産品を江戸に運ぶ道としても利用された。

五日市街道は、青梅街道沿いの馬橋村（東京都杉並区）から五日市宿（東京都あきる野市）を結ぶ道。五日市に集積された木炭・木材のほか、沿道の織物・野菜などを江戸に運ぶために整備された。五日市には江戸城修築の際に駆り出された伊奈石工たちがおり、この道を通って江戸を往復した。そのためこの道は、「伊奈道」とも呼ばれていた。

歌川広重「名所江戸百景 四ツ谷内藤新宿」

歌川広重「諸国名所百景 甲州矢立杉」

笹子峠の矢立杉
多くの武将が戦勝を祈願したと伝わる

東海と甲信の道

東海道

下田街道
身延道
姫街道
伊那街道
美濃路
伊勢街道

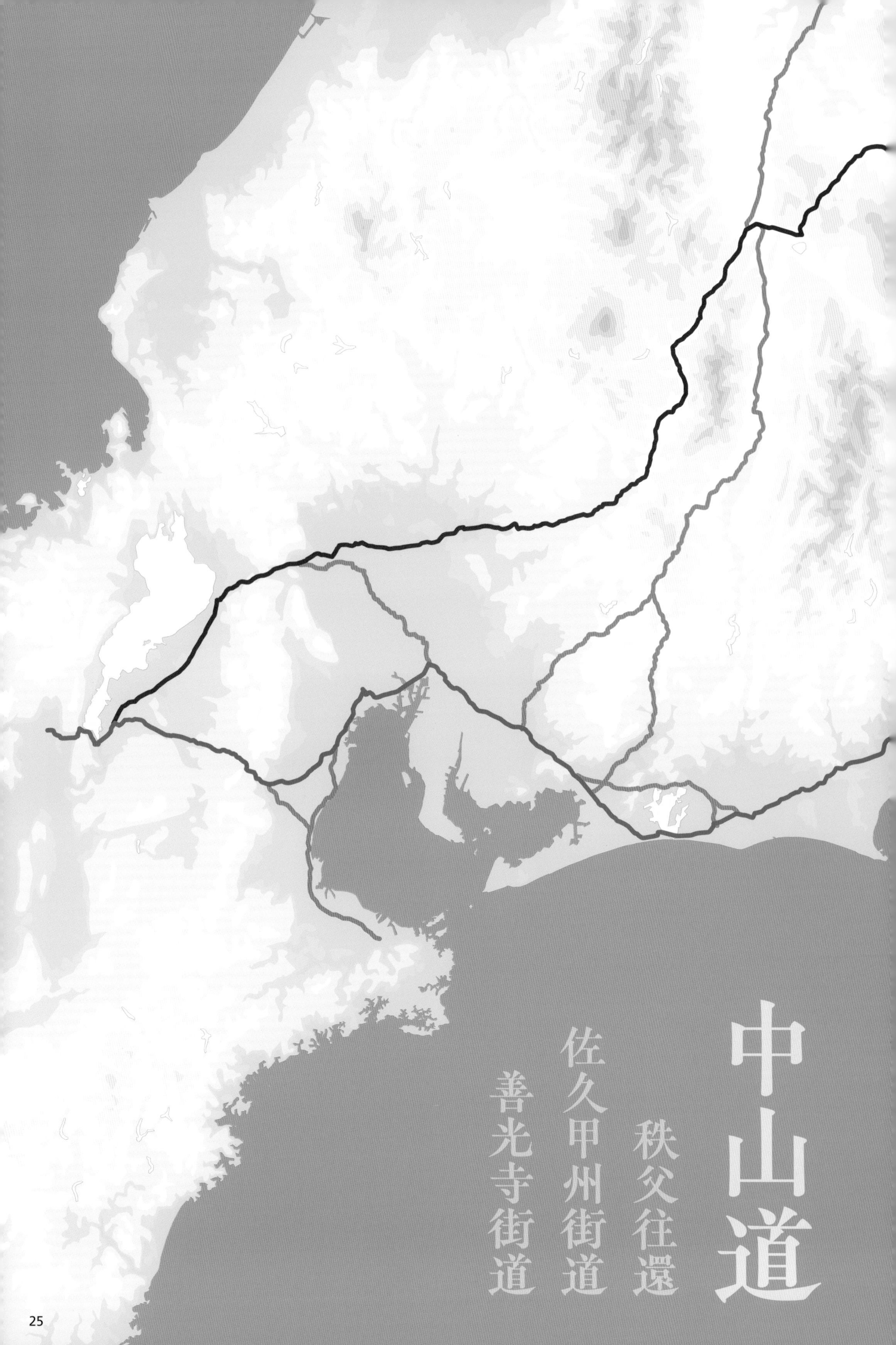
中山道
秩父往還
佐久甲州街道
善光寺街道

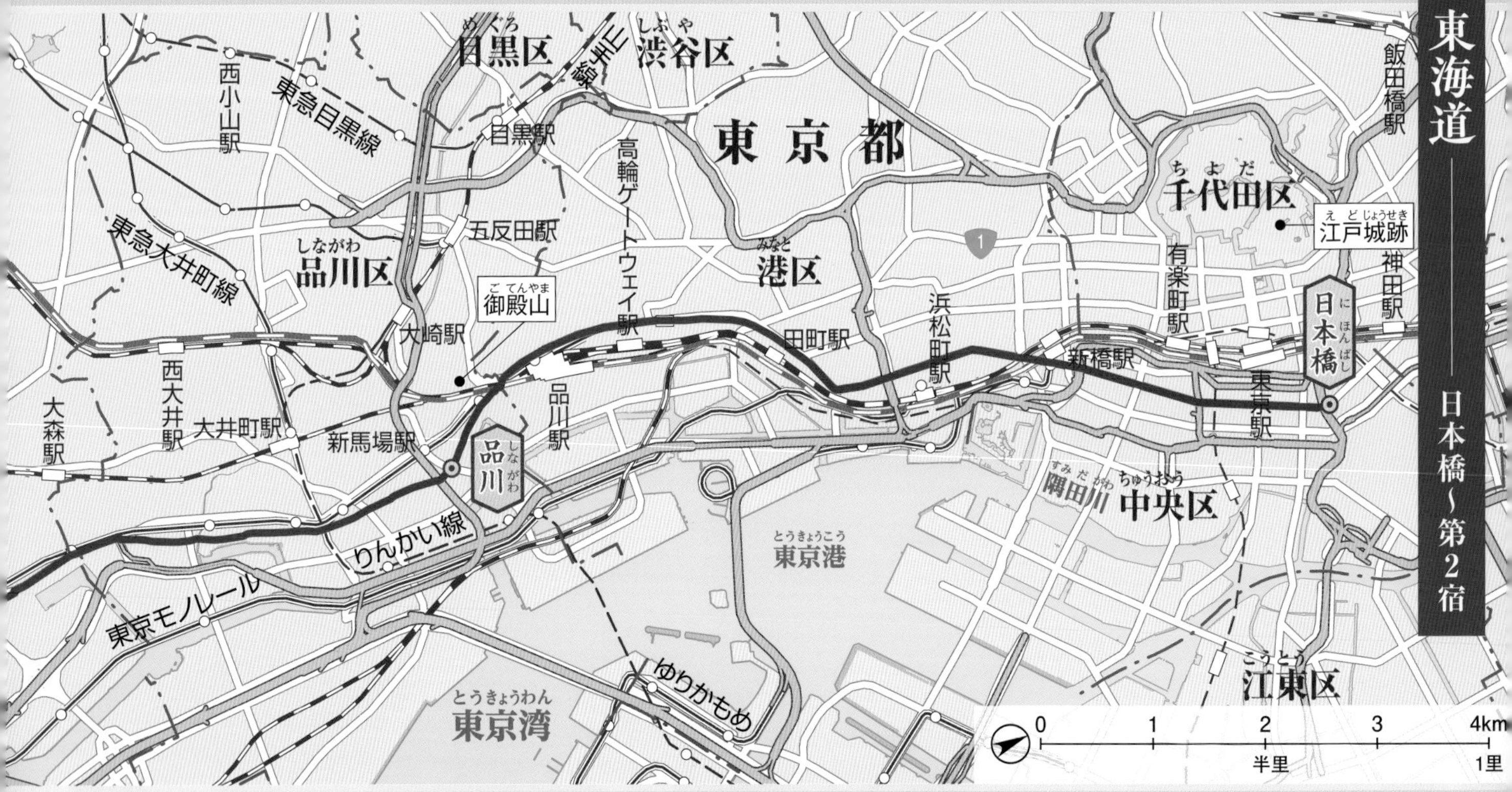

目黒区 渋谷区 東京都 千代田区 江戸城跡 品川区 港区 中央区 江東区 東京港 東京湾 隅田川
日本橋 品川 御殿山
東急目黒線 東急大井町線 山手線 りんかい線 東京モノレール ゆりかもめ
西小山駅 目黒駅 五反田駅 高輪ゲートウェイ駅 大崎駅 田町駅 浜松町駅 新橋駅 有楽町駅 東京駅 神田駅 飯田橋駅 品川駅 西大井駅 大井町駅 新馬場駅 大森駅
0 1 2 3 4km 半里 1里

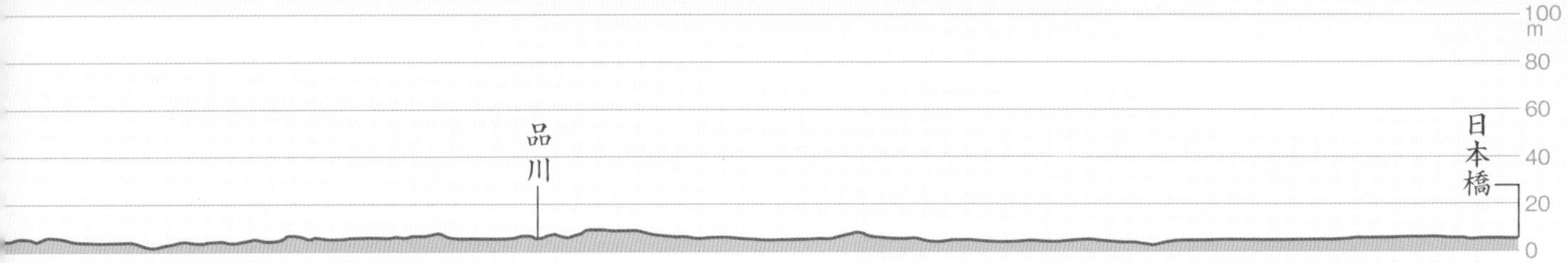

品川 日本橋
100m 80 60 40 20 0

東海道

江戸と京を結ぶ、五街道の筆頭

東海道は、武蔵国日本橋（東京都中央区）から山城国京・三条大橋（京都府京都市東山区）を結ぶ。五街道のひとつで、国道1号の道筋と重なる。全長は約126里（約495㎞）。日本橋を起点に一里塚が整備されるなど、街道のうち最も重視された。歌川広重の浮世絵「東海道五拾三次之内」や、伊勢参りの道中を描いた十返舎一九の滑稽本『東海道中膝栗毛』など、東海道に関する作品が数多く残る。

歌川広重「東海道五拾三次之内 日本橋」

日本橋（にほんばし）

江戸から諸国へ通じる、街道の起点

東海道の起点。現在の東京都中央区に位置する。慶長8年（1603）に架橋された木造の太鼓橋が始まりで、やがてこの名がついたという。東海道だけでなく、諸国へ通じる五街道の起点でもあり、物資が集まる市場は多くの人々で賑わった。民謡で歌われる「お江戸日本橋七つ立ち」とは、暁七つ（午前4時頃）に出発するという意味。京都まで126里の長旅が、この地から始まる。

橋柱に刻まれた文字は、徳川慶喜の筆

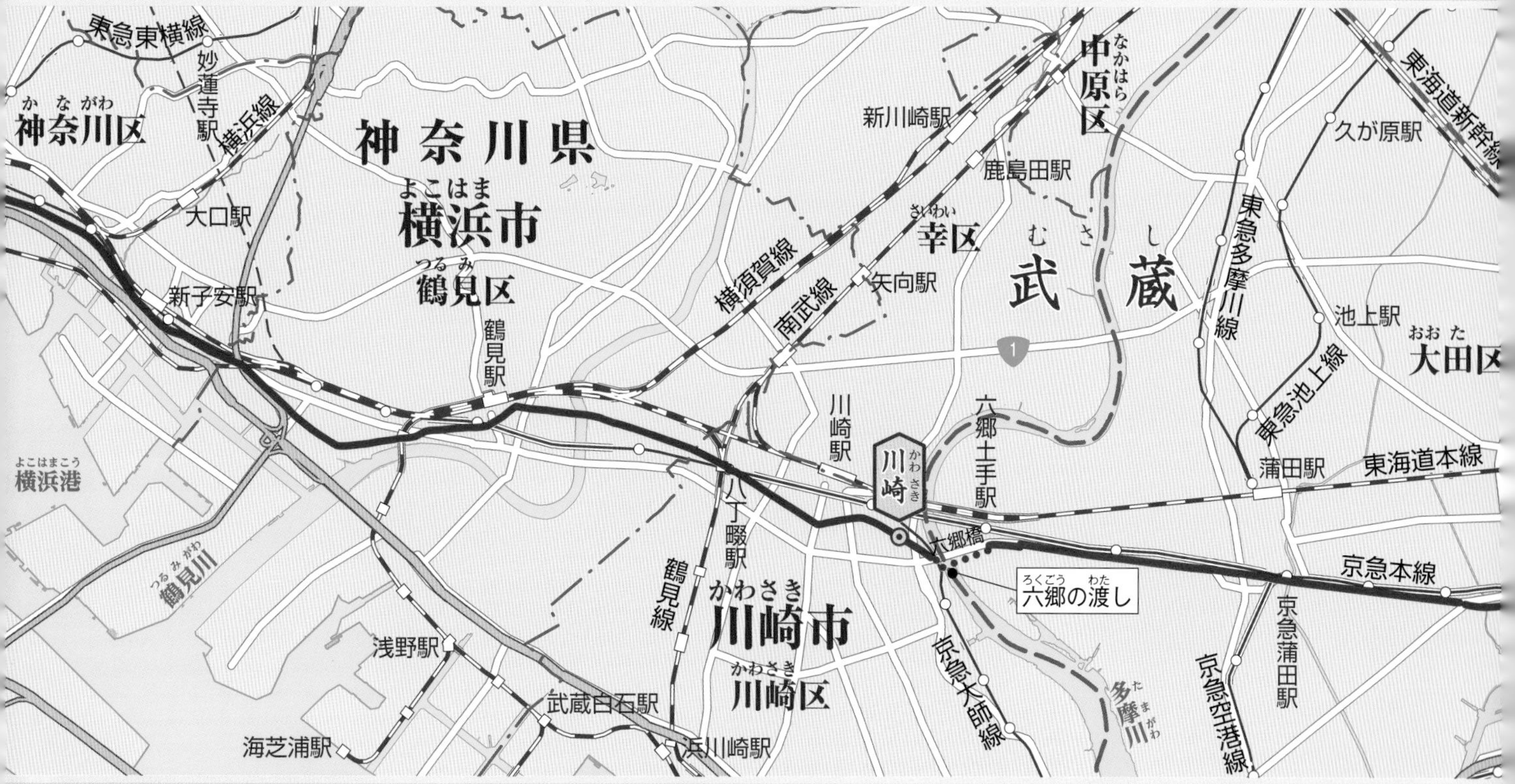

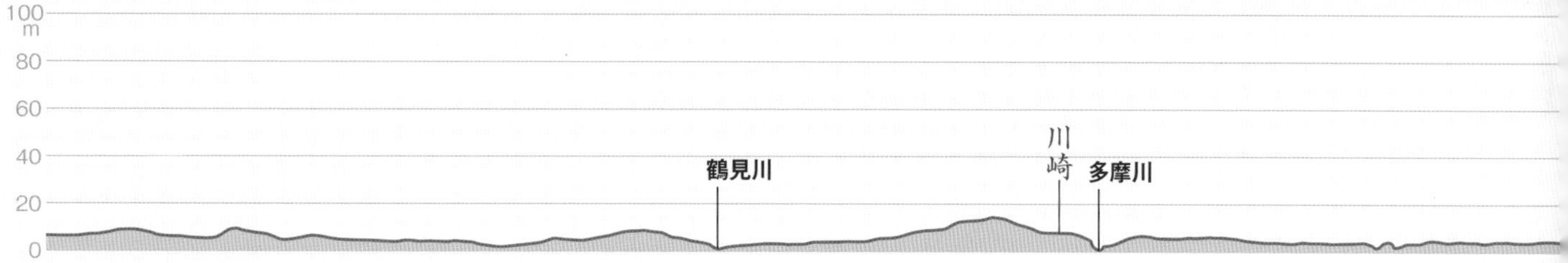

品川宿

行楽地としても栄えた江戸四宿のひとつ

東海道の第1宿で、江戸四宿のひとつ。現在の東京都品川区に位置する。中世の頃から品川湊が発展し宿もあったとされるが、徳川家康による伝馬制度の施行に伴い、慶長6年（1601）に正式に東海道の宿となった。茶屋や遊郭が多く、日本橋を出立した旅人は品川まで見送り人たちと同行し、酒宴を開いて別れることがよくあったという。近隣には桜の名所の御殿山があり、行楽地としても栄えた。

富士塚のある品川神社は、多くの人で賑わう

川崎宿

六郷の渡しで多摩川を越え、たどり着く

東海道の第2宿。現在の神奈川県川崎市川崎区に位置する。品川宿から神奈川宿までの距離が約10里（約39km）と長かったため、元和9年（1623）に正式に起立した。川崎宿の手前の多摩川には六郷大橋が架けられていたが、洪水により何度も流出し、元禄元年（1688）以降は「六郷の渡し」として船で渡るようになり、明治期まで続いた。川崎大師の厄除け信仰が広まってからは、参詣客で賑わった。

川崎大師の参道

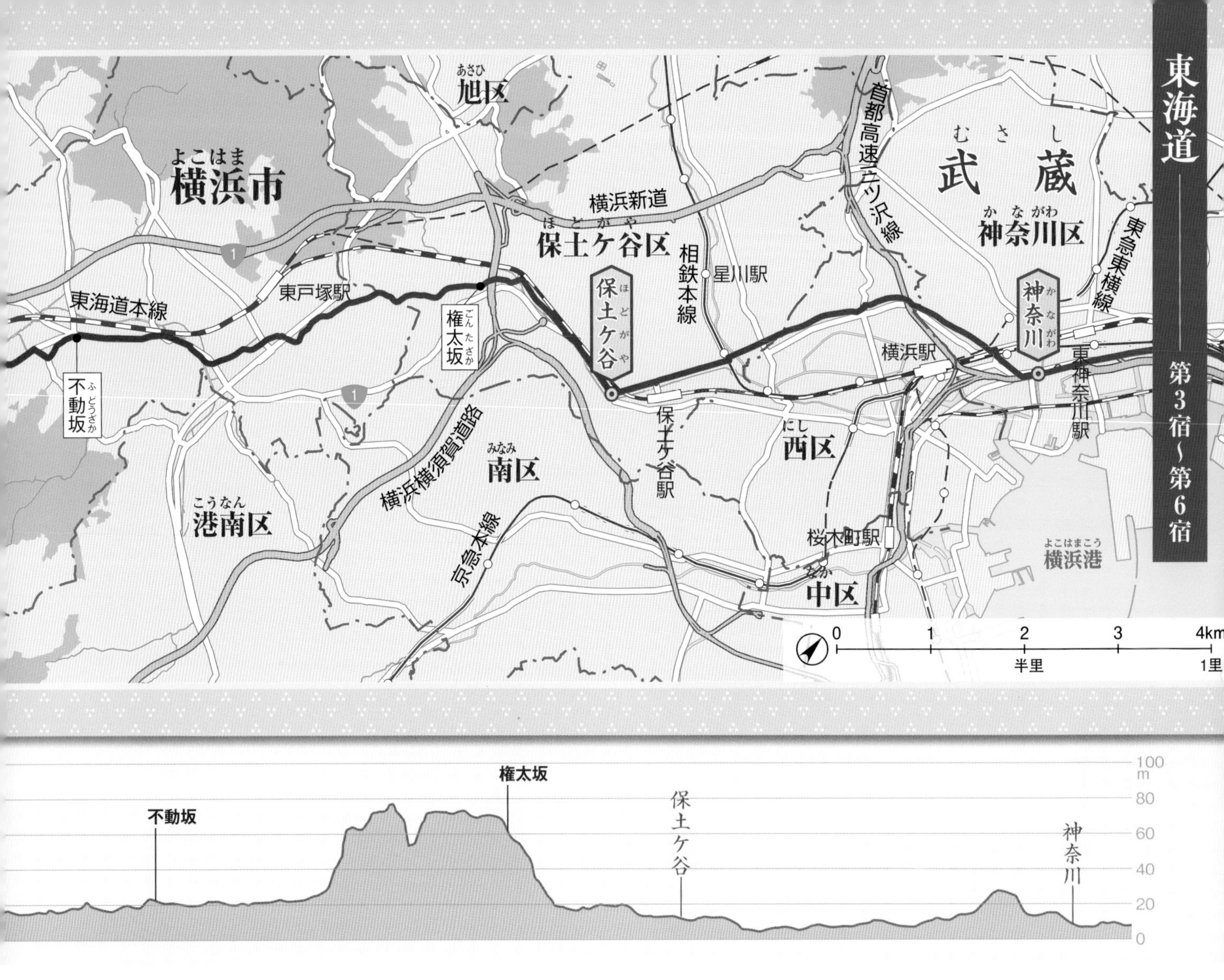

神奈川宿

名景として知られる神奈川湊沖

東海道の第3宿。現在の神奈川県横浜市神奈川区に位置する。滝の川をはさんだ東の神奈川町と西の青木町にまたがって構成された。中世に神奈川湊が成立し、物資の集積地として発展。江戸末期には開港の舞台のひとつとなり、対岸に外国人居留地がつくられ、これが横浜港となった。海を見下ろす景色は名景として知られ、葛飾北斎や歌川広重の浮世絵、十返舎一九の『東海道中膝栗毛』で取り上げられている。

葛飾北斎「冨嶽三十六景 神奈川沖浪裏」は神奈川湊沖

保土ケ谷宿

東海道最初の難所、権太坂が控える

東海道の第4宿。現在の神奈川県横浜市保土ケ谷区に位置する。保土ケ谷宿周辺からは、金沢や鎌倉に向かう道、開港後の横浜に絹を運んだ八王子からの道、参詣者が通った大山への道などが分岐している。保土ケ谷宿を出立すると、江戸から西に向かう際の最初の急勾配である権太坂へと入る。現在、箱根駅伝などで知られる国道1号線の権太坂とは、異なる場所に位置している。

旧旅籠金子屋跡

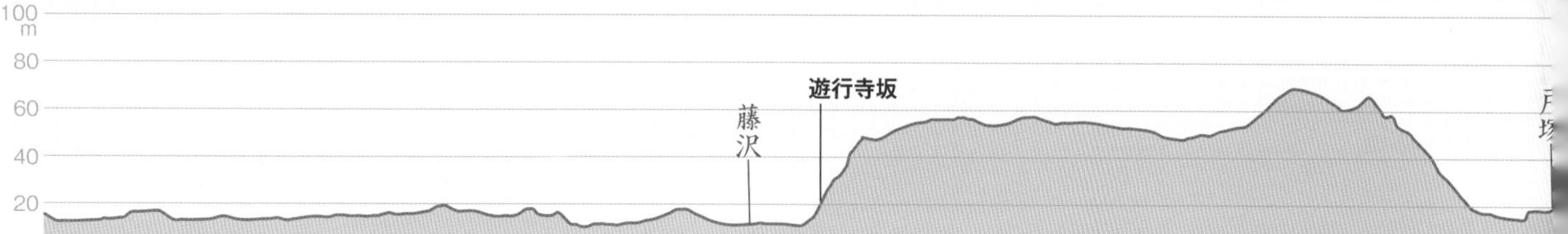

戸塚宿

相模国に入り、第一の宿

東海道の第5宿。現在の神奈川県横浜市戸塚区に位置する。成立は慶長9年（1604）。武蔵国から相模国に入る最初の宿場である。日本橋から十里半（約42km）の距離に位置し、早朝出立した旅人が直行するとちょうど日が暮れる頃に到着するため、最初の宿泊地に適した宿場だったとされる。戸塚宿の手前、不動坂からは大山への道が分岐するため、参詣者も多く逗留したという。

香蝶楼国貞「東海道五十三次之内 戸塚図」

藤沢宿

江ノ島、大山への参詣者で賑わう

東海道の第6宿。現在の神奈川県藤沢市に位置する。時宗の総本山である清浄光寺（遊行寺）の門前町として中世から発展してきたが、江戸時代には江ノ島参詣の拠点としても繁栄。さらに、大山への道も藤沢四ツ谷から分岐、多くの参詣者で賑わっていた。藤沢宿が設置以前の慶長元年（1596）に徳川将軍家の宿泊施設である藤沢御殿が築かれ、徳川家康が鎌倉遊山のために立ち寄ったとされる。

清浄光寺に立つ、時宗の宗祖・一遍上人像

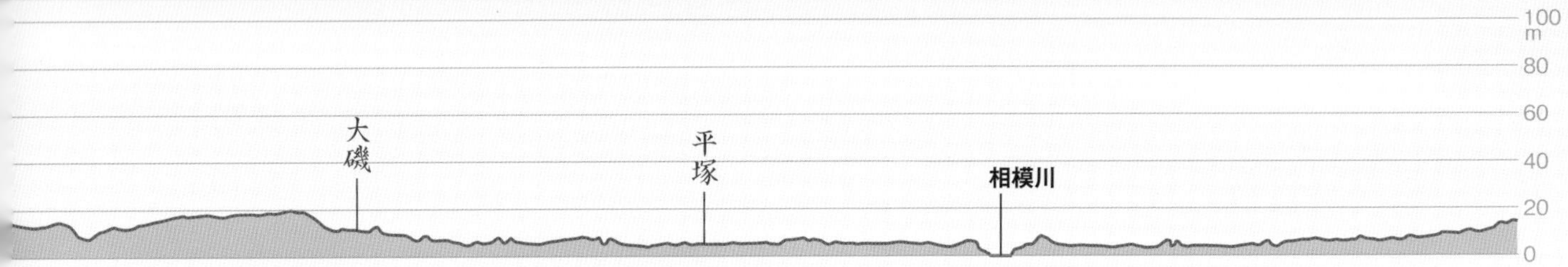

平塚宿（ひらつかじゅく）

徳川家康の中原御殿を支える宿

東海道の第7宿。現在の神奈川県平塚市に位置する。平塚宿の手前には船で渡る馬入川（相模川）があり、かつて源頼朝が落馬したことからこの名がついたという。次の大磯宿までは27町（約3㎞）と東海道の中でも3番目に短い。そうした場所に宿場が設けられたのには、徳川家康が江戸と駿府の往還のために用いた中原御殿が近く、その中継地点として平塚を整える必要があったからとも考えられている。

鎌倉時代の遺構、旧相模川橋

大磯宿（おおいそじゅく）

名所の多い宿場町として賑わう

東海道の第8宿。現在の神奈川県中郡大磯町に位置する。本陣が3つあり、旅籠も60軒以上置かれた、比較的大きな宿場だったとされる。虎御石を安置する延台寺をはじめ「曽我兄弟の仇討」ゆかりの地が多く、西行が訪れ歌を詠んだ鴫立沢などがあったことから、名所の多い宿場としても賑わった。次の小田原宿までは4里（約16㎞）と長く、茶屋などが置かれた間の宿の梅沢も発展したという。

かつての街道の風情を伝える松並木

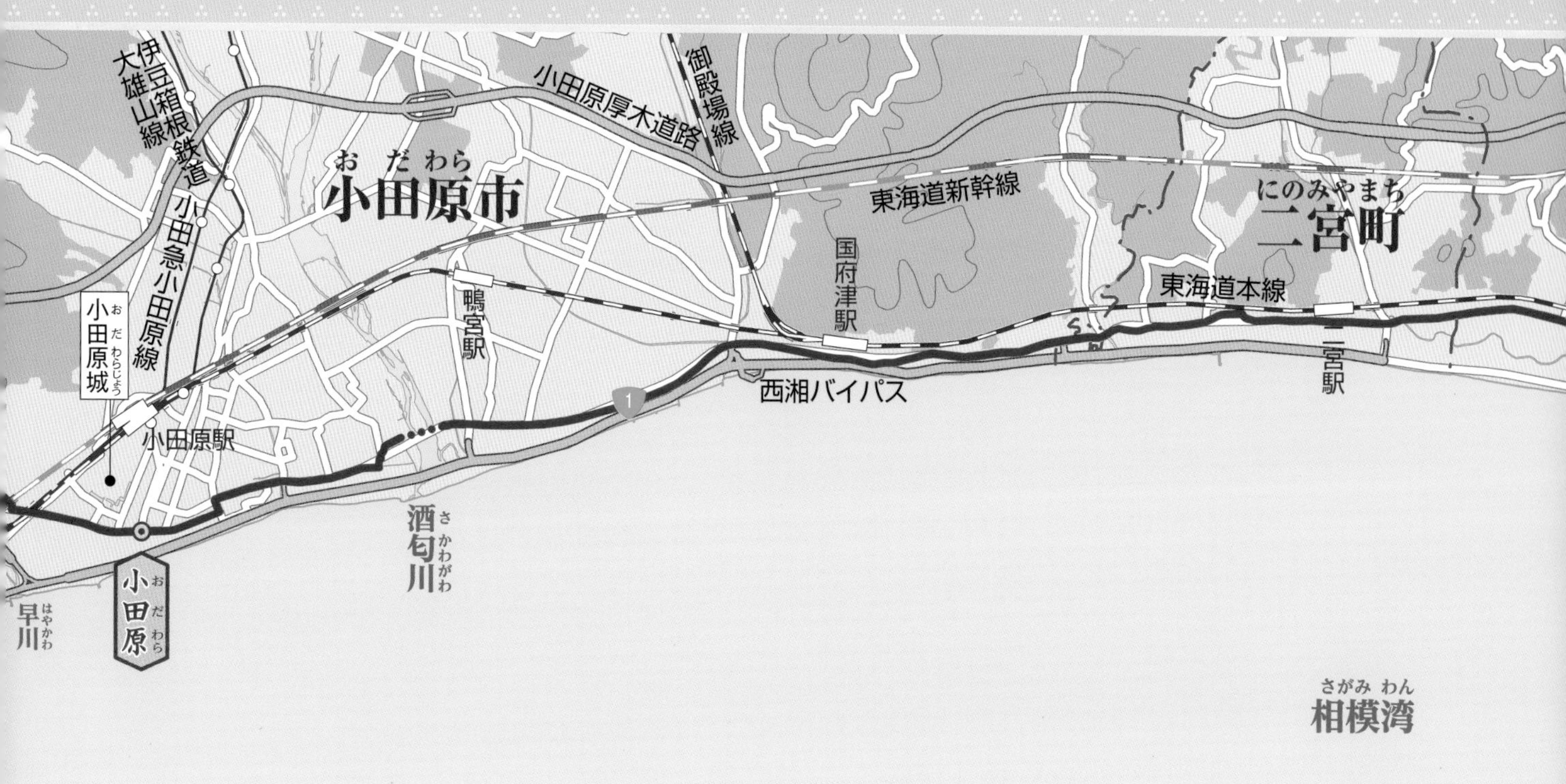

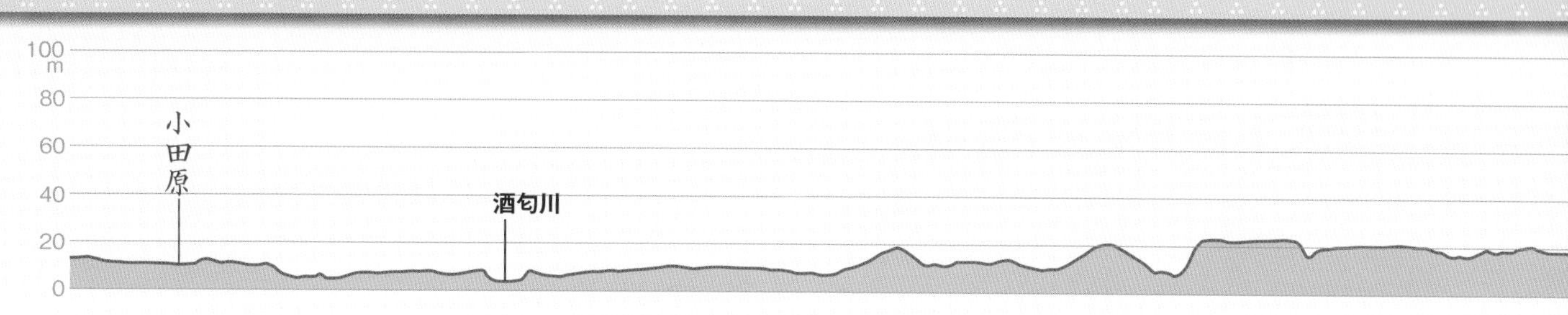

小田原宿

東海道随一の規模を誇る宿場

東海道の第9宿。現在の神奈川県小田原市に位置する。小田原城の城下町に置かれた宿場は東海道随一の規模を誇り、本陣と脇本陣がそれぞれ4軒ずつ。参勤交代で往来する多くの大名が休泊地としていた。また、旅籠の数は最盛期には100軒近くにものぼったとされ、西に向かう旅人の多くが直後に控える箱根越えを前に体を休めたという。名物・名産も多く、蒲鉾や梅干し、小田原提灯などが旅人に好まれた。

後北条氏の居城だった小田原城

宿場

歌川広重「東海道五拾三次之内」に描かれる大磯宿

旅行者の休息や宿泊、荷物輸送の人馬などを中継するために街道の要所に設置された拠点。参勤交代の大名や公家、勅使、幕府の役人が逗留する本陣や、武士や庶民が利用する旅籠や木賃宿、さらには茶屋、商店などが建ち並び、町として繁栄する場所も多かった。古代律令制の時代に、都と地方を結ぶ幹線道路に設置された「駅」がその前身。駅には宿泊施設や乗り継ぎの馬を用意する仕組みが用意されていた。

芦ノ湖（あしのこ）
箱根関所跡（はこねせきしょあと）
箱根（はこね）
箱根町（はこね）
飛竜ノ滝（ひりゅうのたき）
東海道
箱根登山鉄道
小田原市（おだわら）
玉簾ノ滝（たまだれのたき）
箱根新道
箱根ターンパイク
湯河原パークウェイ
神奈川県
湯河原町（ゆがわらまち）
相模（さがみ）
東海道新幹線
東海道本線
早川駅
相模湾（さがみわん）
0　1　2　3　4km
半里　1里

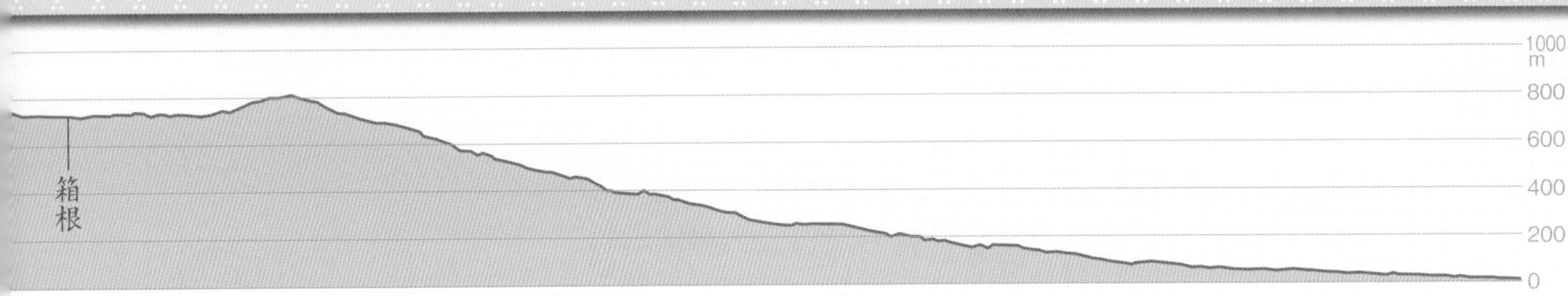

1000m　800　600　400　200　0
箱根

箱根宿（はこねじゅく）

箱根越えの険しさが生んだ宿場

東海道の第10宿。現在の神奈川県足柄下郡箱根町に位置する。箱根越えは東海道最大の難所のひとつとされ、その険しさに難儀した参勤交代の大名の要請により、元和4年（1618）に宿場が成立。小田原と三島の住人を移住させ、街が形成された。標高は846mと、東海道の宿場の中で最も高い。西から関東への出入り口にあたる箱根関所は、「入鉄砲に出女」に象徴される厳しい取締りが行われていた。

石畳の残る箱根旧街道

関所（せきしょ）

厳しい取締りが行われた箱根関所の跡

道の要衝や国境に設けられ、通行人の出入りや荷物を調べる役所。恒常的な江戸の防備・治安維持を目的に、江戸幕府は街道の要所に関所を設け、鉄砲の持ち込みや江戸に人質として住まわせた諸大名の妻子が国元へ逃亡することを防ごうと、厳しい取り調べを行った。関所の通過には領主や名主が発行した通行手形が必要となる。不法な通過や関所を避けた山越えなどの「関所破り」は重大な犯罪とされた。

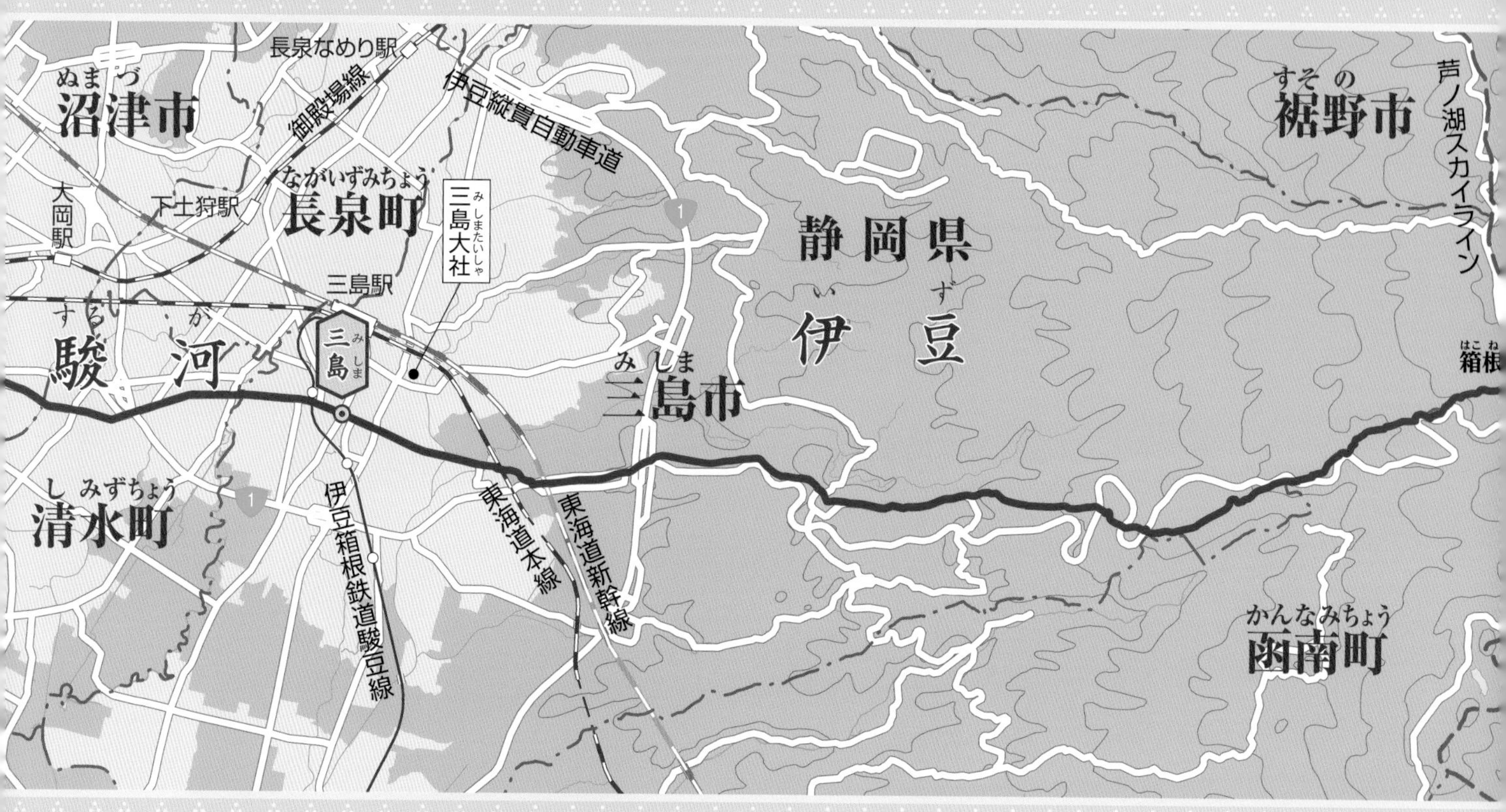

沼津市
長泉なめり駅
御殿場線
伊豆縦貫自動車道
裾野市
芦ノ湖スカイライン
大岡駅
下土狩駅
長泉町
三島大社
静岡県
三島駅
駿河
三島
伊豆
三島市
箱根
清水町
伊豆箱根鉄道駿豆線
東海道本線
東海道新幹線
函南町

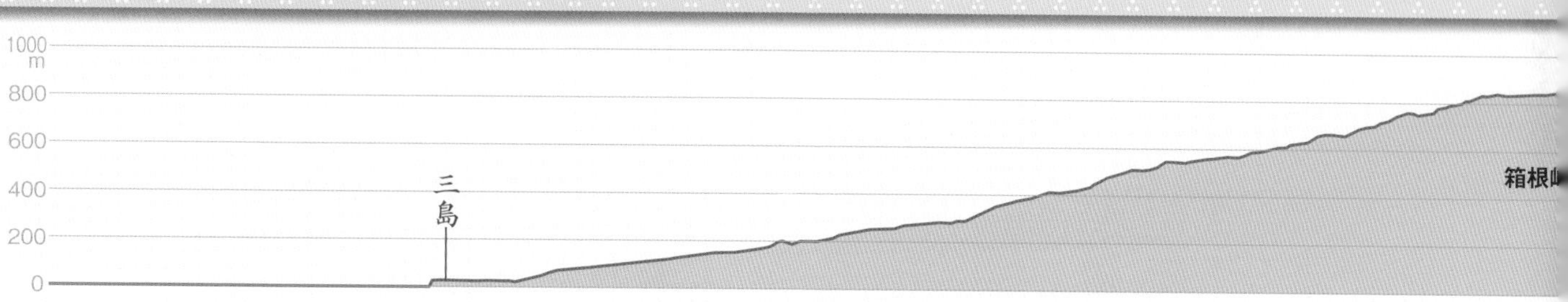

1000 m
800
600
400
200
0
三島
箱根峠

三島宿

三島大社を擁する門前町

東海道の第11宿。現在の静岡県三島市に位置する。伊豆国唯一の宿。古くから三島大社の門前町として栄え、シンボルの大鳥居は歌川広重の浮世絵にも描かれた。箱根峠を1日かけて越えてきた旅人たちは三島の旅籠で体を休め、「山祝い」と称して散財する者も多かったという。伊豆半島へと続く下田街道や、甲州方面への道が交わる交通の要衝で、江戸幕府も代官所を置いて直轄領とした。

三島の宿場に時を告げていた、時の鐘

峠越え(箱根峠)

歌川広重「東海道五拾三次之内 箱根」に描かれる箱根峠

街道の難所といえば、峠越え。気象の変化による寒暖差が激しく、急勾配の険しい過酷な山道は旅人を疲弊させたという。薩埵峠、鈴鹿峠とともに東海道三大難所に数えられる標高846mの箱根峠は、小田原宿から三島宿までの箱根八里(約32km)の多くが坂道。雪や雨の後は脛まで泥につかるような大変な悪路であった。その対策として、延宝8年(1680)に江戸幕府は石畳を敷く大工事を行った。

駿河湾沼津IC
東名高速道路
愛鷹IC
沼津市
海道新幹線
静岡県
駿河
原
片浜駅
東海道本線
原駅
千本松原
駿河湾
大岡駅
御殿場線
沼津駅
狩野川
沼津

100 m
80
60
40
20
0
原
沼津

沼津宿

景勝地・千本松原を有する

東海道の第12宿。現在の静岡県沼津市大手町周辺に位置する。駿河国に入り初めての宿場。武田氏が築いた三枚橋城、江戸時代になってから築かれた沼津城の城下町として発展してきた。江戸への物資を輸送する港町としての機能も有し、漁業が盛んで、特に鯛やヒラメが名物として知られた。狩野川河口から田子の浦港までの砂州上に続く10㎞の千本松原が有名で、松林越しの富士山の景は古くから称えられた。

千本松原から富士山を望む

原宿

富士の眺望が美しい、小さな宿場

原宿にある白隠禅師誕生地の無量堂と産湯の井戸

東海道の第13宿。現在の静岡県沼津市原周辺に位置する。この一帯は浮島ヶ原と呼ばれ、古くは源義経が頼朝と対面した地でもある。もともとは海に近い場所にあったが、高波の被害を受け、慶長14年(1609)に北側へ移された。本陣と脇本陣がそれぞれ1軒ずつ設けられ、旅籠は約20軒と、東海道の宿場の中でも最も小さい規模であったが、富士山を間近に望める景観、旅人に人気があった。

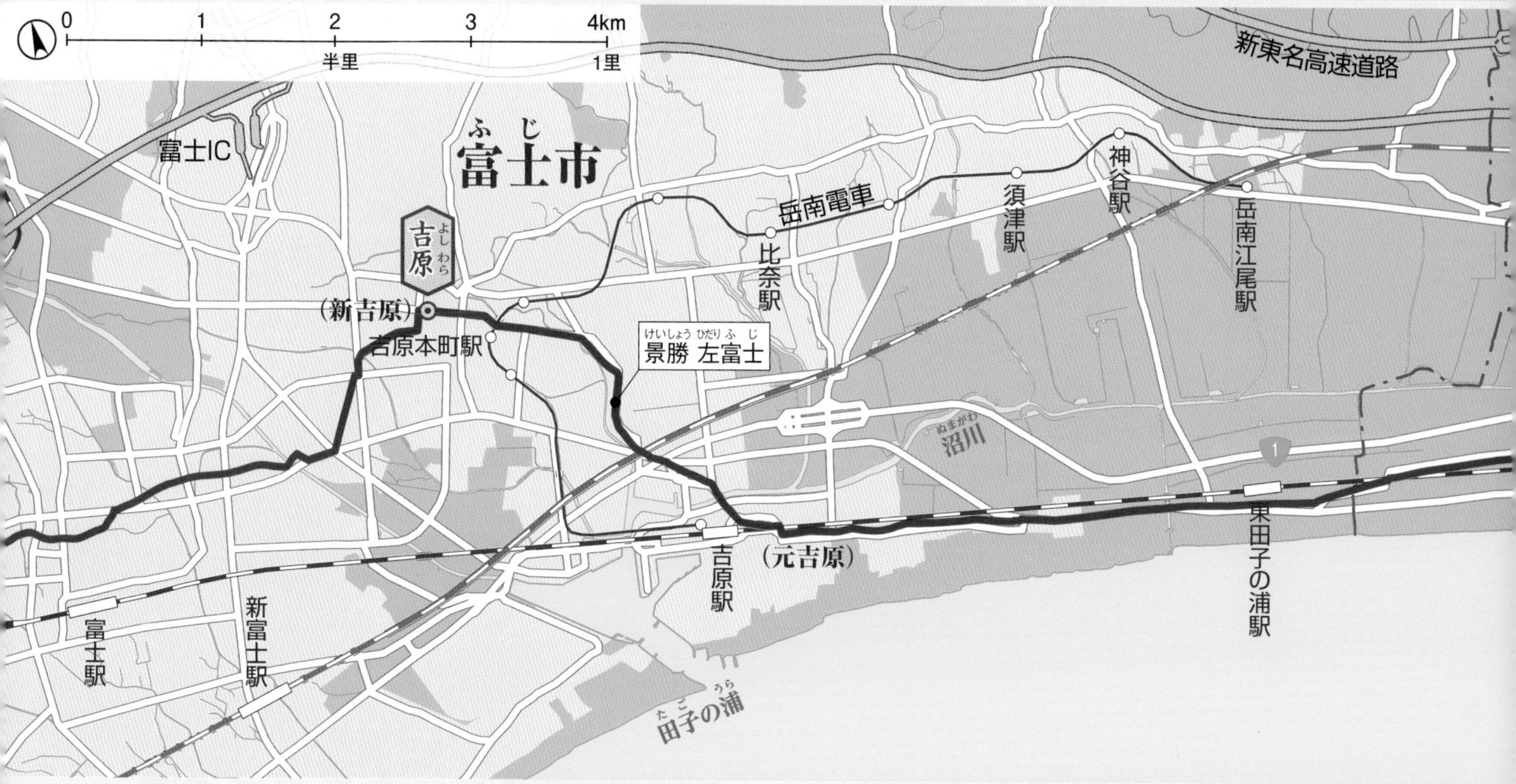

0 1 2 3 4km
半里 1里

新東名高速道路
富士IC
富士市（ふじし）
吉原（よしわら）
（新吉原）
吉原本町駅
岳南電車
比奈駅
須津駅
神谷駅
岳南江尾駅
景勝 左富士（けいしょう ひだりふじ）
沼川（ぬまかわ）
（元吉原）
吉原駅
東田子の浦駅
富士駅
新富士駅
田子の浦（たごのうら）

100 m
80
60
40
20
0
吉原

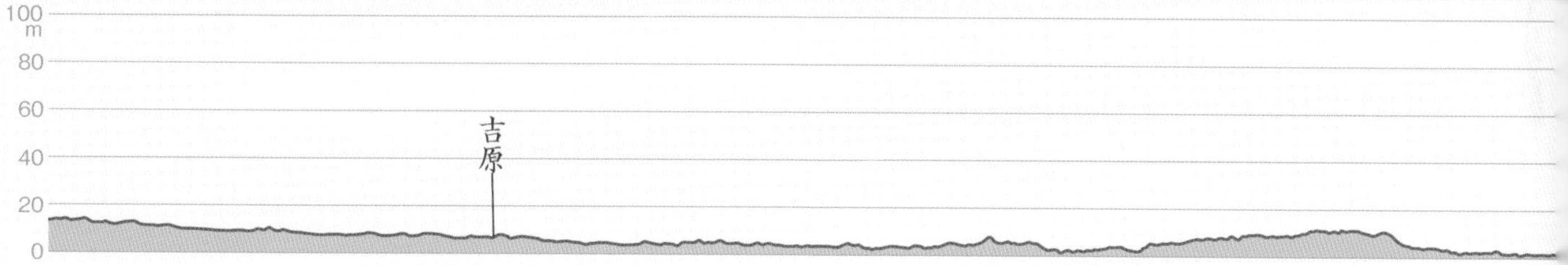

吉原宿（よしわらじゅく）

左富士の景勝が名物

東海道の第14宿。現在の静岡県富士市に位置する。もともとは、現在のJR吉原駅付近の元吉原にあったが、高潮の被害により本吉原へ移転。その後もたび重なる被害を受け、中吉原、新吉原と、内陸に移転を繰り返した。江戸から西へ向かう道中、富士山はいつも右手側に見える。しかし、吉原の手前では道が大きく湾曲し、左手に富士が見えることから、「左富士」と呼ばれる景勝が名物となった。

歌川広重「東海道五拾三次之内 吉原」に描かれる左富士

本陣（ほんじん）

歌川広重「東海道五拾三次 関」に描かれる本陣の様子

参勤交代の大名や公家、幕府の役人、勅使など貴人が休泊するために、各街道の宿場に設けられた幕府公認の大旅館。宿場の役人や名主の居宅が指定されることが多く、本陣を管理する家は名字帯刀を許された。本陣は1宿に1軒という決まりはなく、まったくない宿もあれば複数設置された宿もあった。脇本陣は予備の施設で、本陣に人が収容しきれない場合や他の藩が本陣を利用している場合に用いられた。

静岡県
駿河（するが）
由比（ゆい）
由比駅
蒲原（かんばら）
蒲原駅
新蒲原駅
蒲原トンネル
富士川IC
富士川駅
身延線
竪堀駅
柚木駅
富士駅
富士市（ふじし）
新富士駅
吹上ノ浜（ふきあげのはま）
駿河湾（するがわん）
富士川（ふじがわ）
0 1 2 3 4km
半里 1里

由比
蒲原
富士川
100 m
80
60
40
20
0

蒲原宿（かんばらじゅく）

富士川舟運を担う廻船拠点

東海道の第15宿。現在の静岡県静岡市清水区蒲原周辺に位置する。戦国時代に徳川家康が織田信長を接待した蒲原御殿が設置され、3代将軍家光の時代まで利用されていた。かつては海側にあったが、元禄12年(1699)の大津波により壊滅的な被害を受け、北側にある現在の場所へと移転している。富士川舟運の川湊でもあり、甲州・信州方面と塩や米の運搬を行う廻船業の拠点としても発展してきた。

旅籠として利用された和泉屋。現在は休息所として利用される

由比宿（ゆいじゅく）

東海道の難所、薩埵峠を控える

東海道の第16宿。現在の静岡県静岡市清水区由比周辺に位置する。鎌倉時代には湯居宿と呼ばれ、古くから宿場として利用されていた。本陣と脇本陣が1軒、旅籠が30軒程度と比較的小さな宿場だが、難所のひとつである薩埵峠を控えることから、由比宿で、さらにアワビやサザエが名物として知られた間の宿の西倉沢で、旅人は休息をとった。染物屋の「正雪紺屋」は、慶安事件の由井正雪の生家と伝えられる。

由井正雪の生家と伝えられる正雪紺屋

静岡市
清水区
東名高速道路
清水IC
中部横断自動車道
清水JCT
由比トンネル
東海道新幹線
東海道本線
清見寺
興津
興津駅
江尻
静岡鉄道
清水駅
新清水駅
薩埵峠
興津川
清水港
真崎
三保の松原
巴川

100 m
80
60
40
20
0
江尻
興津
薩埵峠

興津宿（おきつじゅく）

家康ゆかりの寺院が立つ

東海道の第17宿。現在の静岡県静岡市清水区興津本町周辺に位置する。甲斐と駿河を結ぶ身延道が交わる交通の要衝で、身延山への参詣者で宿場は賑わったという。平安時代には清見関（きよみがせき）があり、その鎮護寺として清見寺が創建された。ここは今川氏の人質時代に徳川家康が勉学に励んだ場所で、現在も家康が手習いをした部屋が残される。興津鯛と呼ばれるアマダイの一夜干しは、家康も好んだ名物。

清見寺総門。幼少時の徳川家康は当時の住職太原和尚に教育を受けた

江尻宿（えじりじゅく）

三保の松原を有する、港町

東海道の第18宿。現在の静岡県静岡市清水区江尻周辺に位置する。最盛期には本陣2軒、脇本陣3軒、旅籠は50軒程度で、6千人を超える住人がいた大規模な宿場。宿場を流れる巴川の河口につくられた清水湊は江戸・大坂航路の寄港地として大きく発展した。三保半島の海岸線に沿って約7kmにわたり松が生い茂る三保の松原は、特に有名。「海道一の大親分」として名を馳せた清水次郎長の出身地でもある。

三保の松原越しに富士山を望む

静岡市
葵区
駿府城跡
府中
丸子
新静岡駅
長沼駅
静岡鉄道
草薙駅
静岡駅
東静岡駅
静岡県
駿河
静岡平野
安倍川駅
駿河区
東名高速道路
静岡IC
日本平久能山IC
用宗駅
日本平
清水区
大崩海岸
駿河湾
安倍川
0 1 2 3 4km
半里 1里

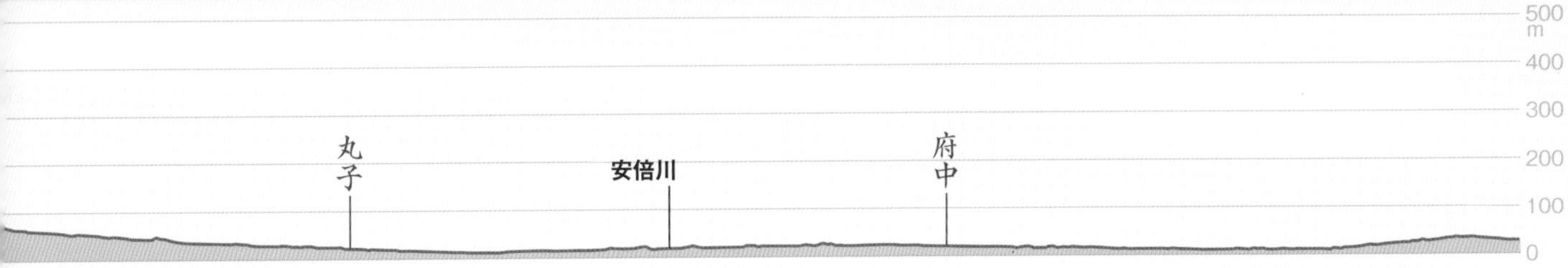

500 m
400
300
200
100
0
丸子
安倍川
府中

府中宿

家康の城下「駿府九十六ヶ町」

東海道の第19宿。現在の静岡県静岡市葵区に位置する。今川氏や徳川家康が居城とした駿府城の城下町で、家康の隠居時には京都・伏見等から大工、鍛治屋、車屋、左官などが呼び寄せられ、「駿府九十六ヶ町」と言われる大都市が誕生。最盛期には10万人もの住人を抱えたとされる。府中宿を出ると、安倍川にあたる。江戸時代には橋も渡し舟もなかったので、人足に担がれて川を渡った。

丸子宿

東海道のなかでも最も小さい宿場

東海道の第20宿。現在の静岡県静岡市駿河区に位置する。鞠子とも書く。本陣1軒、脇本陣2軒、旅籠24軒に人口は800人程度と、東海道のなかで最も小さい。十返舎一九の『東海道中膝栗毛』にも描かれた丁子屋のとろろ汁が名物で、現在も丁子屋は営業を続ける。丸子宿を出立すると、難所の宇津ノ谷峠にあたる。ここは蔦の細道と呼ばれる古道があり、平安時代に官道として利用された。

深江芦舟「蔦の細道図屏風」
『伊勢物語』を題材に、蔦の細道を描く

歌川広重「東海道五拾三次之内 府中」

島田市
藤枝市
焼津市
新東名高速道路
岡部藤枝IC
宇津ノ谷峠
岡部
朝比奈川
藤枝
瀬戸川
田中城跡
焼津IC
藤枝駅
西焼津駅
焼津駅
東海道本線
東海道新幹線
大井川

500 m
400
300
200
100
0
藤枝
岡部
宇津ノ谷峠

岡部宿

江戸の風情を今に伝える大旅籠

国の有形文化財に登録される柏屋

東海道の第21宿。現在の静岡県藤枝市岡部町周辺に位置する。他の宿場より1年遅い、慶長7年（1602）に制定された。本陣と脇本陣は2軒ずつ、旅籠は27軒程度と宿場としては小規模だったため、のちに内谷が加宿となった。険しい山道が続く難所の宇津ノ谷峠を越えた江戸からの旅人の休憩地として大いに賑わったという。この宿場を代表する旅籠が柏屋で、二度の焼失を経て、天保期の建造物が今も残されている。

藤枝宿

塩の産地・相良への道と交わる

北斎が描いた瀬戸の染飯売り　The Art Institute of Chicago®

東海道の第22宿。現在の静岡県藤枝市本町から大手周辺に位置する。松平氏や本多氏などの譜代大名が入った田中城の城下町で、東西約2㎞にわたって旅籠や商家が軒を連ねる大きな宿場だった。塩の産地である相良（牧之原市）への道と交わる交通の要衝で、物資の集積する商業の町として栄えた。クチナシの実で黄色く染められた瀬戸の染飯が名物で、足腰の疲れをとる食べ物として旅人から評判だった。

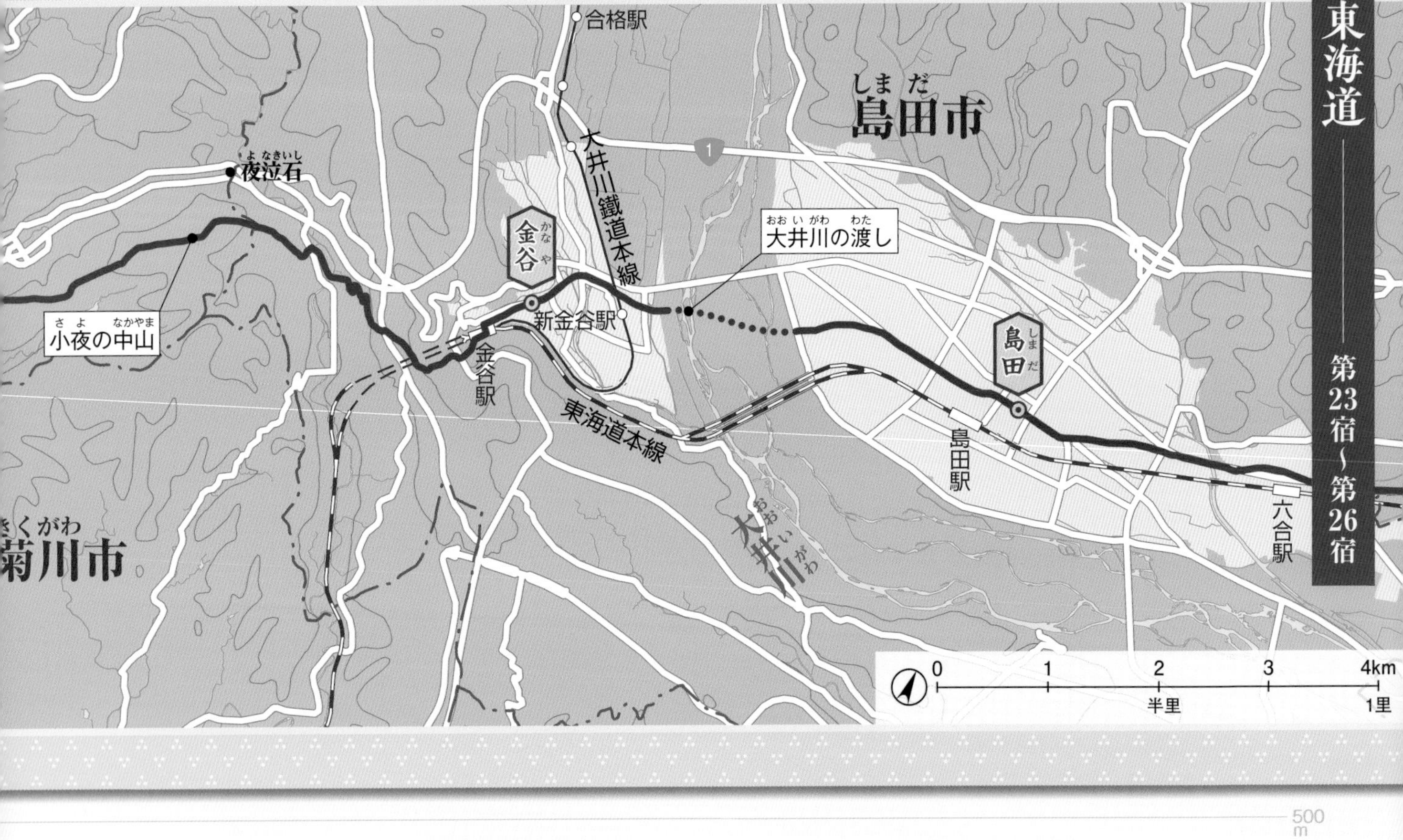

島田市
菊川市
合格駅
夜泣石（よなきいし）
大井鐵道本線
金谷（かなや）
大井川の渡し（おおいがわ わたし）
小夜の中山（さよ なかやま）
新金谷駅
金谷駅
東海道本線
島田（しまだ）
島田駅
六合駅
大井川（おおいがわ）
0 1 2 3 4km
半里 1里

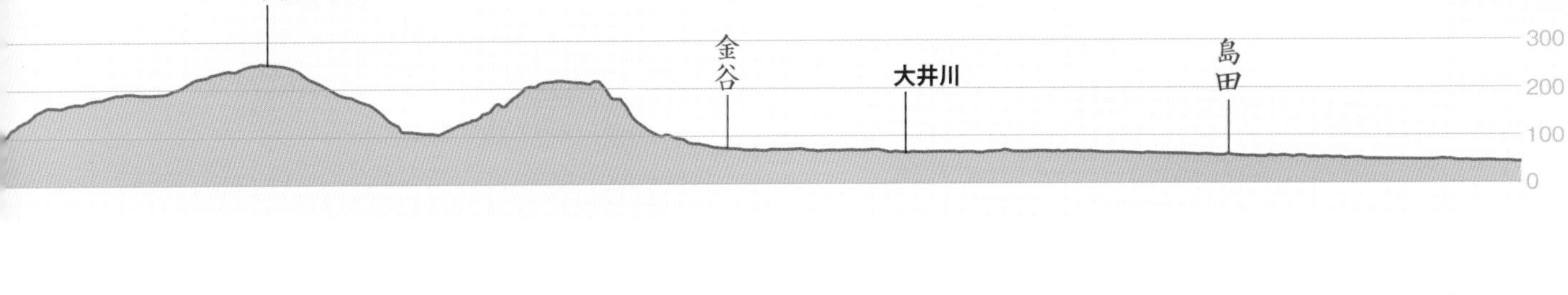

小夜の中山
金谷
大井川
島田
500 m 400 300 200 100 0

島田宿（しまだじゅく）

大井川越えで潤う

東海道の第23宿。現在の静岡県島田市本通周辺に位置する。「箱根八里は馬でも越すが 越すに越されぬ 大井川」といわれた難所の大井川を控える宿場で、川越業務で繁盛した。川越の時間は明け六つ（午前6時）から暮六つ（午後6時）の間まで、賃銭もその日の川の深浅によって50文、80文と細かく定められていた。水が多いと渡航できず、長雨で足止めされて路銀を使い果たす旅人がいる一方、宿は潤ったという。

往時の町並みを復元した大井川川越遺跡

金谷宿（かなやじゅく）

川と峠、難所に挟まれた宿場

東海道の第24宿。現在の静岡県島田市金谷に位置する。遠江国に入って初めての宿場。大井川を越え一息つくのも束の間、宿場を出て西へ進むと、箱根、鈴鹿に並ぶ難所の峠・小夜の中山が待っている。難所に挟まれた宿場は、休息を取る旅人で繁盛したという。その峠へ向かうまでの金谷坂と菊川坂も急坂で、粘土層のぬかるみがひどかったため、歩きやすくするために丸石で敷き詰めた石畳が造られた。

復元された金谷坂の石畳

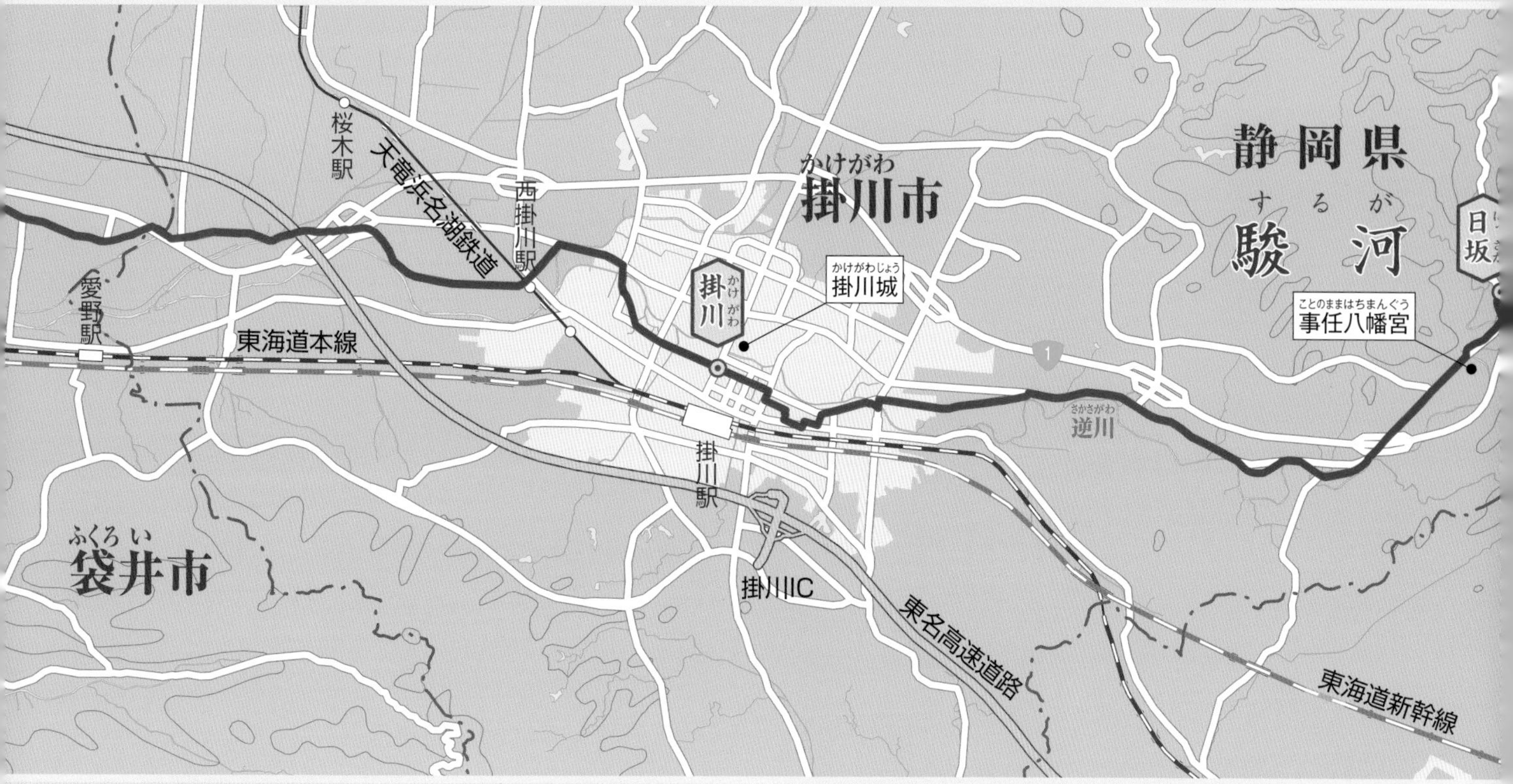

静岡県
駿河
掛川市
袋井市
掛川
日坂
掛川城
事任八幡宮
天竜浜名湖鉄道
桜木駅
西掛川駅
愛野駅
東海道本線
掛川駅
逆川
掛川IC
東名高速道路
東海道新幹線

500 m
400
300
200
100
0
掛川

日坂宿

安全を祈願し、事任八幡宮に詣でる

東海道の第25宿。現在の静岡県掛川市日坂に位置する。小夜の中山の西の麓にあり、全長約700m、本陣、脇本陣が1軒ずつ、旅籠は33軒程度、人口は約750人という小さな宿場。近隣には、清少納言の『枕草子』にも登場する事任八幡宮があり、願い事(こと)が任(まま)に叶うとされ、多くの旅人が安全祈願のため立ち寄ったとされる。名物はわらび根のでんぷんを蒸してきな粉をまぶしたわらび餅。

遠江国の一宮でもある事任八幡宮

掛川宿

秋葉山への道と交わる掛川城の城下町

東海道の第26宿。現在の静岡県掛川市連雀周辺に位置する。今川氏が築き、のちに山内一豊が整備した掛川城の城下町。敵の侵入を防ぐための「七曲がり」が設けられており、宿場に入るには七か所の折れ曲がった道を通らねばならなかった。相良から秋葉山を通り、さらには信州へと通じる道と交わる。この道は内陸へ塩や海産物を運ぶとともに、火除けの神を祀る秋葉山への参道として栄えた。

復元された掛川城天守

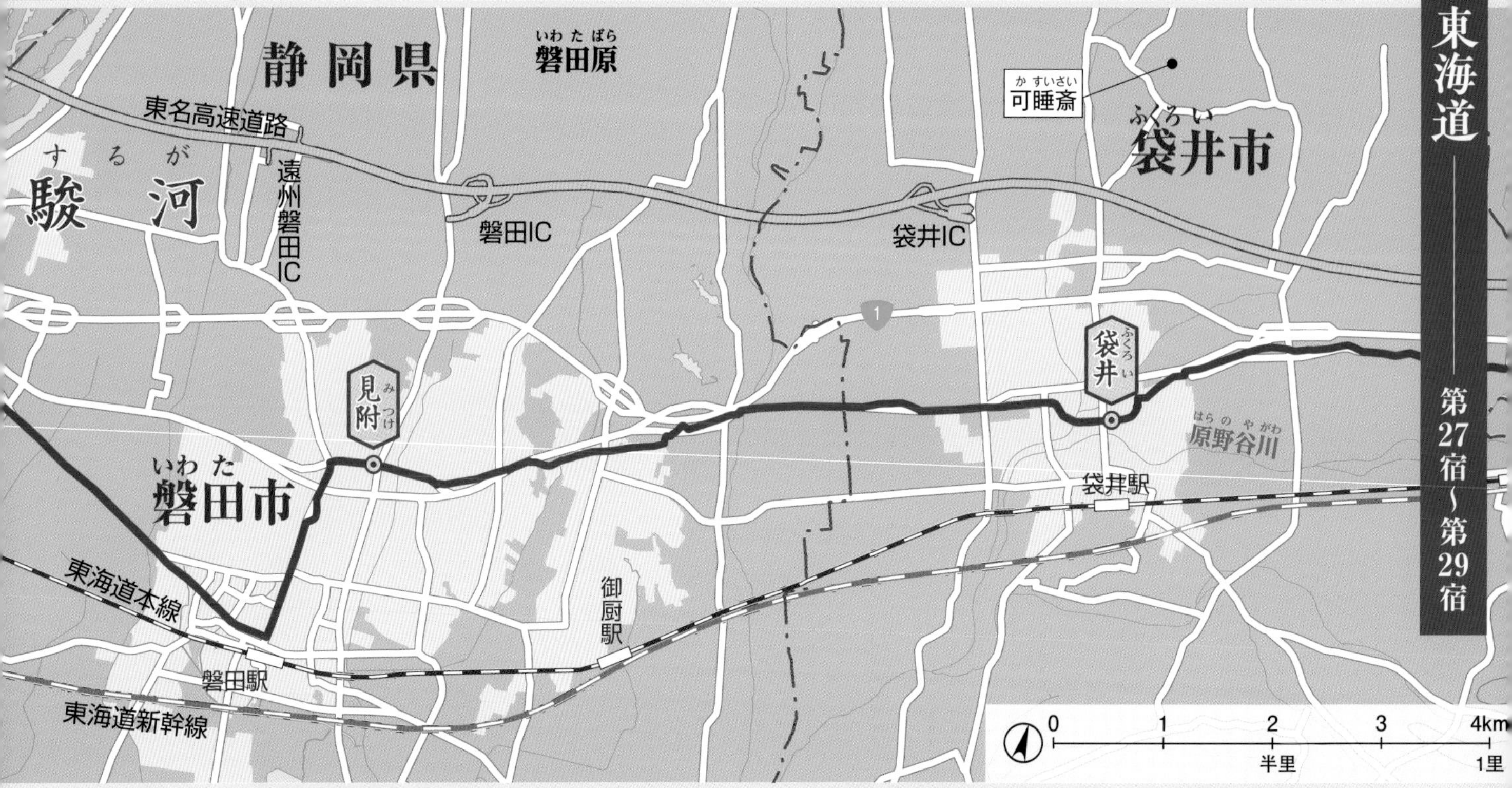

静岡県
磐田原（いわたばら）
可睡斎（かすいさい）
袋井市（ふくろい）
東名高速道路
駿河（するが）
遠州磐田IC
磐田IC
袋井IC
見附（みつけ）
袋井（ふくろい）
原野谷川（はらのやがわ）
磐田市（いわた）
袋井駅
東海道本線
御厨駅
磐田駅
東海道新幹線
0　1　2　3　4km
半里　1里

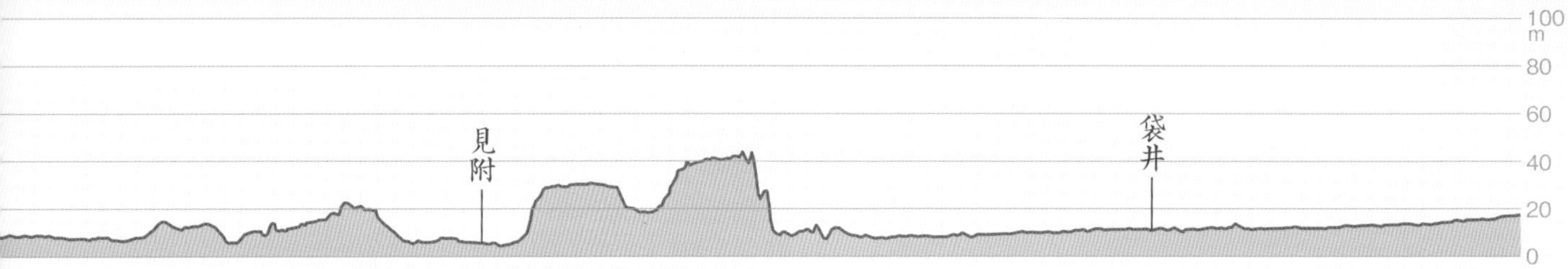

100m　80　60　40　20　0
見附
袋井

袋井宿（ふくろいじゅく）

遠州三山の門前町として栄える

東海道の第27宿。現在の静岡県袋井市に位置する。当初は制定されていなかったが、掛川宿と見附宿の距離が4里（約16㎞）近くと長かったため、元和2年（1616）に起立された宿場。東海道五十三次の中間地点にあたる。遠州三山と呼ばれる尊永寺、油山寺、可睡斎の門前町でもあり、その参詣者で大いに賑わったとされる。脇本陣の朝食膳で出されていた「たまごふわふわ」が有名で、今も名物として残されている。

たまごふわふわ（出典：農林水産省）

見附宿（みつけじゅく）

天竜川を越える「池田の渡し」

歌川広重「東海道五拾三次之内 見附」

東海道の第28宿。現在の静岡県磐田市に位置する。遠江国の国府が置かれた、古くはこの地域の中心地。御油宿へと至る東海道の脇街道・姫街道の分岐点でもある。宿場を出て西に向かうと天竜川にあたり、「池田の渡し」で川を越える。かつて、武田信玄に敗れた徳川家康は池田村の渡船衆に助けられ、その礼に渡船の独占権を与えた。以降、天竜川の川越が「池田の渡し」と呼ばれるようになった。

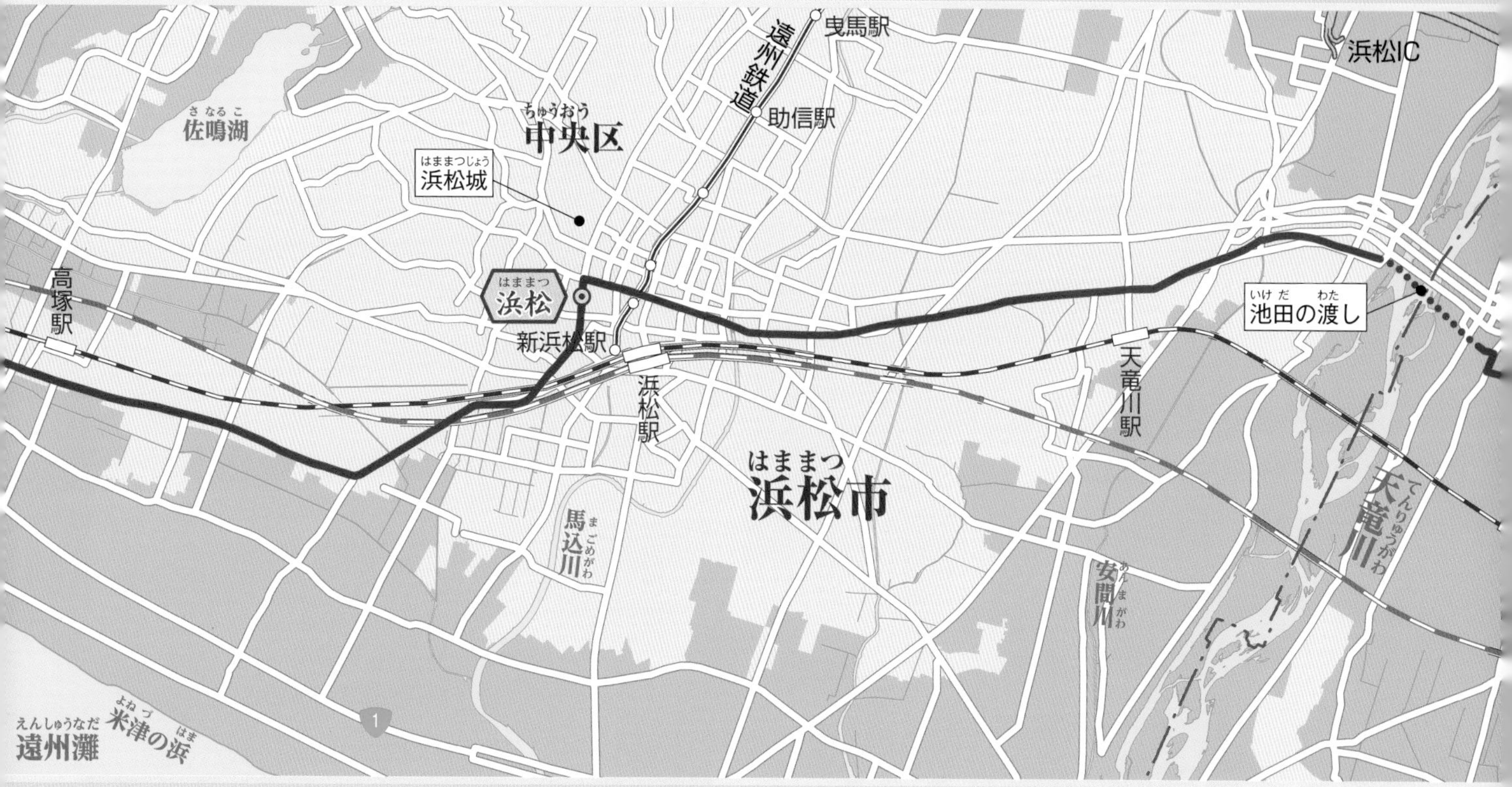

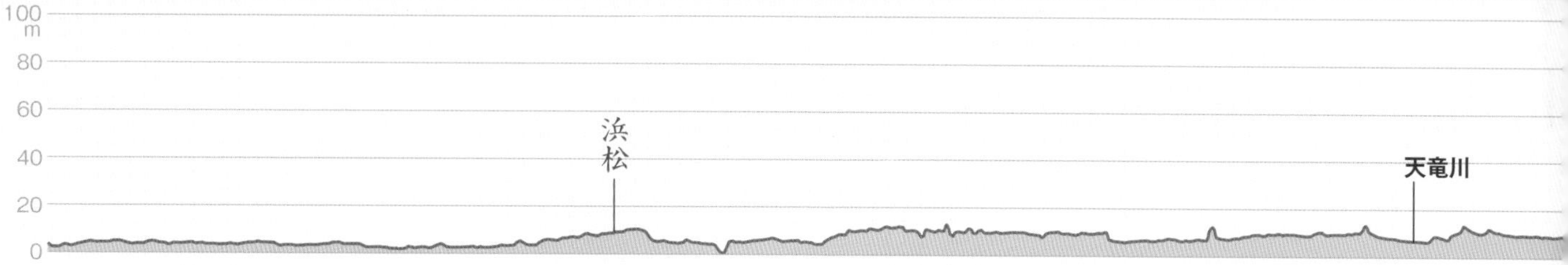

曳馬駅
遠州鉄道
助信駅
浜松IC
佐鳴湖
中央区
浜松城
高塚駅
浜松
新浜松駅
浜松駅
池田の渡し
天竜川駅
浜松市
天竜川
馬込川
安間川
遠州灘
米津の浜

100 m
80
60
40
20
0
浜松
天竜川

浜松宿

浜松城の城下町、東海道最大規模の宿場

東海道の第29宿。現在の静岡県浜松市中央区に位置する。戦国時代に徳川家康が居城とした浜松城の城下町で、本陣6軒、旅籠94軒を擁した東海道最大規模の宿場。その様子は、「町筋長く繁盛の宿なり」と井原西鶴に記録されている。浮世絵などに描かれる名所「ざざんざの松」は、室町幕府第6代将軍足利義教が松を眺めながら、「浜松の音はざざんざ」と詠んだことから、この名がついたとされる。

復元された浜松城の天守と天守門

参勤交代

寛永12年（1635）に3代将軍・徳川家光が定めた、諸大名を一定期間江戸に滞在させる制度。大名は1年おきに江戸と領地を交互に住み、妻子は人質として江戸に常住することが義務づけられた。大名は領地との往復や江戸での滞在費など巨額の出費を余儀なくされ、幕府の支配強化にもつながった。数百人～数千人にも及ぶ大名行列が通ったため、街道を発達させることにもつながった。

葛飾北斎「冨嶽三十六景 従千住花街眺望ノ不二」に描かれた大名行列

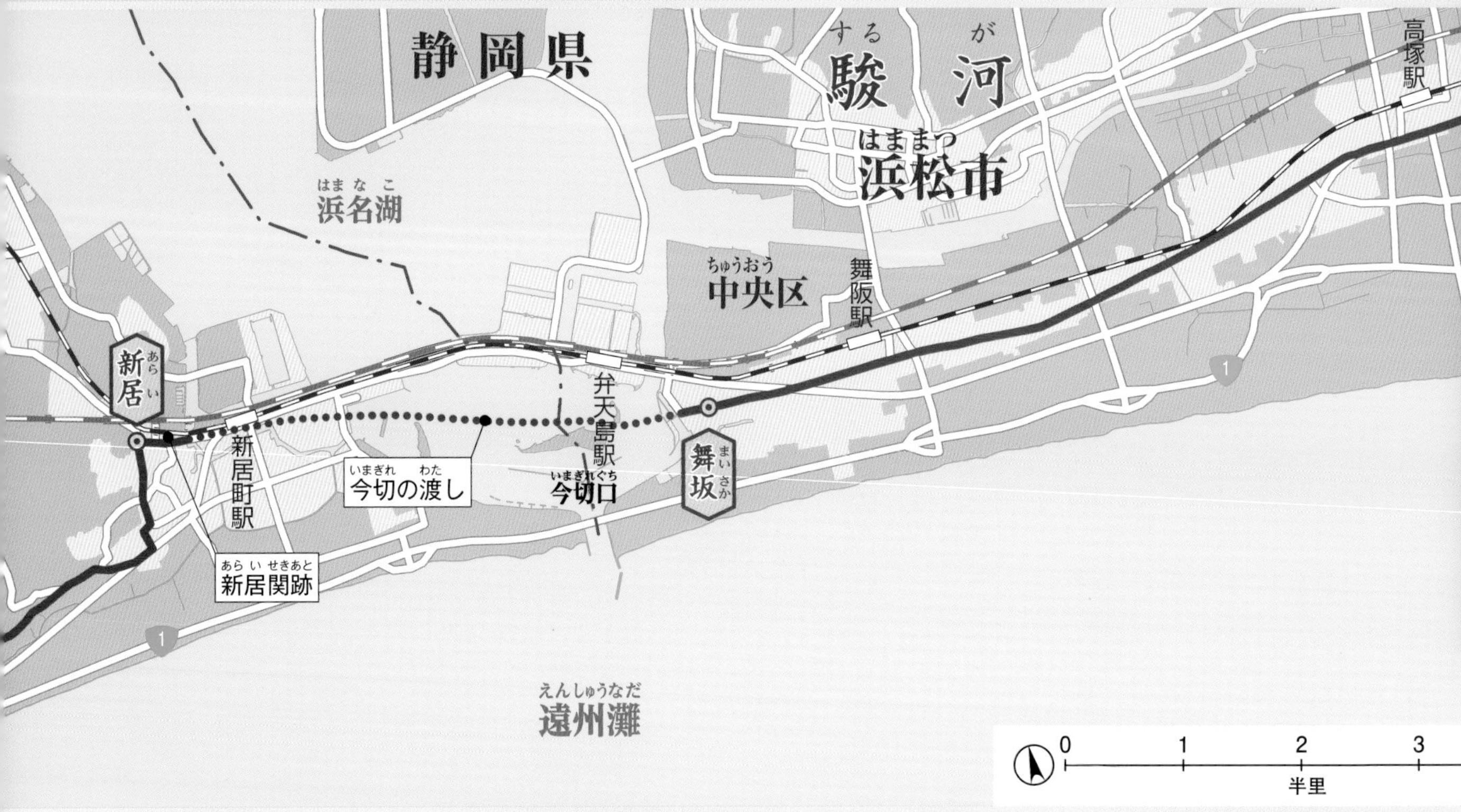

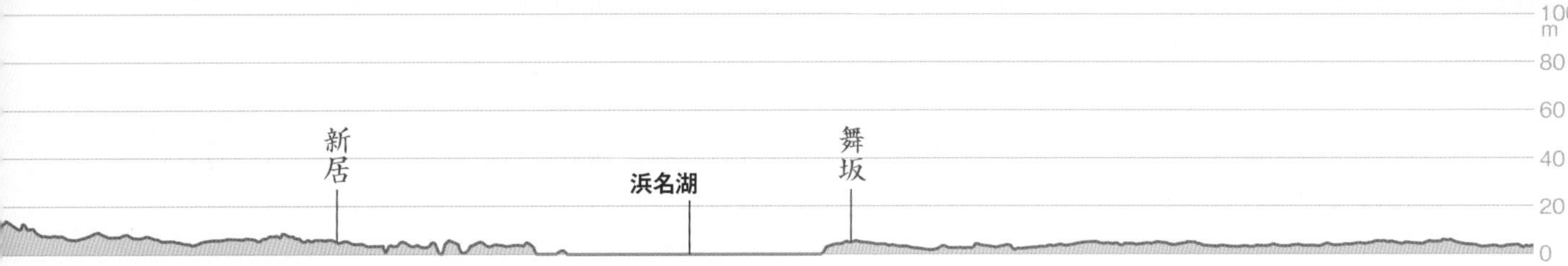

舞坂宿

浜名湖を渡る、「今切の渡し」

東海道の第30宿。現在の静岡県浜松市中央区舞阪に位置する。明応7年（1498）の明応地震によって遠州灘沿岸は津波に襲われ、浜名湖は陸とつながり汽水湖となった。決壊した場所は今切と呼ばれ、もともと地続きだった舞坂と新居は渡し舟で往来するようになり、「今切の渡し」が誕生した。本陣2軒、脇本陣1軒、旅籠28軒程度の小さな宿場だったが、渡し舟のおかげで大いに賑わったという。

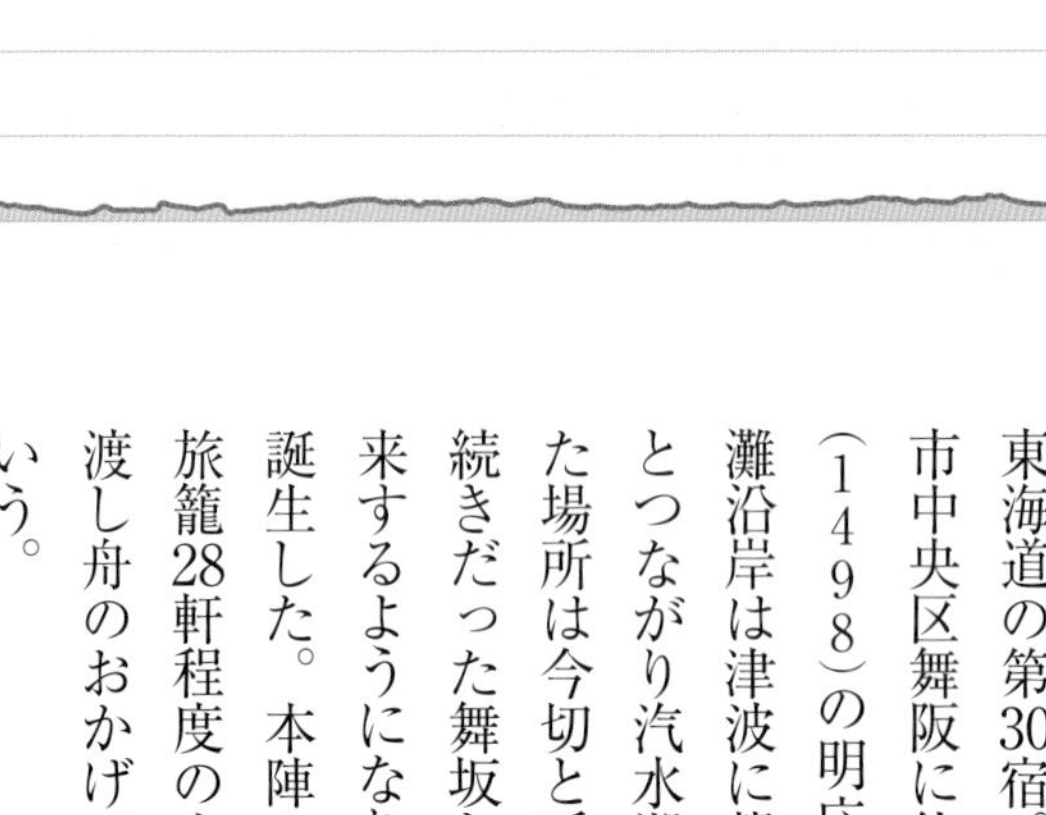

歌川広重「東海道五拾三次 舞坂 今切舟渡」
The Art Institute of Chicago®

新居宿

改めの厳しい、新居関

特別史跡に指定される新居関跡

東海道の第31宿。現在の静岡県湖西市新居周辺に位置する。中世までは橋本宿があったが、明応地震で壊滅し、新居に移転した。舞坂からは舟で渡ったこの地には、交通の要衝として新居関所が置かれ、箱根関所とともに厳しい取締りが行われたという。関所は天災により二度移転し、安政元年（1854年）の安政東海地震で大破し、翌年に再建されたものが残る。唯一の現存する関所建築である。

愛知県
三河
豊橋市
湖西市
二川
白須賀
潮見坂
二川駅
新所原駅
アスモ前駅
天竜浜名湖線
東海道本線
東海道新幹線
東海道
高師原
梅田川
天伯原

白須賀宿

秀吉が食した柏餅が名物

東海道の第32宿。現在の静岡県湖西市白須賀周辺に位置する。本陣と脇本陣は1軒、旅籠は27軒と中規模の宿場。もともとは海岸沿いにあったが、宝永4年（1707）の宝永地震と津波の被害を受け、現在の潮見坂上の高台へ移転した。柏餅が名物とされ、小田原攻めの際に立ち寄った豊臣秀吉が食し、その後に勝利を収めたことから「勝和餅」と呼ばせたことで、名物として広まったと伝えられる。

北斎が描いた、白須賀の柏餅

二川宿

2村の宿が統合されてひと続きの宿場に

東海道の第33宿。現在の愛知県豊橋市二川周辺に位置する。三河国に入って最初の宿場。もともとは、東西に12町（約1・3㎞）離れた二川村と大岩村の2村で宿を営んでいたが、正保元年（1644）に統合された。規模は小さく、本陣1軒、脇本陣1軒、旅籠38軒、人口も1468人程度だった。二川の氏神である二川八幡神社は、永仁3年（1295）に鎌倉の鶴岡八幡宮から勧請され、創立されたと伝えられる。

二川宿で商家を営んだ駒屋の建造物

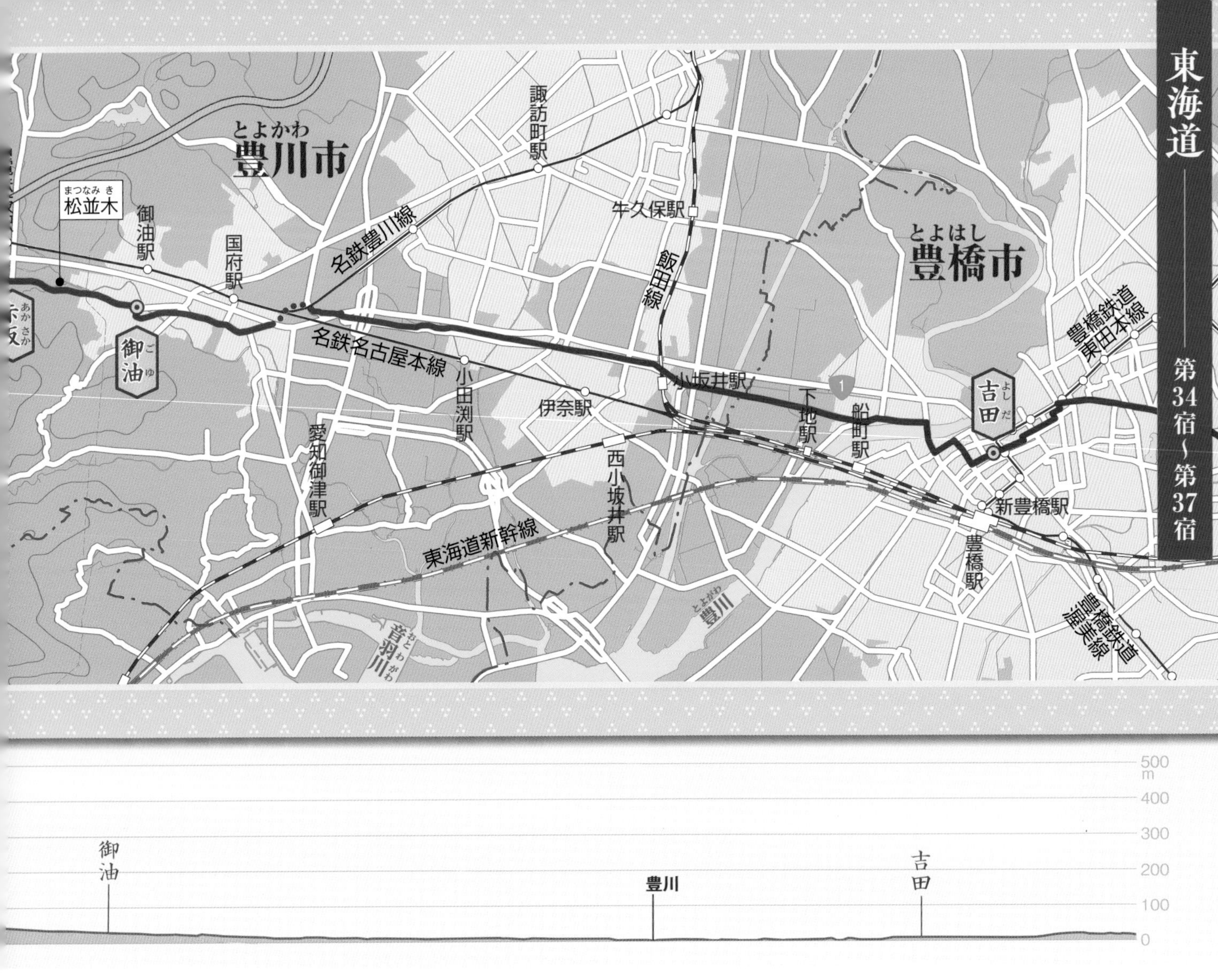

吉田宿（よしだじゅく）

吉田大橋がシンボルの城下町

東海道の第34宿。現在の愛知県豊橋市札木町周辺に位置する。松平氏や水野氏などが入った三河吉田藩の藩庁・吉田城の城下町。本陣2軒、脇本陣1軒、旅籠は65軒。西側には120間(約218m)もの長さの吉田大橋が架かり、その袂には江戸や伊勢への船着場である吉田湊が設けられた。「吉田通れば二階から招く　しかも鹿の子の振袖が」と詠まれたように、遊郭が多いことで知られていた。

菜飯田楽は吉田宿の名物として知られた

御油宿（ごゆじゅく）

豊川稲荷の参詣客で賑わう

東海道の第35宿。現在の愛知県豊川市御油に位置する。宿場の東に、姫街道の追分がある。本陣は4軒(後に2軒)、旅籠は62軒。宿場近くの豊川稲荷の参詣客で賑わった。隣の赤坂宿までは16町(約1・7㎞)までしかなく、旅人を引き留め宿に泊めようとする女の様子が、歌川広重の浮世絵にも描かれている。赤坂に至る道沿いには、慶長9年(1604)に整備された松並木があり、現存している。

歌川広重「東海道五拾三次之内 御油」

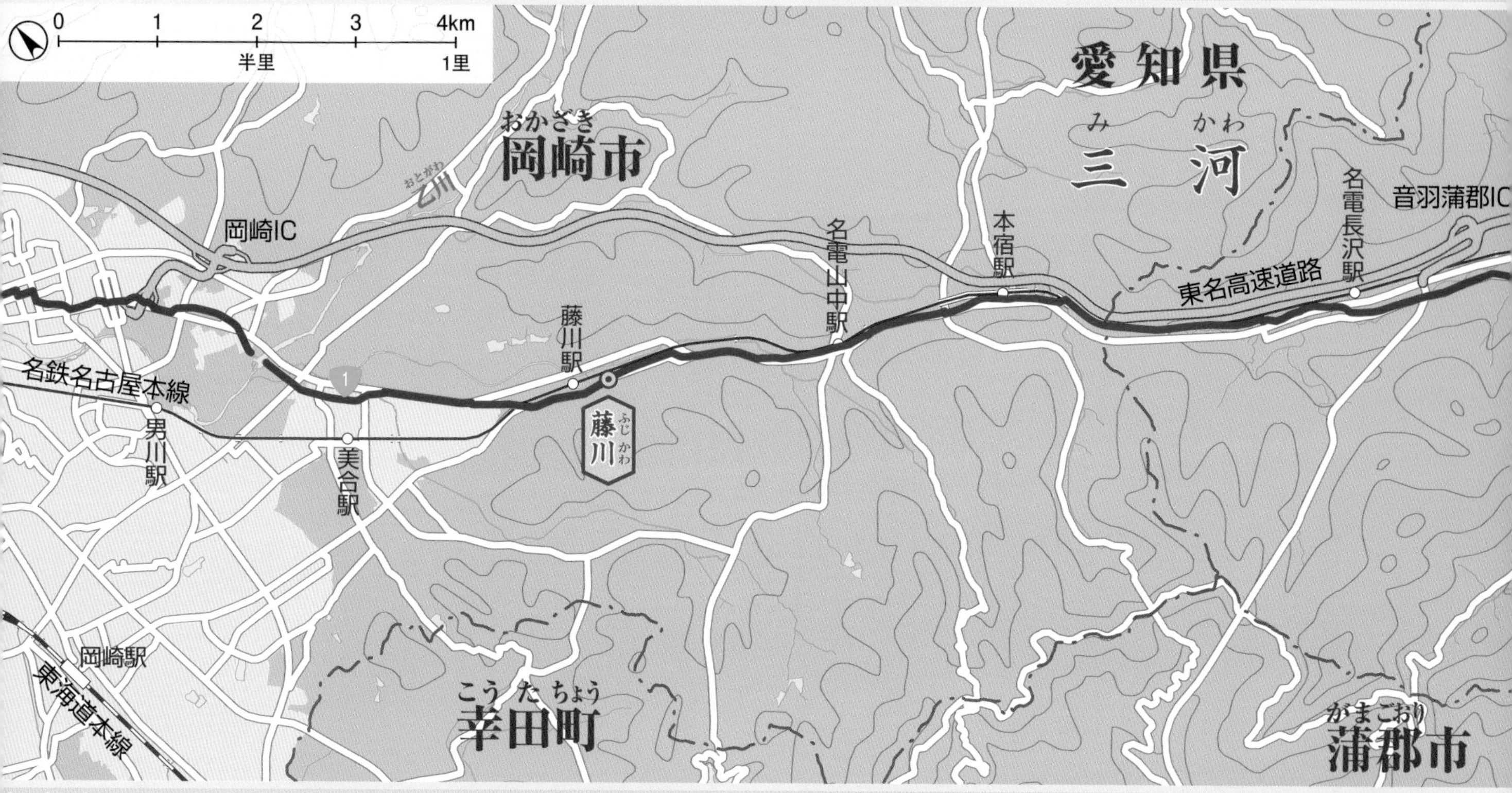

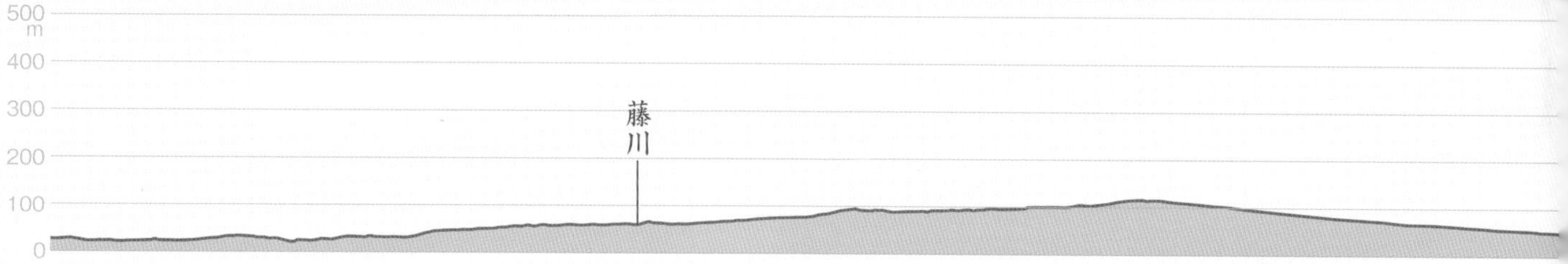

0 1 2 3 4km
半里 1里
愛知県
三河（みかわ）
岡崎市（おかざき）
乙川（おとがわ）
岡崎IC
名電山中駅
本宿駅
名電長沢駅
音羽蒲郡IC
東名高速道路
藤川駅
藤川（ふじかわ）
名鉄名古屋本線
男川駅
美合駅
岡崎駅
東海道本線
幸田町（こうたちょう）
蒲郡市（がまごおり）

500 m
400
300
200
100
0
藤川

赤坂宿（あかさかじゅく）

御油宿からわずか16町の距離

東海道の第36宿。現在の愛知県豊川市赤坂町に位置する。もともとは御油宿とあわせてひとつの宿場であったが、慶長6年(1601)に分かれた。ふたつの宿場の距離が近く、16町(約1・7㎞)。その関係を、松尾芭蕉は「夏の月 御油より出でて 赤坂や」と詠んだ。慶安2年(1649)から平成27年(2015)まで営業を続けた旅籠「大橋屋」は、歌川広重の浮世絵にも描かれ、現在もその建物は保存されている。

慶安2年(1649)創業の大橋屋

藤川宿（ふじかわじゅく）

芭蕉が詠んだ、むらさき麦の産地

東海道の第37宿。現在の愛知県岡崎市藤川町周辺に位置する。塩の産地である吉良に続く道と交わる交通の要衝だった。本陣と脇本陣が各1軒、旅籠は36軒と中規模の宿場で、ここも遊郭が多かったという。この宿場は「東海道名所図会」にも記されており、「紫麦(むらさき麦)」の栽培地として知られていた。松尾芭蕉は紫麦を題材に「ここも三河 むらさき麦のかきつばた」と詠んだ。

藤川で栽培が再開されたむらさき麦

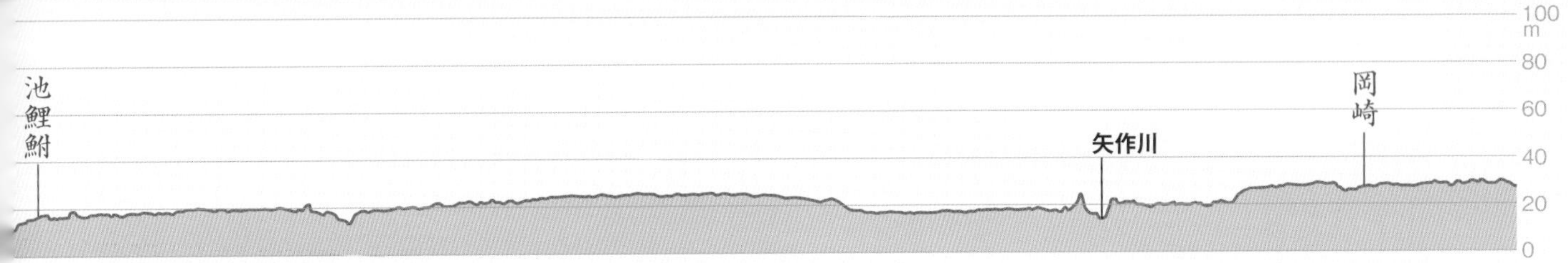

岡崎宿（おかざきじゅく）

矢作橋のかかる岡崎城の城下町

東海道の第38宿。現在の愛知県岡崎市伝馬通周辺に位置する。徳川家康の出生地である岡崎城の城下町。本陣と脇本陣が3軒ずつ、旅籠が120軒もある大規模な宿場で、矢作川を利用した水運で物資の集積地として栄えた。矢作川にかかる矢作橋の長さは208間（約380m）と、当時日本一の大橋だった。岡崎の城下町に向かう道は防衛のために曲がりくねっており、「岡崎二十七曲り」と呼ばれる。

歌川広重「東海道五拾三次之内 岡崎」

池鯉鮒宿（ちりゅうじゅく）

『伊勢物語』のかきつばたの名勝地

古くからかきつばたの群生地として知られる

東海道の第39宿。現在の愛知県知立市に位置する。古くから知立神社を氏神とした地域。『伊勢物語』でかきつばたが咲き誇った八橋の地とも言われる。馬市が有名で、甲斐や信州から500頭ほどの荒馬が集まり、多くの人が集まり賑わった。また、一年を通して木綿市が開催されており、三河木綿が名産品として人気を博した。次の鳴海宿までの間の宿の有松は茶屋集落として有名で、有松絞が名産品として知られた。

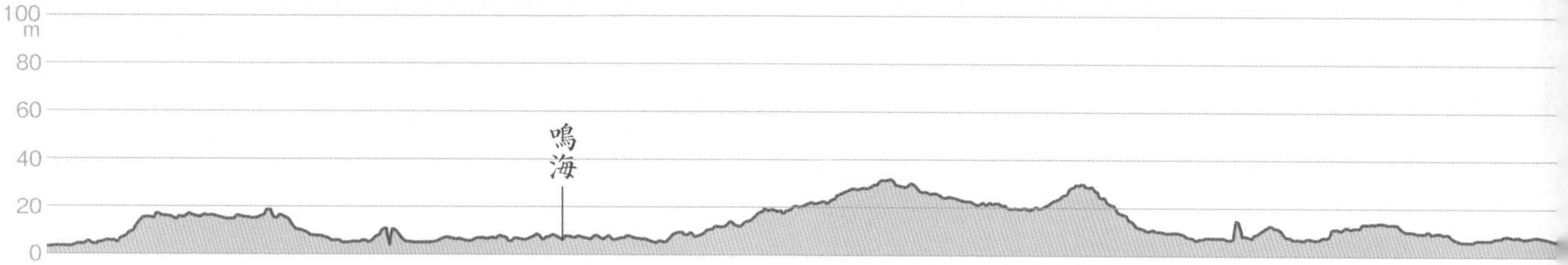

瑞穂区
天白区
愛知県
尾張
三河
名古屋市
豊明市
刈谷市
緑区
南区
港区
大府市
鳴海
名古屋第二環状自動車道
東海道本線
名古屋高速大高線
名鉄常滑線
東海道新幹線
勅使池
洲原池
岩ヶ池
天白川
逢妻川
境川
呼続駅
桜駅
本笠寺駅
本星崎駅
笠寺駅
大江駅
大同町駅
柴田駅
鳴海駅
左京山駅
有松駅
中京競馬場前駅
前後駅
豊明駅
富士松駅
一ツ木駅
大高駅
南大高駅
共和駅
豊明IC
大高IC
名古屋南JCT
名古屋南IC
知立神社

100 m
80
60
40
20
0
鳴海

鳴海宿

名産の鳴海絞が人気を呼ぶ

東海道の第40宿。現在の愛知県名古屋市緑区に位置する。尾張国に入って最初の宿場。本陣1軒、脇本陣2軒、旅籠は68軒と中規模の宿場だった。間の宿の有松と同じく絞り染めの鳴海絞が有名で、尾張藩が特産品として保護したこともあり土産物として人気があった。宿場の東西の入口には常夜灯が建てられ、その大きさと華麗さは道中でも有数と評判だった。それらは現在も残されている。

鳴海宿東の入口の常夜灯

間の宿

古い町並みが残る間の宿の有松

宿場と宿場の間にある、休憩用の場所。宿場間の距離が長い場合や峠越えなど難路に設けられた。茶屋や商家、近在の馬を雇い荷物の付け送りをする問屋、旅籠などがあり宿場同様の賑わいをみせた。宿場保護のため、宿泊は禁じられていたが、川留めなど事情がある場合に限り、幕府の許可を得て宿泊することができた。それ以外の場合には、本人と村役人を罰するという禁令を出したが、違犯が絶えなかったという。

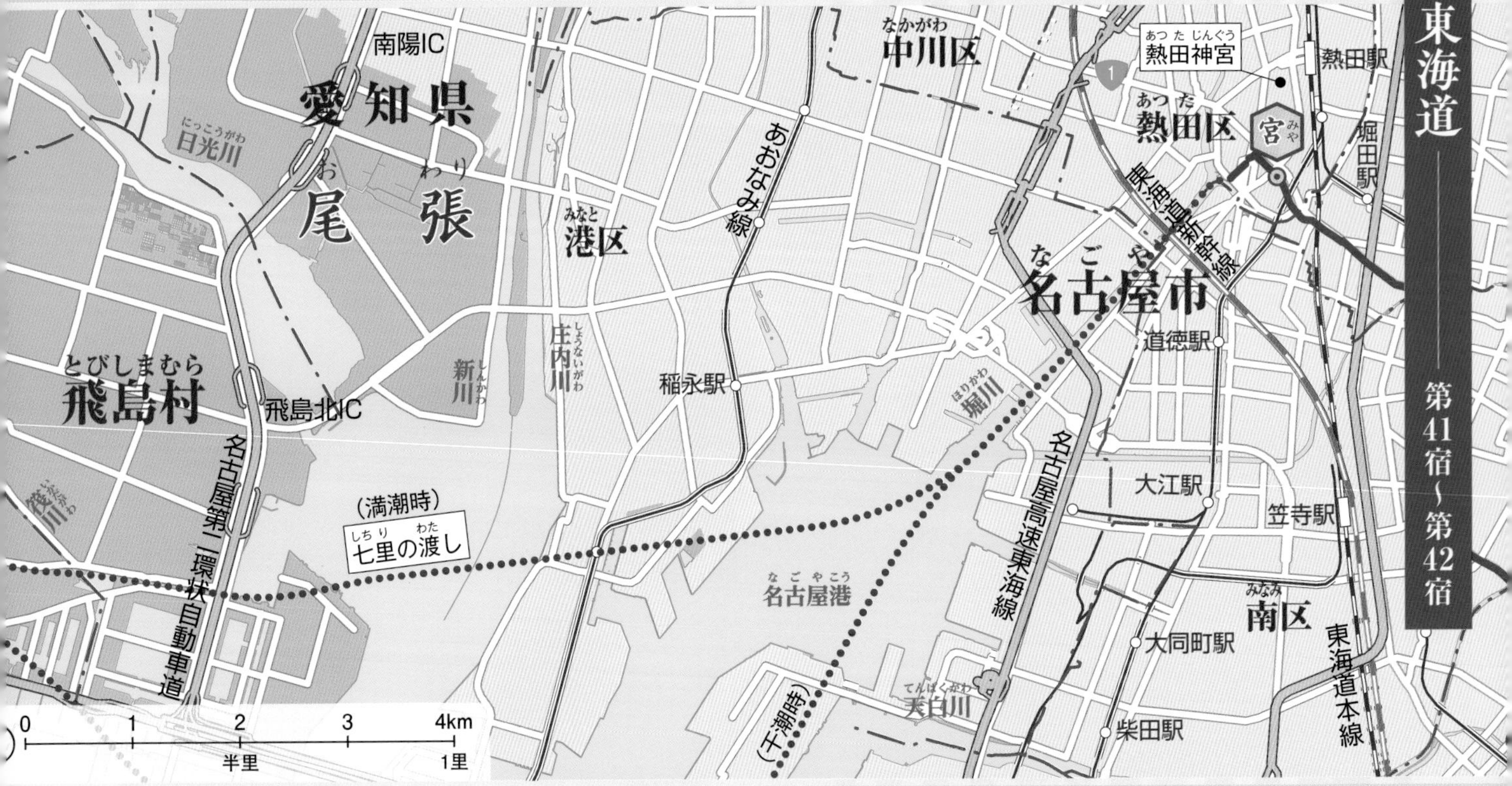
愛知県
尾張
飛島村
港区
中川区
熱田区
名古屋市
南区
南陽IC
飛島北IC
熱田神宮
宮
日光川
新川
庄内川
堀川
天白川
名古屋港
あおなみ線
東海道新幹線
東海道本線
名古屋高速東海線
名古屋第二環状自動車道
熱田駅
堀田駅
稲永駅
道徳駅
大江駅
笠寺駅
大同町駅
柴田駅
(満潮時)
七里の渡し
(干潮時)
0
1
2
3
4km
半里
1里

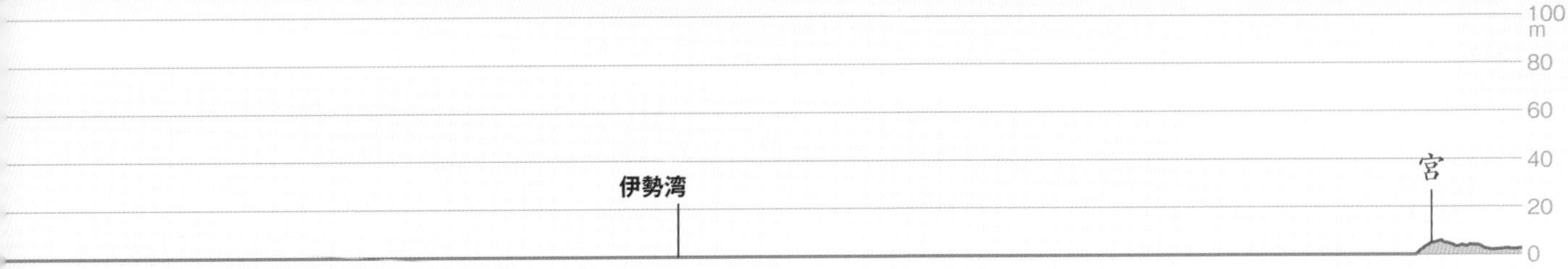
100 m
80
60
40
20
0
伊勢湾
宮

宮宿（みやじゅく）

七里の渡しを控える、熱田神宮の門前町

東海道の第41宿。現在の愛知県名古屋市熱田区に位置する。中山道と合流する美濃路や佐屋を経由して桑名に向かう佐屋路などが分岐する交通の要衝。熱田神宮の門前町で、参詣者で大いに賑わった。旅籠は東海道最多の248軒。東海道唯一の海路である桑名宿までの「七里の渡し」を控え、多くの旅人が逗留した。江戸時代中期以降は、四日市宿へと直接渡る「十里の渡し」も利用された。

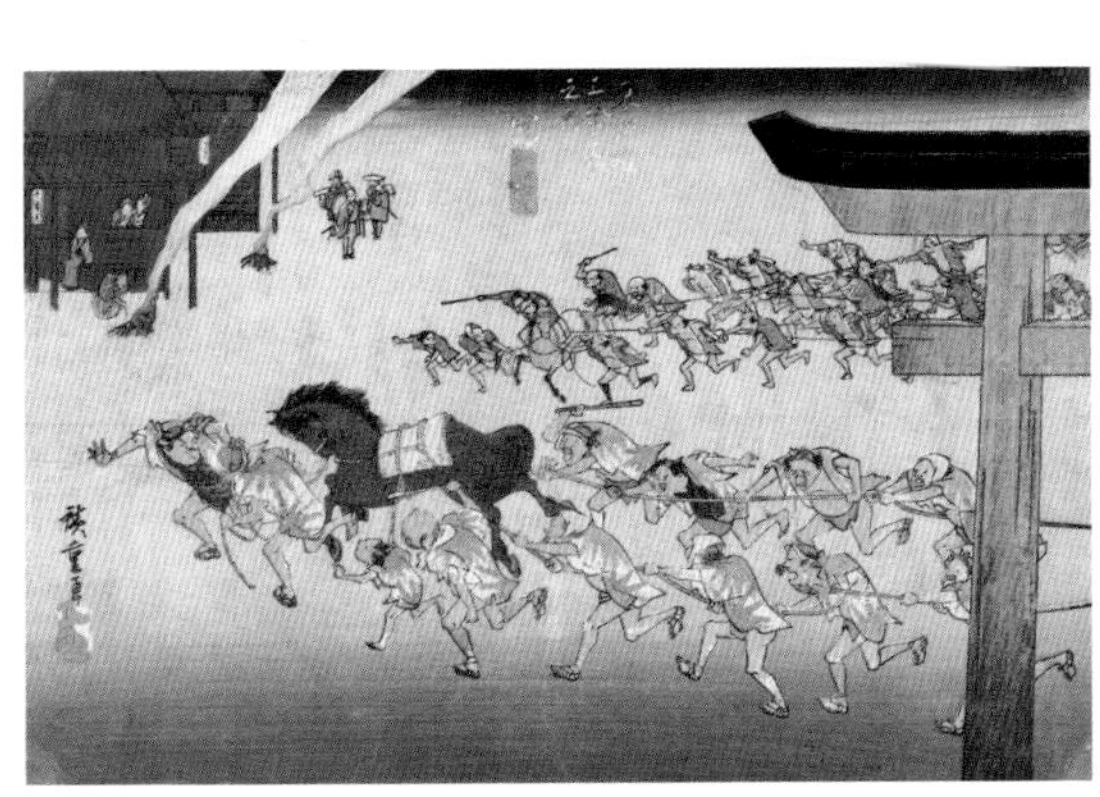

歌川広重「東海道五拾三次之内 宮」

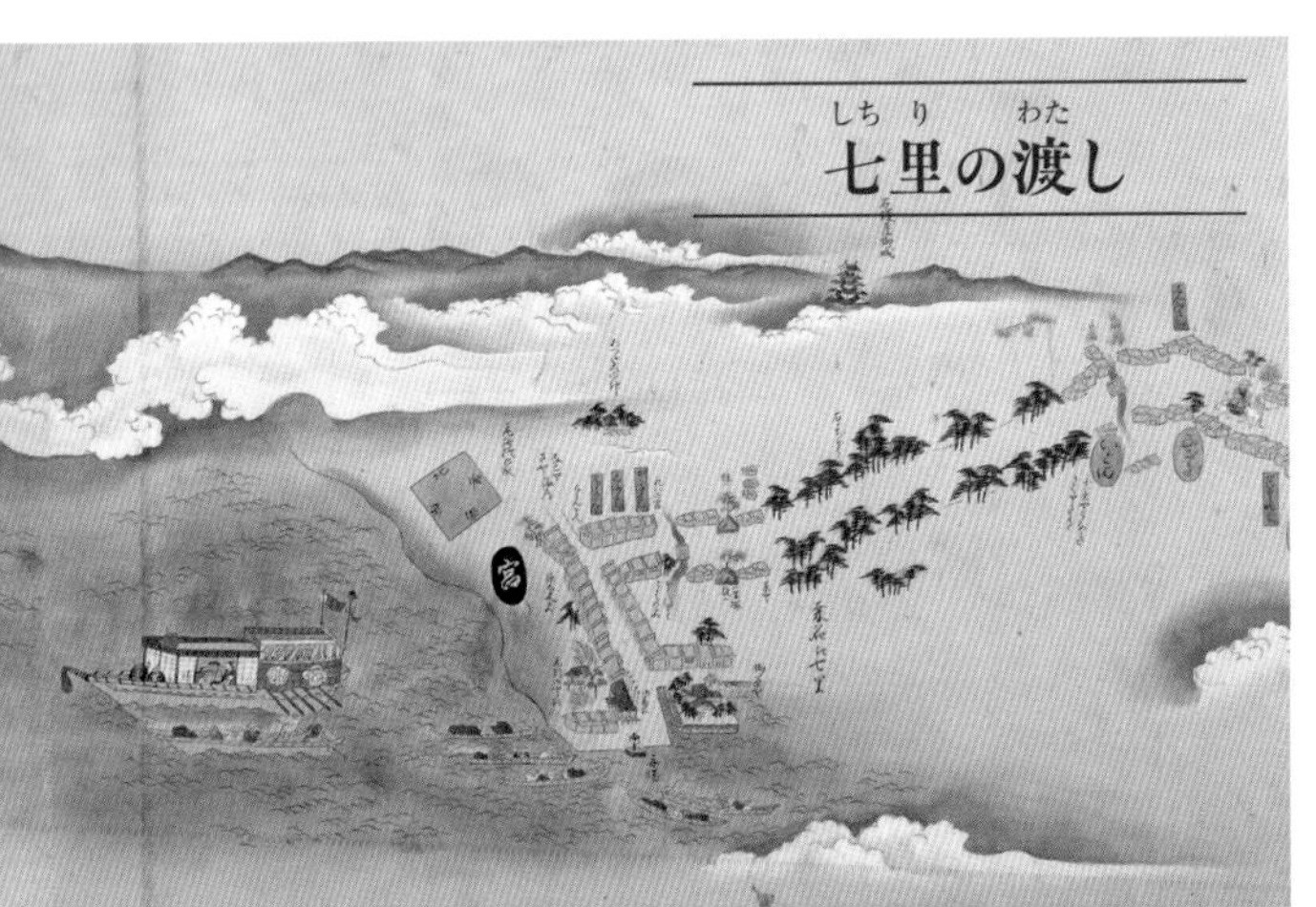

七里の渡し（しちりのわたし）

宮宿と桑名宿の間にある伊勢湾を船で渡る海路で、その距離が約7里(約28㎞)であったことから、この名がつけられた。天候や潮の状況によって変わったようだが、所要時間は4時間ほど。大名が乗る御座船から庶民が乗る帆掛け船までさまざまな船が宮と桑名の宿の間を行き来した。船によって設定されていたというが、天和2年(1682)の記録によると、船賃は1人30文、荷物1駄(馬1頭分)75文と決められ、時代とともに運賃は上がった。

在良駅
桑名IC
養老鉄道
長良川河口堰
桑名
桑名城跡
桑名駅
東名阪自動車道
三岐鉄道北勢線
三重県
伊勢
木曽岬町
名四国道
桑名市
朝日町
関西本線
弥富市
朝日駅
伊勢朝日駅
みえ朝日IC
四日市市
揖斐川
木曽川
近鉄名古屋線
川越町
員弁川
朝明川
伊勢湾岸自動車道
湾岸長島IC
弥富木曽岬IC
湾岸弥富IC
みえ川越IC
湾岸桑名IC
伊勢湾
富田駅

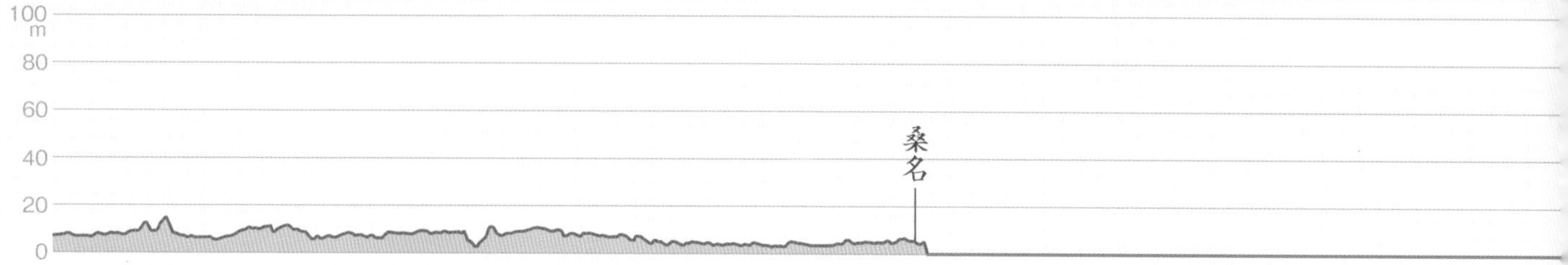

100 m
80
60
40
20
0
桑名

桑名宿

伊勢国の玄関口

東海道の第42宿。現在の三重県桑名市に位置する。伊勢国に入って最初の宿場。桑名藩桑名城の城下町で、長良川が伊勢湾に合流する桑名湊の水運でも栄えた。本陣2軒、脇本陣4軒、旅籠120軒。旅籠の数は宮宿に次ぐ、東海道2番目の数。西からは「七里の渡し」を控え、東側からは伊勢参りへの玄関口として多くの人で賑わった。名物の焼き蛤が道中の旅人に食された。

「東海道分間絵図」に描かれた七里の渡し　三重県総合博物館蔵

七里の渡し以外にも、東海道には渡しが多く、品川宿と川崎宿の間の多摩川を渡る「六郷の渡し」、見附宿と浜松宿の間の天竜川を渡る「池田の渡し」、舞坂宿と新居宿の間にある浜名湖を渡る「今切の渡し」のほか、徒歩や川越人足に担がれて渡る酒匂川(大磯宿と小田原宿の間)や安倍川(府中宿と丸子宿の間)などもある。増水による川留めもあり、旅人にとって峠越えとともに厄介な難所だった。なお現在、七里の渡しの航路のほとんどは埋め立てられている。

七里の渡しに面して立つ蟠龍櫓

四日市市
近鉄湯の山線
西日野駅
日永駅
近鉄四日市駅
四日市
川原町駅
海蔵川
霞ケ浦駅
近鉄富田駅
三岐鉄道三岐線
大矢知駅
富田駅
富田浜駅
関西本線
四日市あすなろう鉄道
泊駅
内部駅
追分駅
日永追分
南四日市駅
四日市駅
海山道駅
塩浜駅
天白川
三滝川
四日市港
伊勢湾

四日市
100 m
80
60
40
20
0

四日市宿

伊勢への道が分かれる宿場

東海道の第43宿。現在の三重県四日市市に位置する。毎月「四」のつく日に市場が開かれていたため「四日市」の名がついたと言われている。桑名宿と同じく湊が栄え、宮宿とは「十里の渡し」でつながっていた。本陣2軒、脇本陣1軒、旅籠は98軒と比較的大きな宿場で、伊勢神宮への道の追分を控えていたため、旅人が多く逗留した。小豆餡をついた餅で包み、細長く薄く伸ばして火であぶった「なが餅」が名物。

戦国時代から作られたという「なが餅」

伊勢参り

歌川広重「伊勢参宮略図」

伊勢神宮はかつて個人の参詣は行われていなかったが、鎌倉時代から民衆の信仰の対象となり、江戸時代になると〝一生に一度の行事〟として伊勢参りが人気となった。この背景には、参詣の案内や宿泊の世話をする御師の勧誘活動の影響もあるが、街道の整備が旅の利便を増加させたことも大きい。また、60年周期でお陰参りと呼ばれる集団参詣が発生し、数百万人の人が伊勢神宮に詰めかけた。

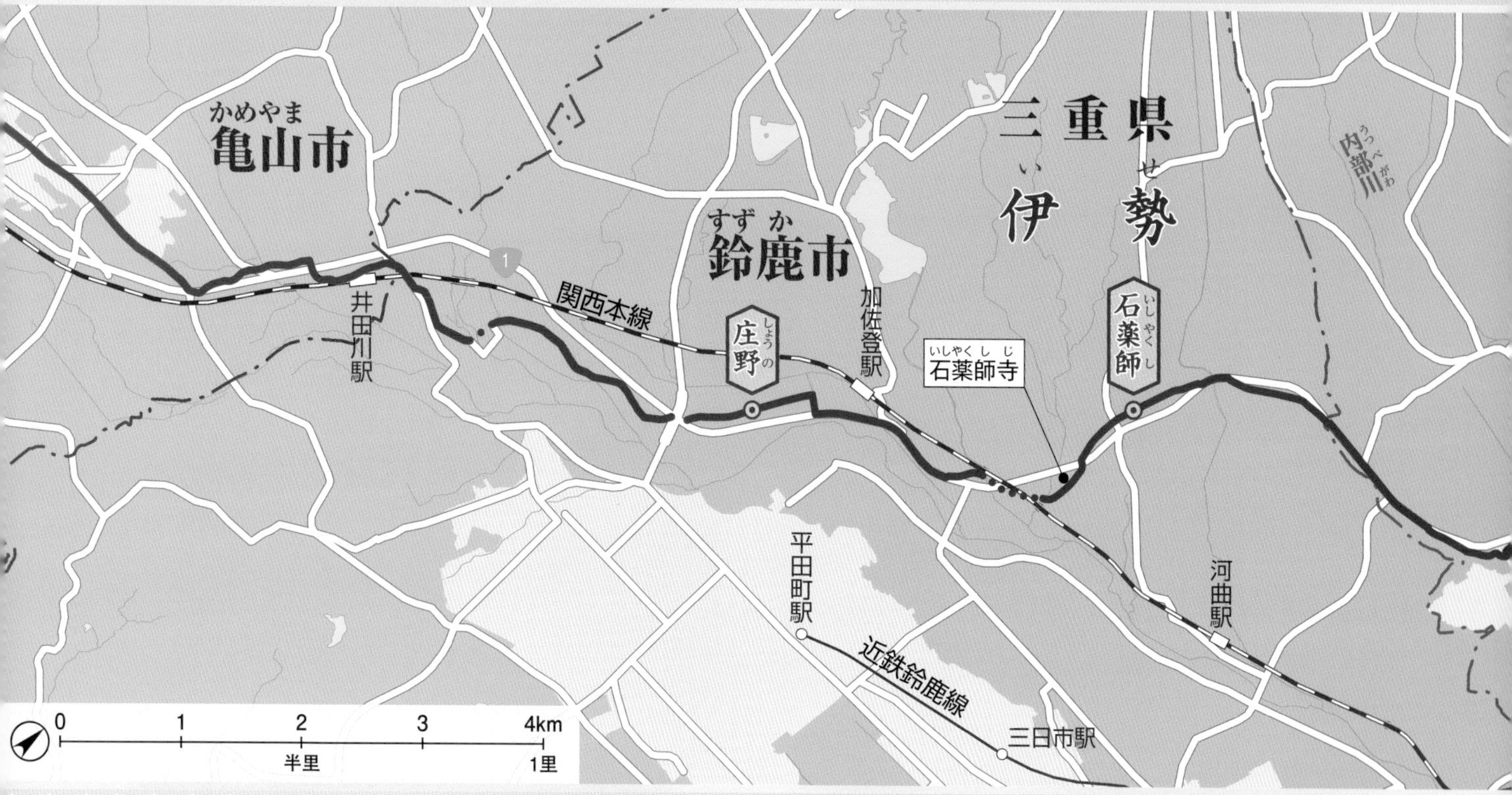

かめやま
亀山市

すずか
鈴鹿市

三重県
い せ
伊勢

うつべがわ
内部川

関西本線
井田川駅
加佐登駅
平田町駅
近鉄鈴鹿線
三日市駅
河曲駅

しょうの
庄野

いしやくし
石薬師

いしやくしじ
石薬師寺

0 1 2 3 4km
半里 1里

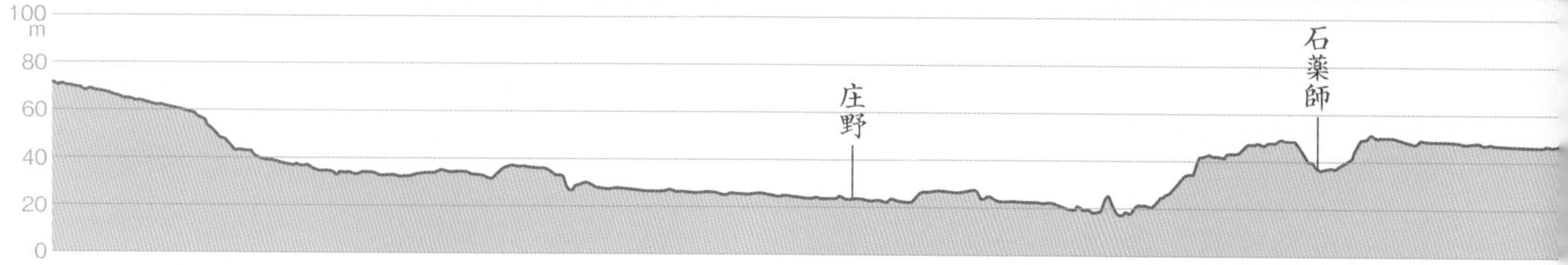

100 m
80
60
40
20
0
庄野
石薬師

石薬師宿（いしやくしじゅく）

安全祈願に立ち寄る古刹で知られる

東海道の第44宿。現在の三重県鈴鹿市石薬師町に位置する。四日市宿と亀山宿の距離が長く旅人が難儀したことから、元和2年（1616）に制定された。本陣3軒、旅籠は15軒。伊勢参りの旅人が通らない分、小規模だった。近隣の石薬師寺は奈良時代に創建と伝わる古刹で、地中より立つ奇石に弘法大師が刻んだ薬師如来の像が伝わり、参勤交代の大名が道中の安全祈願に立ち寄ったという。

石薬師寺の本堂

庄野宿（しょうのじゅく）

東海道で最も遅く制定された宿場

東海道の第45宿。現在の三重県鈴鹿市庄野町に位置する。石薬師宿と同様、亀山宿までの距離が長いため設置され、東海道の中では最も遅い寛永元年（1624）に制定された。石薬師宿と庄野宿までの間は25町（約2・7㎞）と東海道の中で2番目に距離が短く、本陣と脇本陣は各1軒、旅籠は15軒と小規模。歌川広重の「東海道五十三次」のうちで傑作と言われる「庄野 白雨」が知られる。

歌川広重「東海道五拾三次之内 庄野 白雨」

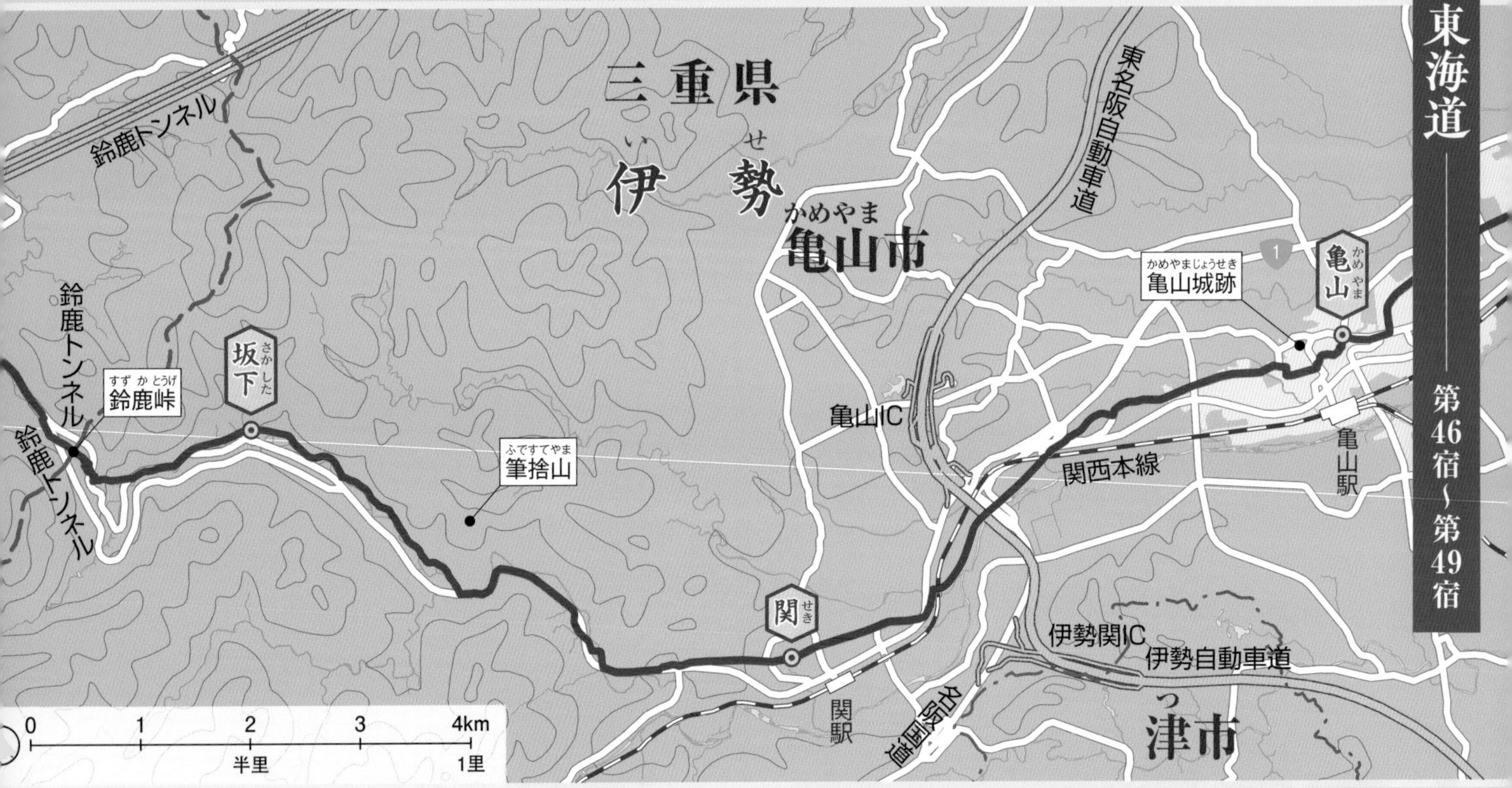

三重県
伊勢
亀山市
津市
鈴鹿トンネル
鈴鹿峠
坂下
筆捨山
関
関駅
亀山
亀山城跡
亀山駅
亀山IC
伊勢関IC
東名阪自動車道
伊勢自動車道
関西本線
名阪国道
0 1 2 3 4km
半里 1里

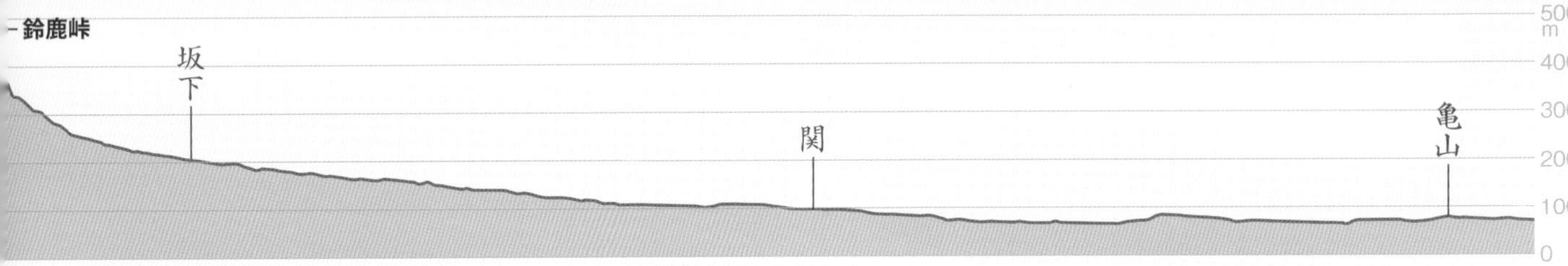

鈴鹿峠
坂下
関
亀山
500m 400 300 200 100 0

亀山宿（かめやまじゅく）

「粉蝶城（こちょうじょう）」の亀山城の城下町

東海道の第46宿。現在の三重県亀山市中心部に位置する。白い城壁が連なる姫垣から別名「粉蝶城」の名を持つ、伊勢亀山藩の亀山城の城下町。「亀山に過ぎたるもの」と言われるほど京口門は壮麗で、歌川広重の浮世絵は京口門から描いたとされる。城下町ではあるが街の規模は大きくなく、本陣と脇本陣は各1軒、旅籠は15軒ほど。野村一里塚は三重県内で唯一現存している一里塚で、樹齢400年のムクの巨木が残る。

亀山宿の西にある野村一里塚

関宿（せきじゅく）

伊勢や大和への道が交わる

宿場町の面影が残る関宿の町並み

東海道の第47宿。現在の三重県亀山市関町に位置する。美濃不破関、越前愛発関（あらちのせき）とともに三関に数えられた鈴鹿関があり、東海道制定前から宿場として栄えていた。東海道三大難所のひとつ鈴鹿峠を控えるほか、伊勢神宮に向かう道や大和国に向かう道が分岐する交通の要衝で、東海道の宿場中でも屈指の賑わいを見せた。東海道のほかの宿場と比べ、現在も往時の雰囲気を感じさせる町並みが残っている。

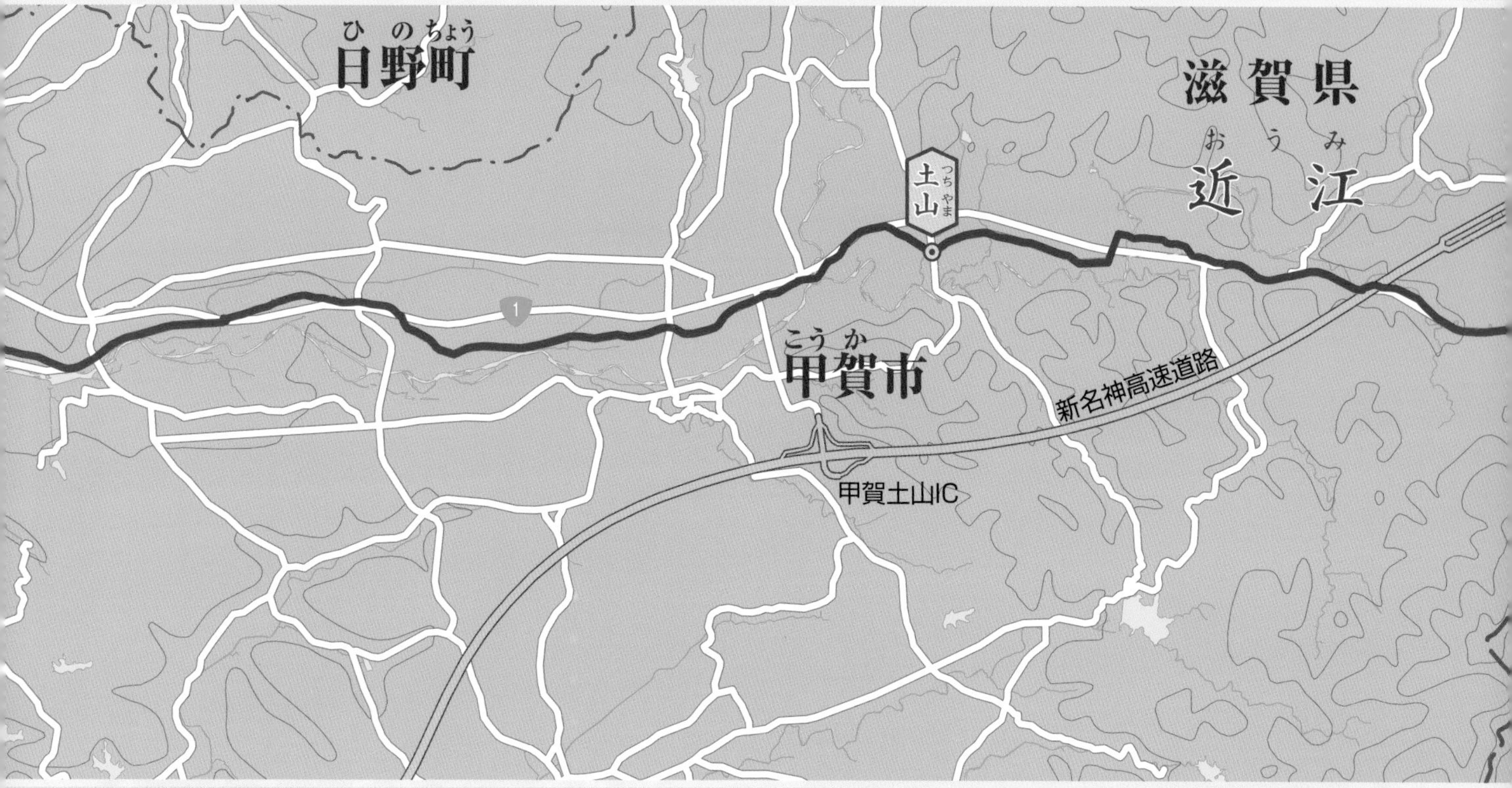

日野町

滋賀県

近江

土山

甲賀市

新名神高速道路

甲賀土山IC

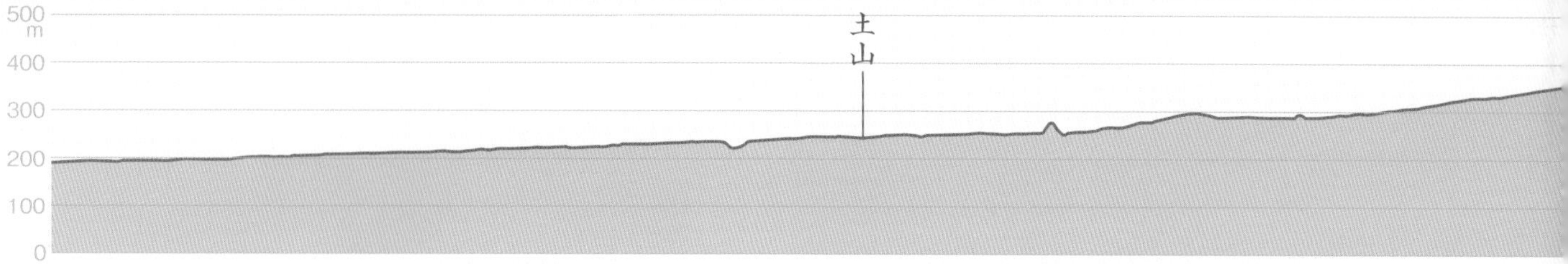

500 m / 400 / 300 / 200 / 100 / 0

土山

坂下宿

鈴鹿峠の麓で栄えた歴史ある宿

東海道の第48宿。現在の三重県亀山市関町坂下に位置する。難所の鈴鹿峠の麓にあった宿場で、室町時代から将軍や歌人の宿所、休息所として早くから宿場化していた。慶安3年（1650）の土石流で壊滅し、その後、1・3km程東の現在の位置に移された。本陣3軒、脇本陣1軒、旅籠48軒と中規模の宿場だが、峠越えの旅人で賑わった。峠の途中には茶屋があり、旅人は筆捨山の絶景を眺めて休息したという。

険しい山道が続く鈴鹿峠

土山宿

鈴鹿峠を抜けると、雨が降る

北斎の浮世絵にも描かれた土山のお六櫛
The Art Institute of Chicago®

東海道の第49宿。現在の滋賀県甲賀市土山町周辺に位置する。近江国に入って最初の宿場。鈴鹿峠の山道を抜けた、または峠を控える旅人が逗留する宿場。「坂はてるてる、鈴鹿は曇る、あいの土山雨が降る」と鈴鹿馬子唄にも歌われたように、鈴鹿峠を越えると天気が変わり、雨が降ることがよくあったという。「お六櫛」とよばれる木櫛と「蟹ヶ坂飴」という麦芽水飴を原材料とした琥珀色の飴が特産品として人気だった。

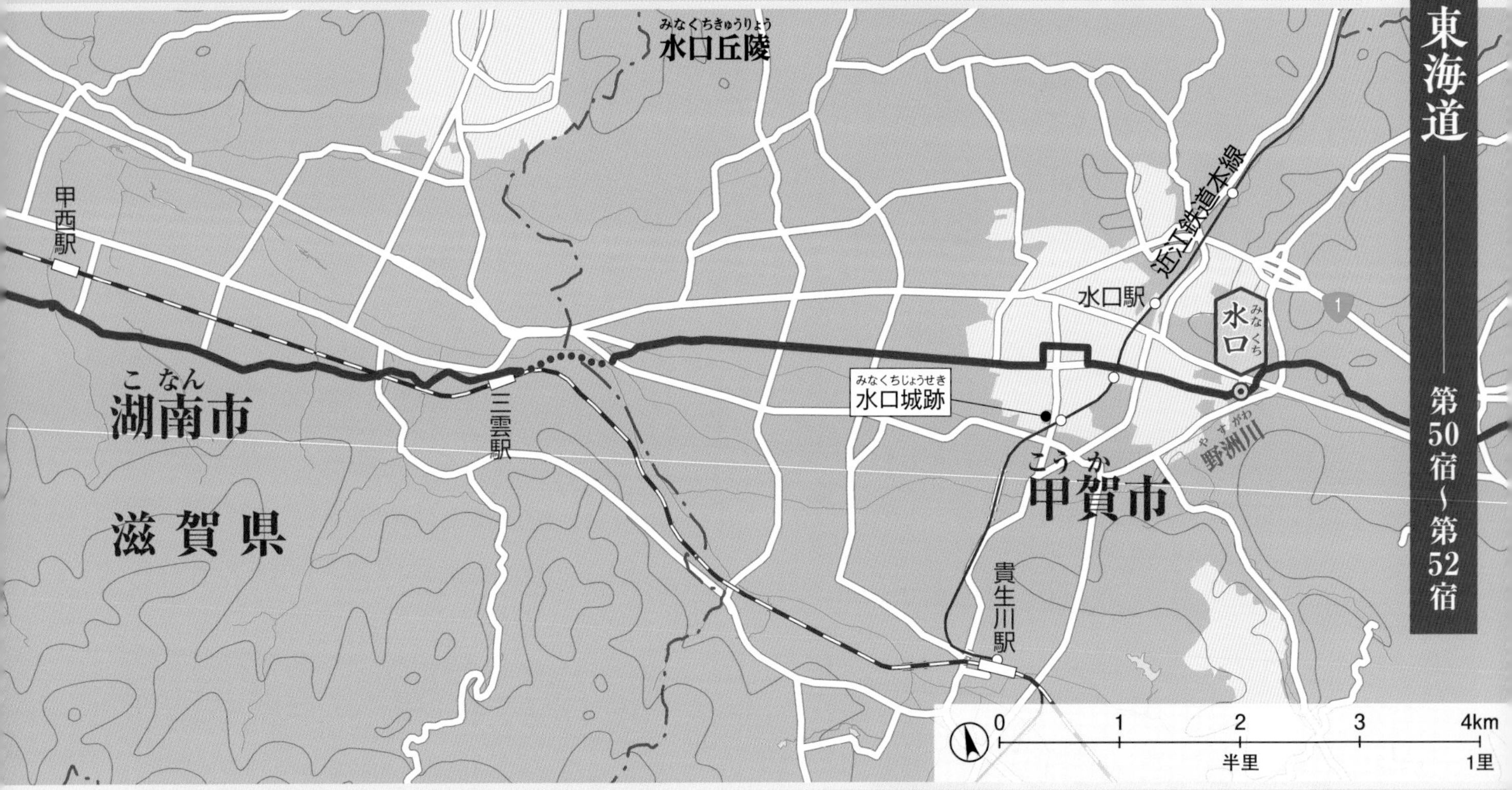

水口丘陵
甲西駅
湖南市
三雲駅
滋賀県
近江鉄道本線
水口駅
水口
水口城跡
野洲川
甲賀市
貴生川駅
0 1 2 3 4km
半里 1里

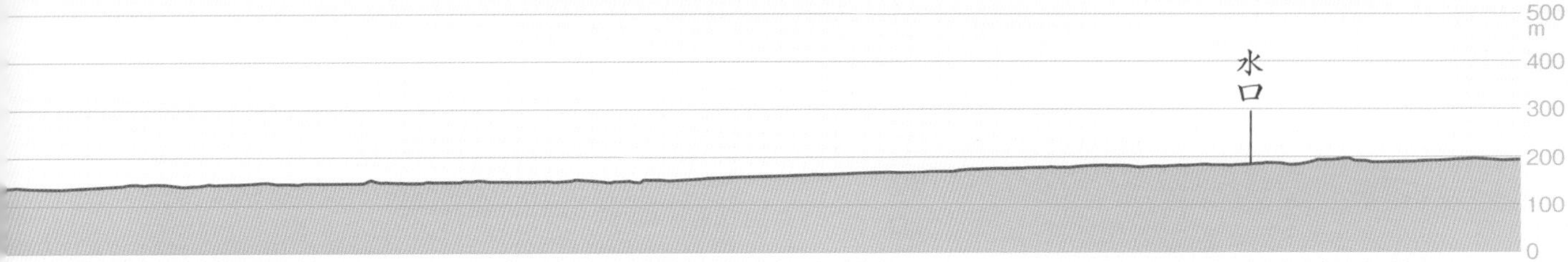

水口

水口宿（みなくちじゅく）

城下町と宿場が並ぶ

東海道の第50宿。現在の滋賀県甲賀市水口周辺に位置する。伊賀へ向かう道との分岐点でもある交通の要衝。徳川家光が上洛の際の宿泊施設として水口御殿を築き、その後水口藩の水口城となった。水口城は宿場の西にあり、宿場町と城下町が並ぶ。宿場内の道が三つに分かれて、再び一本の道となる三筋の道があり、戦国時代は敵の侵入を防ぐ役割を果たしていた。「水口細工」と「干瓢」が土産として知られていた。

江戸時代に制作された「水口細工覧箱」

浮世絵（うきよえ）「東海道五十三次（とうかいどうごじゅうさんつぎ）」

歌川広重「東海道五拾三次之内 草津」

東海道の53の宿場を中心に、風景や習俗、名物などを描いた浮世絵のシリーズもの。始点の日本橋、終点の三条大橋を加えて55図から構成されるものが多い。代表的な作品は、天保5年（1834）に歌川広重（1797〜1858）が手がけた「東海道五拾三次之内」が知られる。広重はいくつかの種類の五十三次ものを手がけているが、葛飾北斎や歌川国貞など、ほかの浮世絵師も東海道を題材にした作品を多く残している。

近江盆地
中山道
栗東駅
手原駅
草津線
石部駅
石部
栗東湖南IC
草津市
栗東IC
栗東市
草津駅
田中本陣
草津
東海道本線
東海道
東海道新幹線
名神高速道路
近江
南草津駅

500 m
400
300
200
100
0
草津
石部

石部宿

西の旅人の多くが最初に泊まる宿場

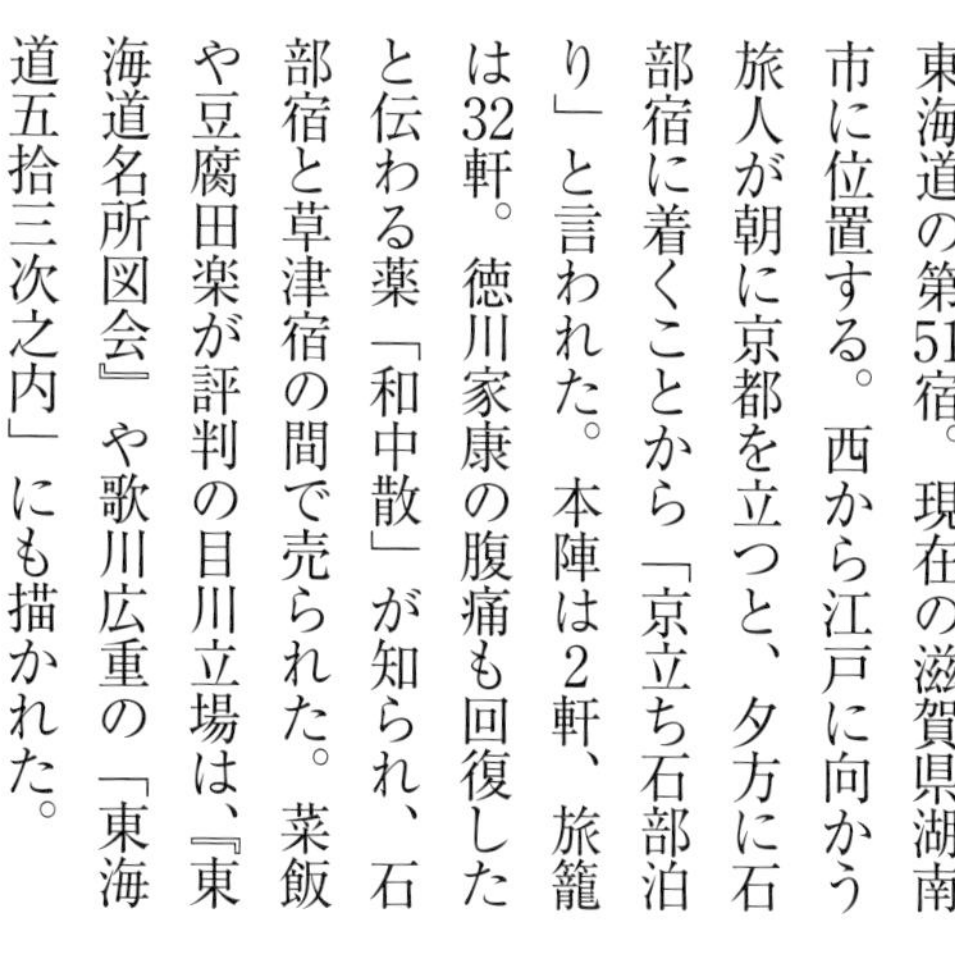

歌川広重「東海道五拾三次之内 石部」

東海道の第51宿。現在の滋賀県湖南市に位置する。西から江戸に向かう旅人が朝に京都を立つと、夕方に石部宿に着くことから「京立ち石部泊り」と言われた。本陣は2軒、旅籠は32軒。徳川家康の腹痛も回復したと伝わる薬「和中散」が知られ、石部宿と草津宿の間で売られた。菜飯や豆腐田楽が評判の目川立場は、『東海道名所図会』や歌川広重の「東海道五拾三次之内」にも描かれた。

草津宿

最大級の本陣を擁する、中山道との合流地点

東海道の第52宿。現在の滋賀県草津市に位置する。東海道と中山道が合流する交通の要衝。本陣2軒、脇本陣は時代によって2～4軒、旅籠70軒と規模の大きな宿場だった。東海道最大級の田中七左衛門本陣は現存し、国指定史跡となっている。名物は名所図会などにも描かれる姥ヶ餅。織田信長に滅ぼされた佐々木義賢から幼児の養育を託された乳母が、その糧として作って売ったのが始まりとされる。

往時の姿をとどめる、草津宿本陣

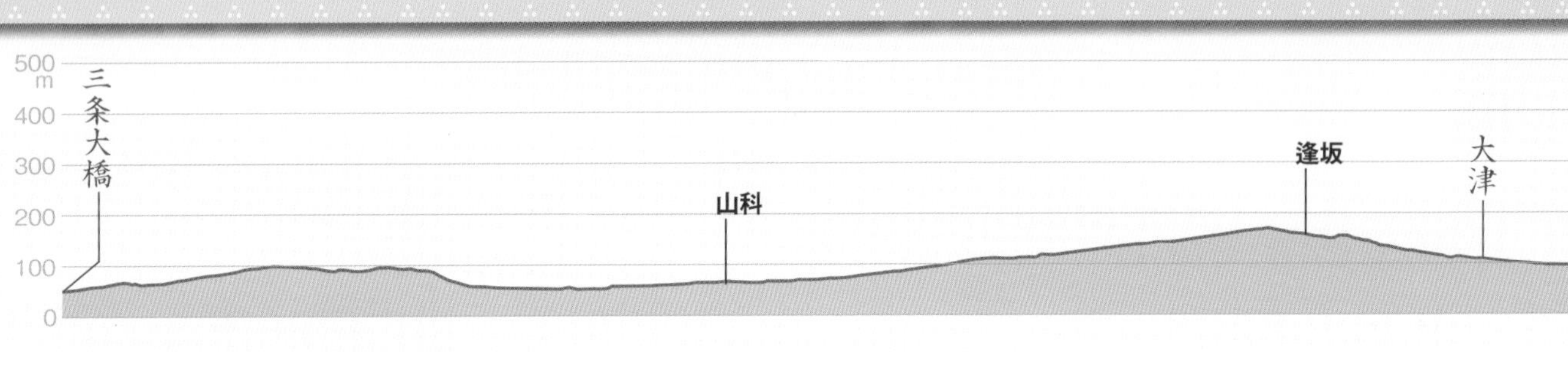

大津宿

琵琶湖の水運で栄えた、東海道最後の宿

東海道の第53宿。現在の滋賀県大津市に位置する。東海道最後の宿場。本陣2軒、脇本陣2軒、旅籠は71軒と規模は東海道中でも大きく、琵琶湖の水運による物資の集積地としても栄えた。その物資は、車石と呼ばれる石が敷かれた道を通り、京へ運ばれた。また、比叡山延暦寺や石山寺、三井寺、日吉大社などの社寺が多く、参詣客でも賑わった。寛永年間頃に生じたとされる大津絵が土産物・護符として人気を呼んだ。

大津から「瀬田の唐橋」を渡ると京へ入る

京 三条大橋

東海道の終点、京の東の玄関口

江戸から京まで約126里（約495km）、東海道の終点。中山道の終点でもある。大津宿を出て近江と山城の国境である逢坂関を抜け、京へと入る。鴨川に架かる三条大橋が最初に架けられたのは室町時代で、天正18年（1590）に豊臣秀吉が増田長盛に命じて石柱の橋にさせた。寛文7年（1667）には橋の長さは64間（約116m）、63本の石柱でできており、擬宝珠には日本最初の石柱橋であることが刻まれている。

二代歌川広重（立祥）
「東海道五拾三驛 京 三條大橋」

下田街道

伊豆半島を南北に縦断する

下田街道は、伊豆国の東海道三島宿（静岡県三島市）から下田（静岡県下田市）を結ぶ道。国道136号と国道414号の道筋と重なる。湯ヶ島などいくつもの温泉地を経て、難所の天城峠を越えて、下田へと至る。下田街道は主に人の往来に使われ、物資は江戸と上方を結ぶ海路の要衝である下田の港から運ばれていく。特に、石材として重用された伊豆石は下田から運ばれ、江戸城修築時には伊豆石を乗せた３０００船が江戸と伊豆間を月に2往復し運ばれたという。幕末にはペリーが来航し、日米和親条約が締結され、下田は日本で最初の開港地となった。さらに付録協定である下田条約、長崎港の追加開港など9か条を認める下田協約が結ばれ、下田は開国の舞台の地となった。

伊豆石が使われた建物が続く下田の町並み

身延道

駿河と甲斐を結ぶ参詣の道

身延道は、駿河国の東海道興津宿（静岡県清水市）から甲斐国の甲州道中甲府宿（山梨県）を結ぶ道。国道52号の道筋と重なる。駿州往還とも呼ばれる。主に身延山久遠寺への参詣路として利用された。興津からは富士川沿いを北上し、穴原を過ぎて甲斐国に入り、身延を過ぎると、この街道の一番の難所「早川の渡し」を渡り、さらに富士川の右岸と左岸を行き来する「両越の渡し」を経て、甲府へと入っていく。駿河の海産物や塩を甲斐に送る道でもあったというが、物資の運搬は富士川の舟運が大きな役目を担い、鰍沢のほか黒沢、青柳の三河岸が発展した。特に鰍沢は舟運の拠点として発達し、信濃国の年貢米を廻米として清水湊に回送し、帰路は塩や海産物を運ぶ「下げ米、上げ塩」で知られた。鰍沢は陸揚げした荷物を運ぶ馬持・馬子らが居住し、身延参詣者も訪れ、茶屋・旅籠屋などもできて大いに賑わった。

身延山久遠寺、樹齢４００年のしだれ桜

姫街道(ひめかいどう)

女性の旅人が通った道

姫街道は、遠江国の東海道見附宿(静岡県磐田市)から三河国の東海道御油宿(愛知県豊川市)を結ぶ道。浜名湖北岸を迂回し、気賀、三ヶ日、嵩山を経て御油宿へ至る。三河と遠江の国境である本坂峠を越えることから本坂道ともいう。浜松から向かう道もあった。女性の通行の取締りが厳しい新居関所を迂回する脇道で、公家や武家の奥方、姫君が多く利用したことから「姫街道」と呼ばれたとされる。もっとも、姫街道にも関所はあり、「都田川の渡し」を渡った気賀には気賀関所が置かれ、厳しい取締りが行われたようである。また、浜名湖を渡る「今切の渡し」は縁切りを連想させるため、東海道を避けた女性が通るようになったことから姫の名がついたともいわれる。

復元された気賀関所

伊那街道(いなかいどう)

信濃と三河の物資を中馬が運ぶ

伊那街道は、三河国の東海道岡崎宿(愛知県岡崎市)から信濃国の中山道塩尻宿(長野県塩尻市)を結ぶ道。現在の国道153号に道筋が重なる。三州街道とも呼ばれる。岡崎から足助までの道は足助街道とも呼ばれるほか、吉田からの道も伊那街道とされている。岡崎、吉田からの道は根羽で合流し、その先の難所・神坂峠を抜け、商業の町として繁栄した飯田から天竜川に沿って伊那谷を北上し、塩尻へと至る。この道の物資の輸送を担ったのが「中馬」と呼ばれる農民の荷物輸送。1人の馬方が3、4頭の馬を連れて荷物を背に乗せて運ぶもので、運賃が安く迅速であったことから需要は多かったという。信州からは煙草・生糸・元結・柿などが運ばれ、三河からは塩・魚類・茶・綿などが運ばれた。

江戸後期の面影を伝える足助の町並み

美濃路

名古屋を通り東海道と中山道を結ぶ

美濃路は、尾張国の東海道宮宿（愛知県名古屋市熱田区）から美濃国の中山道垂井宿（岐阜県不破郡垂井町）を結ぶ道で、東海道と中山道の脇往還。東海道随一の宿場町宮宿から尾張徳川家の城下町名古屋を通り、清須を抜けて「起の渡し」で木曽川を渡り美濃国へ。舟運で栄えた大垣を通り、美濃国一宮南宮大社のある垂井へと至る。関ケ原の戦いに勝利した徳川家康がこの道を通り江戸へ凱旋したほか、31万人の行列を従えた徳川家光の上洛でも使われ、朝鮮通信使や琉球使節もたびたび利用したという公用道だった。東海道で京に向かう旅人にとっては、この先の「七里の渡し」や鈴鹿峠のような難所を避けることができたため、宮宿から迂回して美濃路を北上し、垂井宿から中山道で京へ向かうという場合もあった。

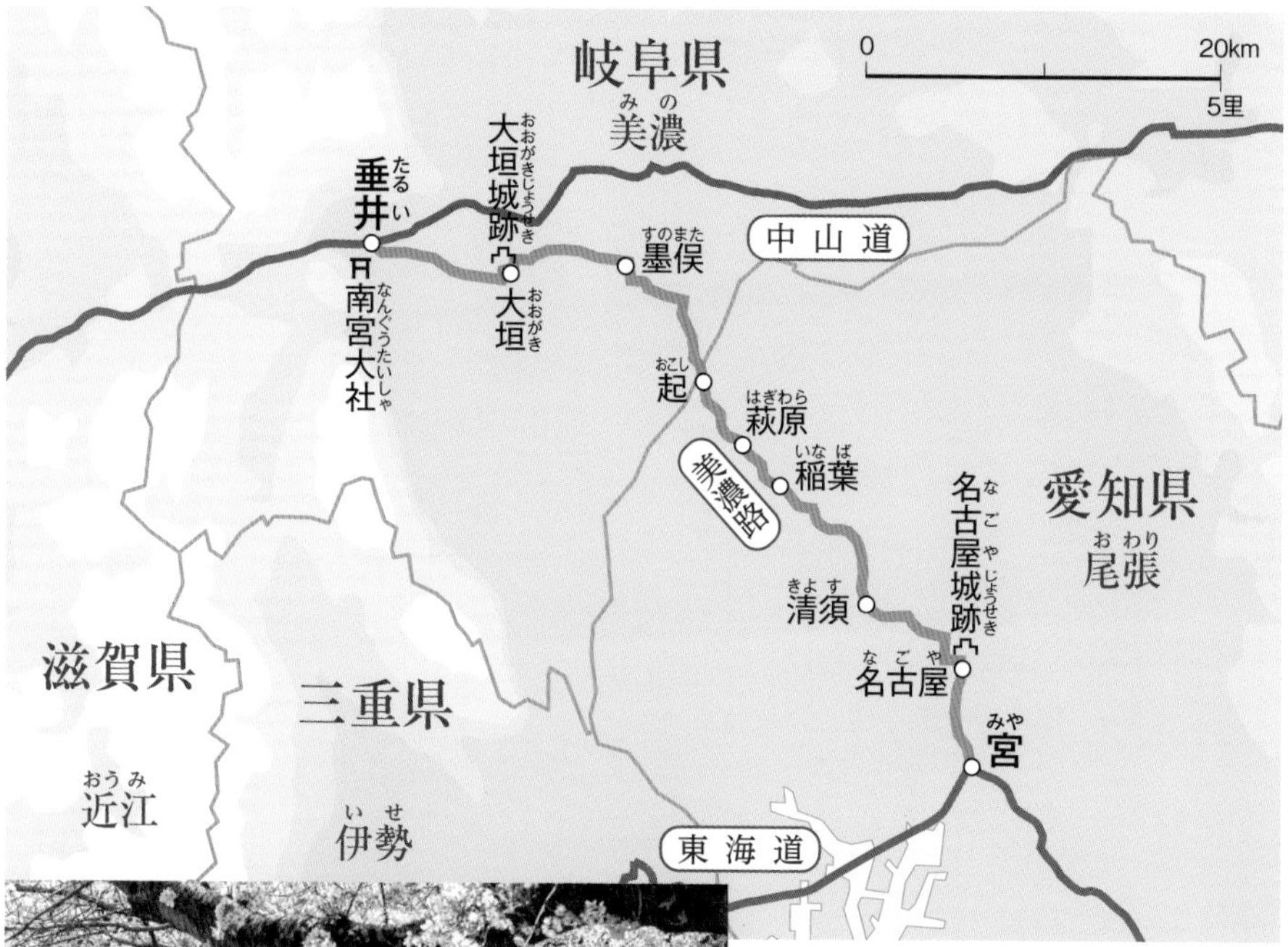

川湊として栄えた面影を残す大垣

伊勢街道

伊勢神宮の参詣客で沿道が賑わう

伊勢街道は、伊勢国の東海道四日市宿（三重県四日市市）から伊勢神宮（三重県伊勢市）へと至る道。国道23号の道筋と重なる。もっとも、伊勢街道は伊勢神宮へと向かう道の総称でもあり、伊勢本街道や伊賀道、熊野古道伊勢路などさまざまな道を指すが、四日市宿を出て日永追分で東海道と分岐し、伊勢平野の海岸沿いを下り、津、松阪を経て伊勢神宮へと至る道のことを主に伊勢街道と呼ぶ。また、西側から鈴鹿峠を越して関宿で東海道と分岐する道もあり、津において伊勢街道と合流する。古来より伊勢参りは行われていたが、爆発的な人気を獲得したのは江戸時代。伊勢講の発達とともに庶民の参詣者が増え、明和8年（1771）のお陰参りには200万人を超える参詣客が殺到し、伊勢街道の沿道は大変な賑わいを見せたという。

東海道と伊勢街道の分岐を示す日永追分

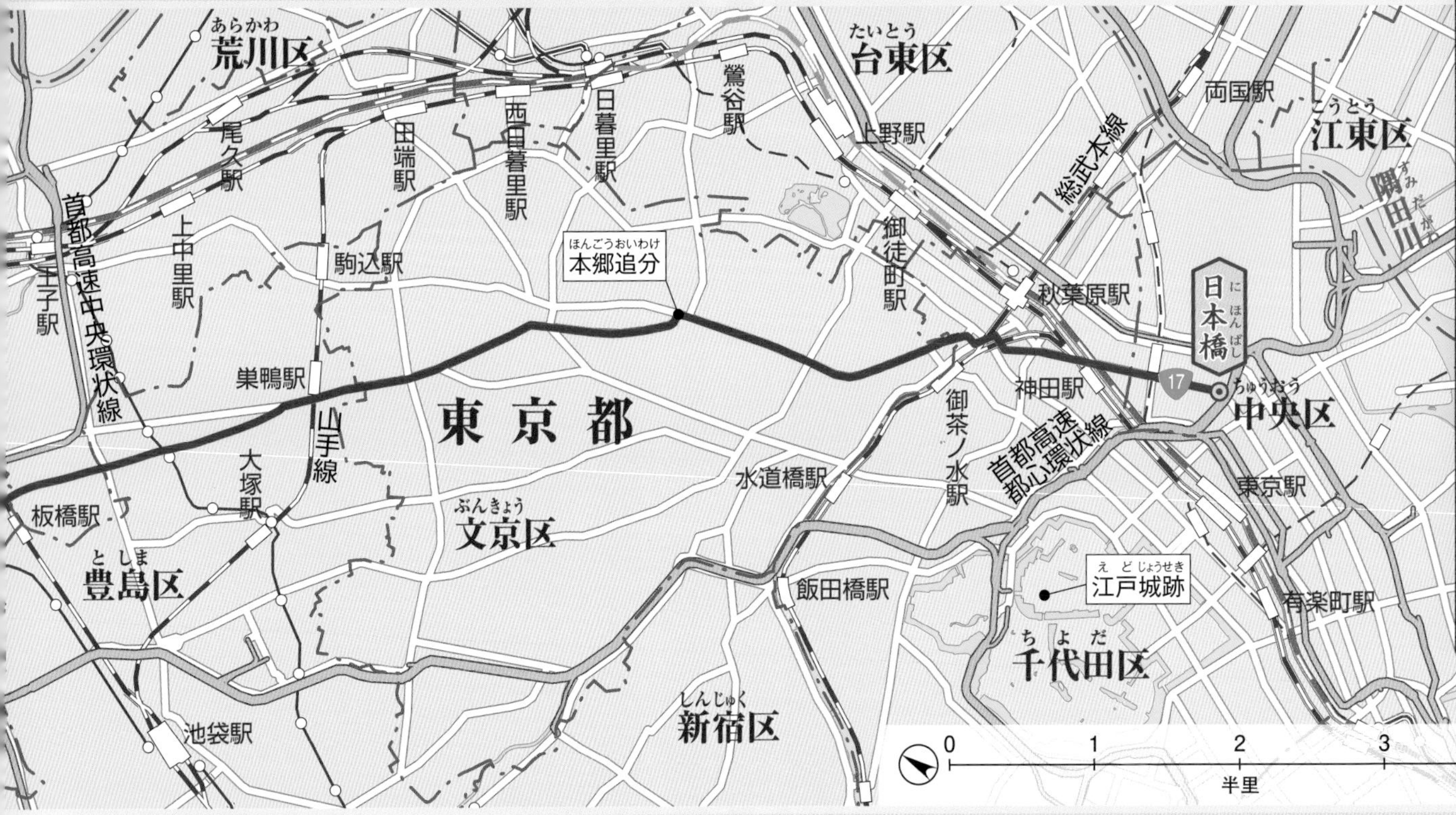

荒川区（あらかわ）　台東区（たいとう）　江東区（こうとう）　中央区（ちゅうおう）　東京都　文京区（ぶんきょう）　豊島区（としま）　千代田区（ちよだ）　新宿区（しんじゅく）

本郷追分（ほんごうおいわけ）　日本橋（にほんばし）　江戸城跡（えどじょうせき）　隅田川（すみだがわ）

尾久駅　田端駅　西日暮里駅　日暮里駅　鶯谷駅　上野駅　御徒町駅　秋葉原駅　両国駅　神田駅　東京駅　有楽町駅　上中里駅　王子駅　駒込駅　巣鴨駅　大塚駅　板橋駅　池袋駅　水道橋駅　御茶ノ水駅　飯田橋駅

首都高速中央環状線　山手線　総武本線　首都高速都心環状線　17

0　1　2　3　4km　半里　1里

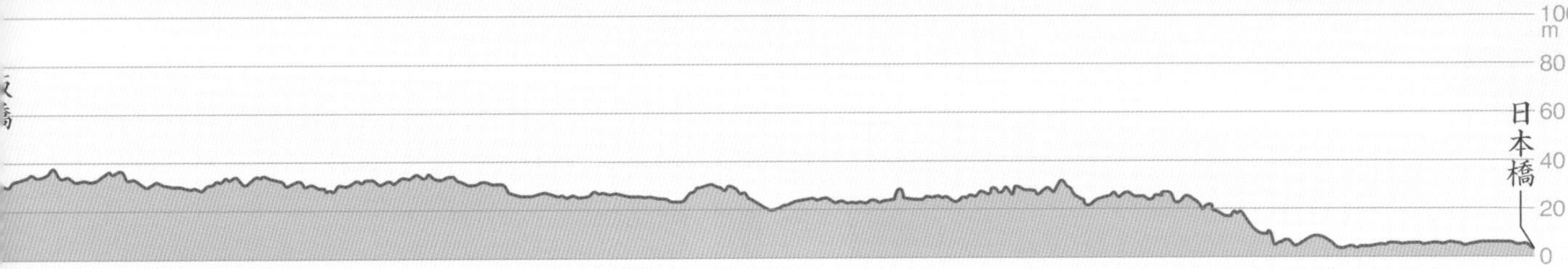

100 m　80　60　40　20　0　日本橋

中山道

江戸と京を内陸で結ぶ

中山道は、武蔵国日本橋（東京都中央区）と山城国京・三条大橋（京都府京都市東山区）を結ぶ道。五街道のひとつで、国道17号、18号、142号などの道筋と重なる。全長は約135里（約526km）、67カ所の宿場が置かれた。内陸の山道で難所も多かったが、箱根などの取締りの厳しい関所が避けられ、宿場の宿代も比較的安かったことから、東海道よりも中山道を選ぶ旅人が多かったという。

歌川広重「木曽海道六拾九次 奈良井」

日本橋（にほんばし）

街道の始点で、江戸の水路の要

渓斎英泉「木曽海道六拾九次 日木橋」

中山道の始点。現在の東京都中央区に位置する。日本橋は各街道の始点であるとともに、江戸の水路の中心でもあり、徳川家康の江戸入りとともに掘られた運河である日本橋川は、江戸の舟運の要として機能した。日本橋を出発し北へ向かい、神田を通って最初の一里塚である本郷追分に出る。ここで、徳川将軍家が日光へ向かう際に利用する御成道と別れ、第1宿の板橋を目指す。

板橋宿（いたばしじゅく）

江戸四宿のひとつ。縁切榎が有名

中山道の第1宿。現在の東京都板橋区に位置する。東海道の品川宿、甲州街道の内藤新宿、奥州街道・日光街道の千住宿と並び、江戸四宿のひとつとして栄えた。中山道を行く旅人の見送り人もここまで着いてきたため茶屋も多く、大いに賑わった。榎大六天神の榎は、樹皮を煎じて相手に飲ませれば縁を切れると信仰を集めた。そのため、皇女・和宮は降嫁の際に縁起が悪いと迂回したという。

榎大六天神の縁切榎

蕨宿（わらびじゅく）

戸田川を往来する船と逗留客で賑わう

中山道の第2宿。現在の埼玉県蕨市に位置する。板橋宿との間を流れる荒川の一部は戸田川と呼ばれ渡し船が往来していたが、川が増水すると川留めとなるため逗留客で賑わった。農業用水や防犯・防火のための堀が巡らされ、出入り口にはね橋がかけられていたが、夜間は遊女が逃げ出さないよう橋は上げられていた。また、塚越村発祥の「二タ子織（後の双子織）」と呼ばれる縞柄の綿織物も評判となった。

蕨宿本陣跡

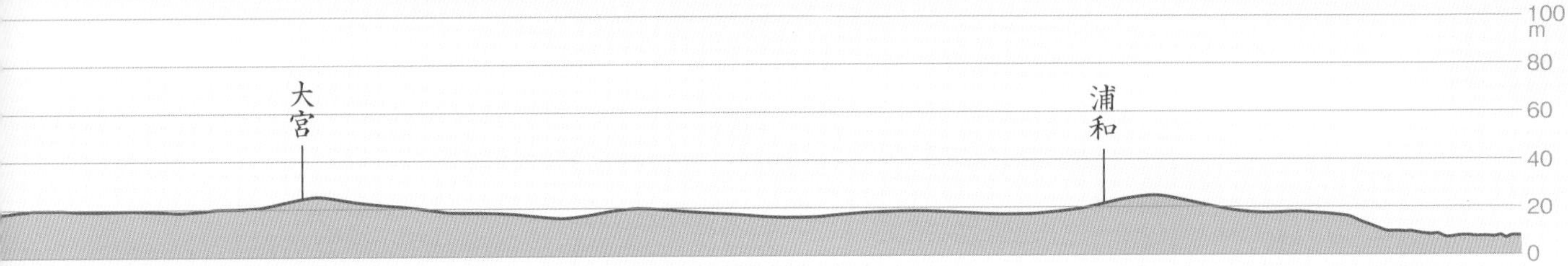

浦和宿

六斎市と焼米や鰻が名物

中山道の第3宿。現在の埼玉県さいたま市浦和区に位置する。江戸に近いため休憩所としての利用が多く旅籠は少なかったが、毎月2と7のつく日には六斎市が立ち、慈恵稲荷神社を中心に賑わいを見せた。十返舎一九はその様子を「代ものを 積重ねしは 商人の おもてうらわの 宿の賑い」と詠んでいる。名物は焼米と鰻。蕨宿から浦和宿に向かう途中の焼米坂は茶屋が立ち並んでいたことからその名がついたと伝わる。

渓斎英泉「木曽海道六拾九次 浦和」

大宮宿

氷川神社の門前町として栄えた宿場

氷川神社の参道

中山道の第4宿。現在の埼玉県さいたま市大宮区に位置する。かつて中山道は武蔵一宮の氷川神社の参道を通っていたが、神の前を牛馬が通るのは畏れ多いなどの理由から、参道の西側の原野を開拓し、寛永5年(1628)に新たな道が整備された。街道沿いにある塩地蔵は、病に倒れた父親のため2人の娘が塩断ちをして快癒を願い叶ったことから、塩や線香が奉納されるようになったと言われている。

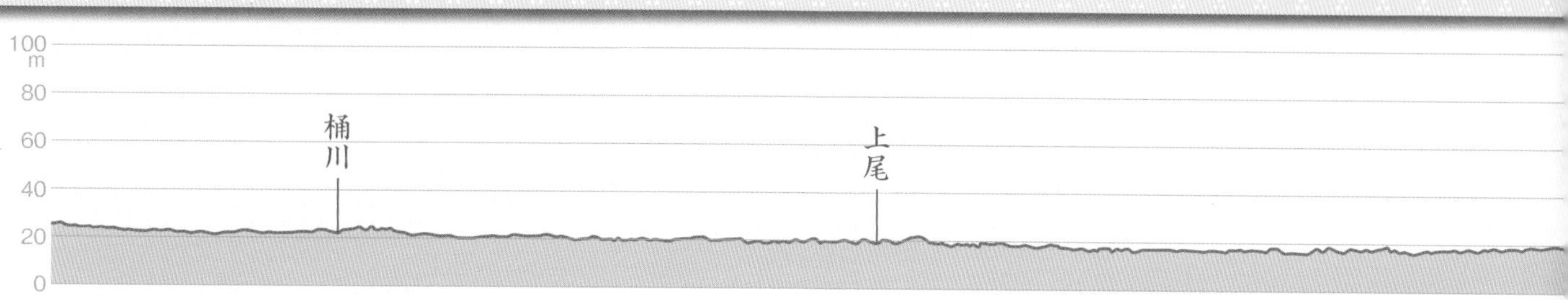

埼玉県
武蔵（むさし）
桶川市（おけがわ）
上尾市（あげお）
北本市（きたもと）
上越新幹線
圏央道
桶川加納IC
桶川稲荷神社（おけがわいなりじんじゃ）
桶川（おけがわ）
遍照院（へんじょういん）
上尾（あげお）
17
高崎線
埼玉新都市交通
東北新幹線
宮原駅
日進駅
上尾駅
北上尾駅
桶川駅
川越線
西大宮駅

100 m
80
60
40
20
0
桶川
上尾

上尾宿

旅人だけでなく近隣の客も集う遊興の場

中山道の第5宿。現在の埼玉県上尾市に位置する。日本橋を七つ立ち（午前4時頃出発）した旅人が泊まるための旅籠や飯盛旅籠（遊興場）が多く、近隣の川越や岩槻から遊びに来る客もあり賑わったが、相次ぐ大火で宿の大半が焼失。現在、歴史的建造物は少ないが、遍照院には遊女お玉の墓が残っている。当時の遊女は無縁仏として葬られていたが、病身でも生家のために働き続けた孝行者のお玉の死を悼み立てられた。

真言宗智山派の古刹・遍照院

桶川宿

紅花や農作物の集積地としても栄える

中山道の第6宿。現在の埼玉県桶川市に位置する。宿場としても栄えたが、それだけではなく、桶川臙脂の名で知られる紅花や、大麦や甘藷など農作物の集散地としても栄えた。特に紅花は、山形の最上紅花に次いで全国で2番目の生産量で、出荷の時期が早く品質も優れていたため、紅花商人から人気となった。江戸や京都などの遠方からも商人が集まり、富とともに文化も花開いた。

紅花商人から寄進された石灯籠（桶川稲荷神社）

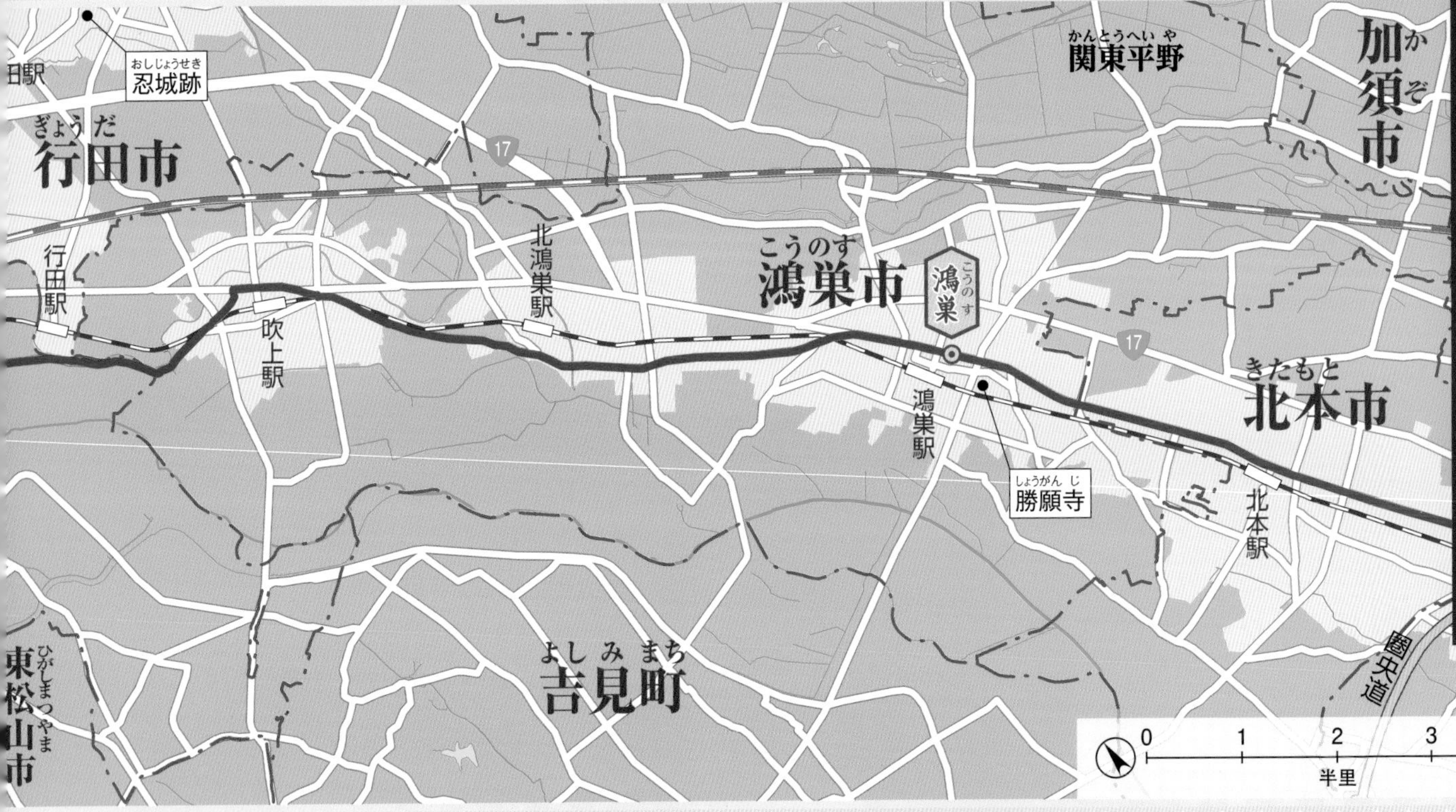
関東平野
加須市
忍城跡
行田市
行田駅
吹上駅
北鴻巣駅
鴻巣市
鴻巣
鴻巣駅
勝願寺
北本市
北本駅
圏央道
吉見町
東松山市
17
0
1
2
3
4km
半里
1里

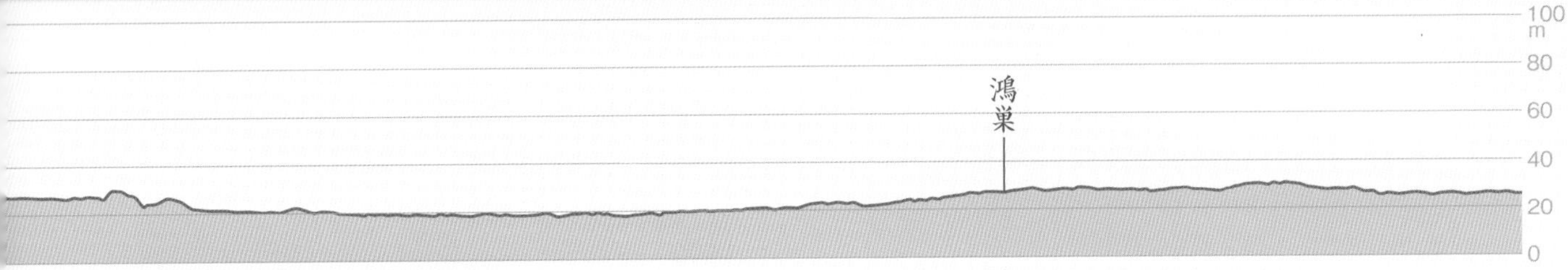
鴻巣
100
m
80
60
40
20
0

鴻巣宿

徳川家にゆかりある勝願寺がある宿場

中山道の第7宿。現在の埼玉県鴻巣市に位置する。この宿には徳川家康から三つ葉葵の使用を許された浄土宗の名刹・勝願寺がある。文禄2年（1593）に徳川家康の鷹狩りの休息地として鴻巣御殿が建てられ、家康、秀忠、家光の3代にわたって利用された。江戸中期、京都の人形師が移り住んだことで、農民が農閑期に雛人形をつくるようになり、その特徴的な面長と切れ長の目が評判を呼んだ。

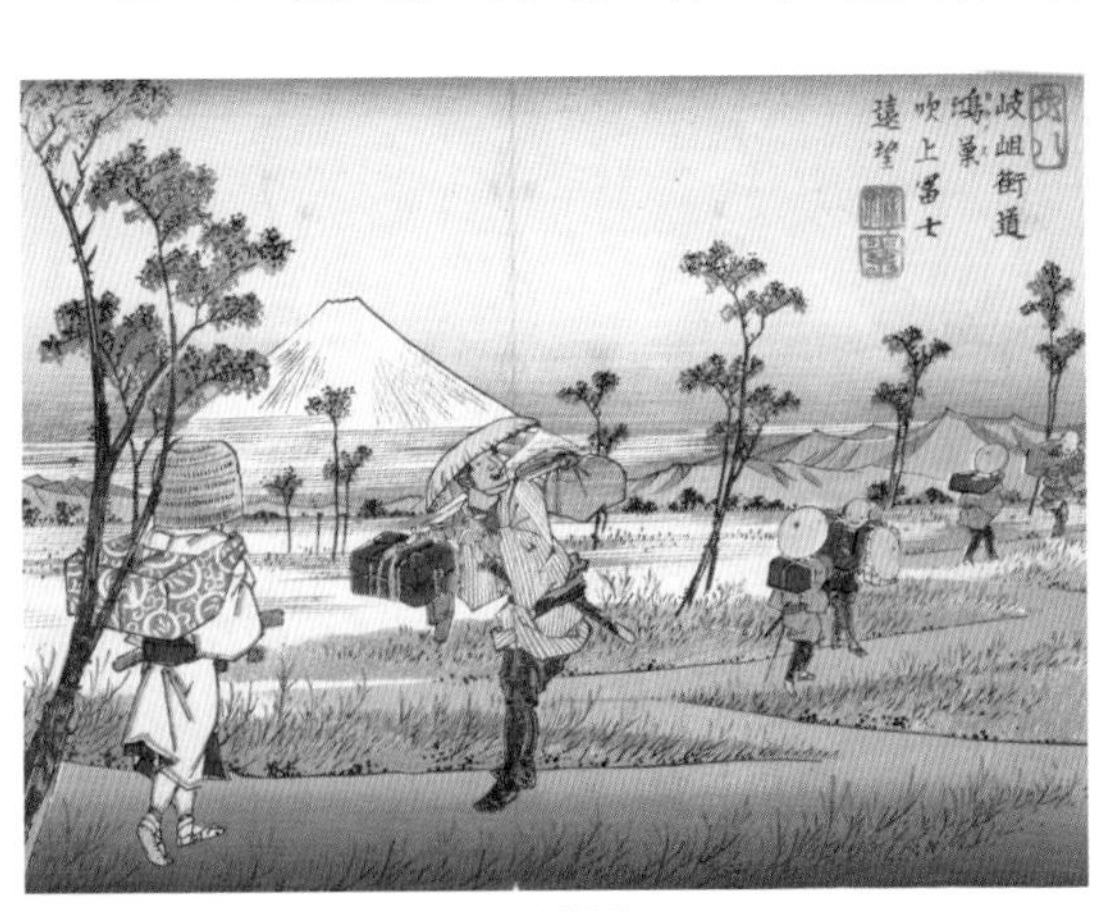

渓斎英泉「木曽海道六拾九次 鴻巣」

問屋場

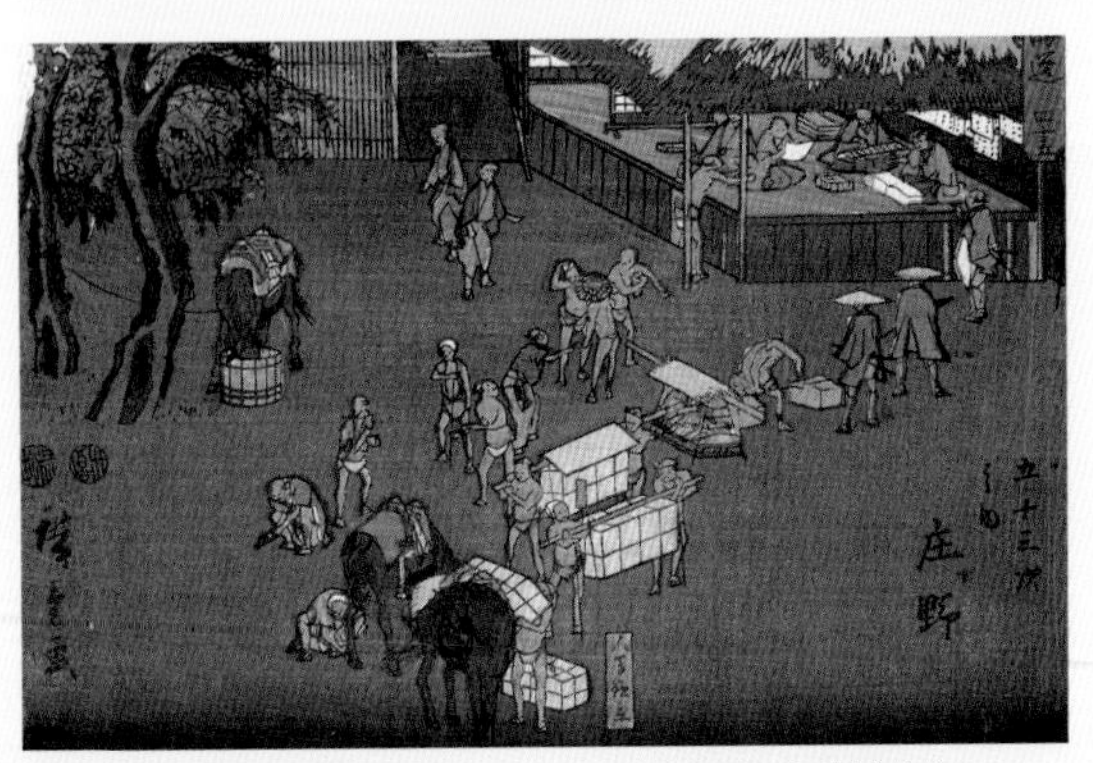

歌川広重「東海道五拾三次之内 庄野 問屋場人馬継立」

幕府公用の書状や御用物を次の宿場に届ける飛脚業務や、参勤交代時の大名行列の本陣や旅籠の手配、人馬の継立て、人足や馬の補充を行う助郷の賃金会計など、宿場のさまざまな業務を担う施設。伝馬所、会所とも呼ばれた。最高責任者である問屋や、補佐役の年寄、事務担当の帳付、人足や馬の指図をする人馬指や馬指が詰めていた。おおむね、ひとつの宿に1～2の問屋場があった。

埼玉県
深谷市
武蔵
熊谷市
深谷城址
深谷
熊谷
星溪園
ソシオ流通センター駅
高崎線
籠原駅
石原駅
上熊谷駅
熊谷駅
深谷駅
上越新幹線
ひろせ野鳥の森駅
荒川
秩父鉄道
大麻生駅

100 m
80
60
40
20
0
深谷
熊谷

熊谷宿

紀行文にも記された忍城の城下町

中山道の第8宿。現在の埼玉県熊谷市に位置する。忍藩領にあり忍城の城下町として整備された宿で、板橋宿に次ぐ人口規模で栄えた。大田南畝は『壬戌紀行』に「熊谷ノ駅ニイレバ、道ハゞ岡部ヨリモヒロク、人家コトニ賑ヒテ江戸ノサマニ似タリ」と記している。しかし、昭和20年(1945)8月の熊谷空襲により、町の大半を焼失。荒川の洪水によりできた玉の池を巡る回遊式庭園「星溪園」などの名所がある。

再建された忍城

深谷宿

明治期の煉瓦建築が今も残る

中山道の第9宿。現在の埼玉県深谷市に位置する。深谷城の城下町であったが、江戸時代に廃城となっている。本陣1、脇本陣4、旅籠80軒と規模も大きく、江戸からの2泊目の宿泊地として賑わった。また、養蚕が盛んで市などでは絹や糸が多く取引された。実業家・渋沢栄一の出生地でもあり、日本初の機械式煉瓦工場が建てられた場所でもある。町家のうだつや蔵など、明治期の煉瓦建築は今も見ることができる。

シンボルの煉瓦棟が立つ七ツ梅酒造跡

伊勢崎市
利根川
埼玉県
武蔵
本庄市
深谷市
本庄
田村本陣
神保原駅
本庄駅
本庄早稲田駅
岡部駅
上越自動車道
上里町
上越新幹線
本庄児玉IC
美里町
0 1 2 3 4km
半里 1里

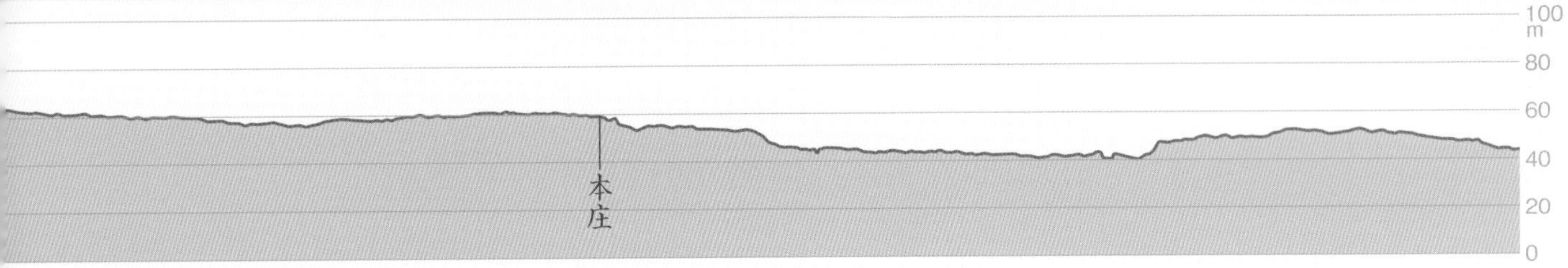

100 m 80 60 40 20 0
本庄

本庄宿

中山道最大規模を誇る宿場

中山道の第10宿。現在の埼玉県本庄市に位置する。この宿場は中山道最大規模を誇るが、その理由には、この地域が利根川水運の集積地として発達し、物資運搬が盛んに行われたことがあげられる。関東の豪商として広く知られた戸谷半兵衛など、商人も多く住んでいた。参勤交代の制度化でつくられた田村本陣は、建坪200坪の広大な敷地で、皇女・和宮が降嫁の際にくぐったとされる門も残る。

北本陣にあたる田村本陣の門

新町宿

中山道内で最も遅く成立

渓斎英泉「木曽海道六拾九次 本庄」に描かれた見透灯籠

中山道の第11宿。現在の群馬県高崎市に位置する。落合村と笛木村が合併してできた宿場で、中山道内で最も遅い承応2年（1653）に成立した。神流川が出水する度に川筋が変わり、渡船場や橋の位置も変更されたため、道が分かりにくいということから、川端には「見透灯籠」と呼ばれる常夜灯が置かれていた。諏訪神社には、渓斎英泉の浮世絵「本庄宿 神流川渡場」から復元された見透灯籠が移築されている。

群馬県
上野（こうずけ）
高崎市（たかさき）
玉村町（たまむらまち）
高崎市（たかさき）
藤岡市（ふじおか）
高崎（たかさき）
倉賀野（くらがの）
新町（しんまち）
高崎IC
関越自動車道
高崎JCT
高崎玉村IC
上越線
高崎問屋町駅
三国街道
信越本線
北高崎駅
高崎駅
日光例幣使街道
倉賀野駅
高崎線
烏川（からすがわ）
藤岡JCT
北藤岡駅
新町駅
上里スマートIC
諏訪神社（すわじんじゃ）
高崎城跡（たかさきじょうせき）
南高崎駅
佐野のわたし駅
上信越自動車道
藤岡IC
根小屋駅
上信電鉄
山名駅
八高線
神流川（かんながわ）

100 m
80
60
40
20
0
高崎
倉賀野
新町

倉賀野宿（くらがのじゅく）

交通の要衝、物資の集積地として発展

中山道の第12宿。現在の群馬県高崎市に位置する。上野国に入って最初の宿場。日光例幣使街道の分岐点で、さらに利根川水系の最上流部に河岸をもち物資の集散地として栄えたため、宿場は常に活気に溢れていたという。上州・信州から運ばれた米や大豆などを江戸に送り、帰りは行徳の塩や干鰯、太平洋で水揚げされた海産物などを積んで戻ったとされ、最盛期には舟問屋74軒、舟運船150艘が活動していたと伝わる。

明治36年（1903）に再建された脇本陣（須賀家）

高崎宿（たかさきじゅく）

井伊直政が築城した高崎城の城下町

中山道の第13宿。現在の群馬県高崎市に位置する。三国街道と信州街道が交わる交通の要衝。井伊直政が築城した高崎城の城下町として発展したが、御城下であることから諸大名が宿泊を敬遠したため、本陣・脇本陣は置かれなかった。また、後の安藤氏の藩政では定期的に市が開催され、特に田町でつくられた「高崎絹」は、江戸の呉服問屋や近江商人らの間で評判となり、特産品として全国へ広まった。

現在はお堀や東門などが残る高崎城跡

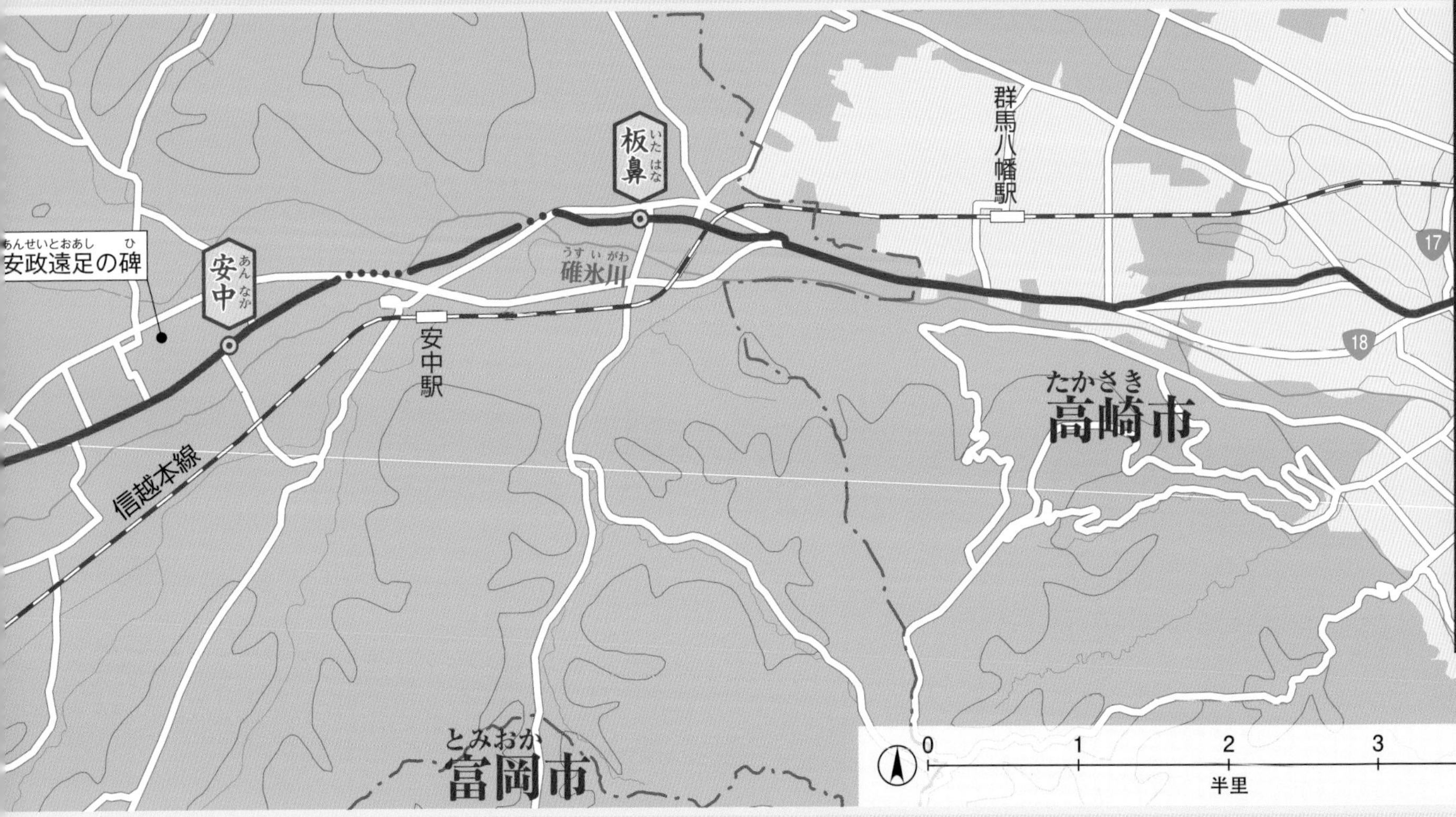

安政遠足の碑（あんせいとおあしのひ）
安中（あんなか）
板鼻（いたはな）
碓氷川（うすいがわ）
安中駅
群馬八幡駅
高崎市（たかさき）
富岡市（とみおか）
信越本線
0 1 2 3 4km
半里 1里

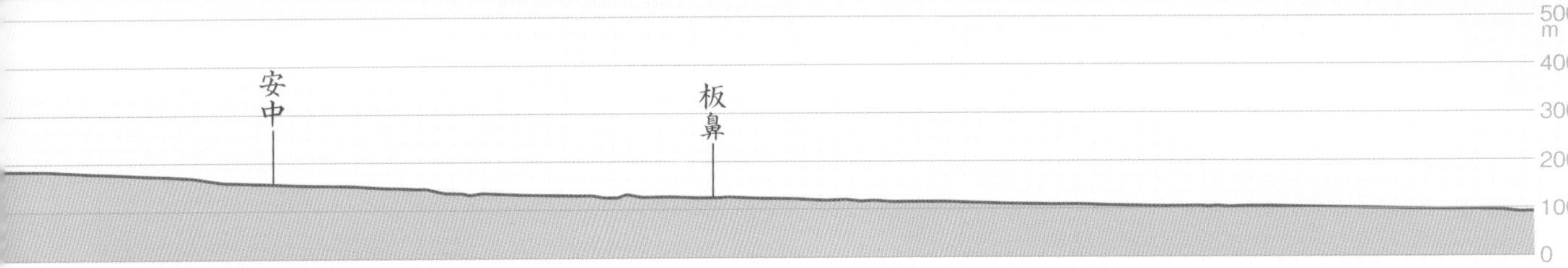

500m
400
300
200
100
0
安中
板鼻

板鼻宿（いたはなじゅく）

中山道でも屈指の54軒の旅籠

中山道の第14宿。現在の群馬県安中市に位置する。碓氷川の川留めが多かったことから54軒もの旅籠があり、宿泊や休息の旅人で大いに賑わった。皇女・和宮が宿泊した木島本陣の書院が移築保存されていて、資料館として一般公開もされている。また、渓斎英泉の浮世絵「木曽海道六拾九次 板鼻」にも描かれた板鼻堰用水路が、この宿場のシンボル。一部が現存し、町家に引き込まれている様子が今も見られる。

現在の板鼻堰用水路

安中宿（あんなかじゅく）

ふたつの川に挟まれた宿場

中山道の第15宿。現在の群馬県安中市に位置する。碓氷川と九十九川に挟まれた場所にある。安中城は安中重繁が築城し、慶長19年（1614）に井伊直政の子・直勝が改修し、安中宿も整備した。城下町にある宿場としては珍しく本陣1、脇本陣2、旅籠17と小規模。安中藩主が藩士の鍛錬のため、安中城門から碓氷峠の熊野権現神社まで走らせた「安政遠足」が、日本最古のマラソンと伝わる。

安政遠足の碑

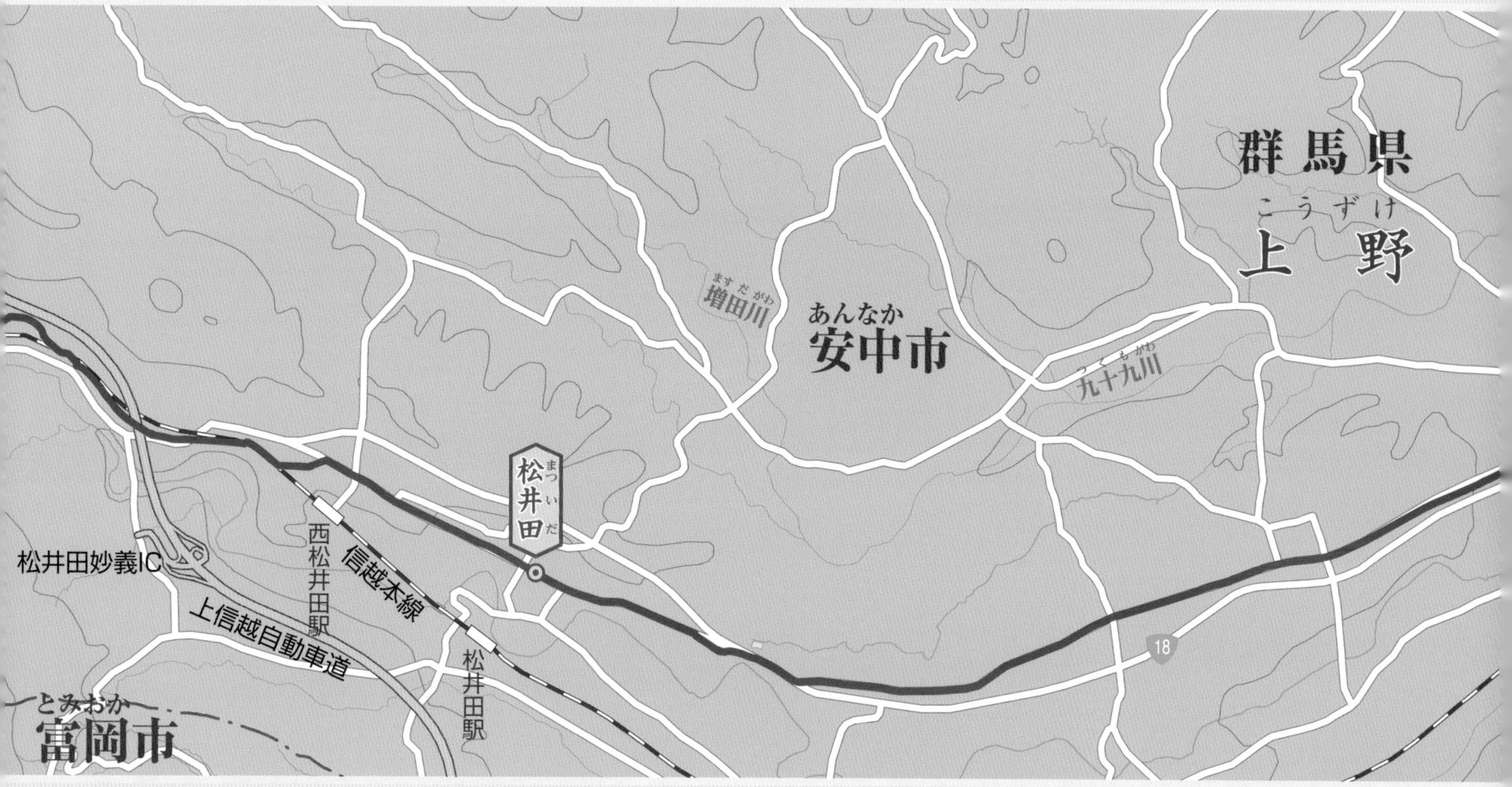

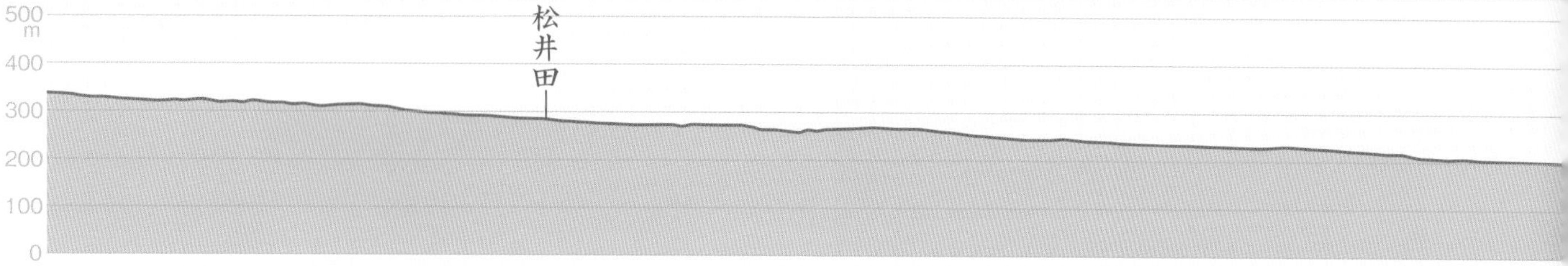

群馬県
上野
安中市
増田川
九十九川
松井田
松井田妙義IC
西松井田駅
信越本線
上信越自動車道
松井田駅
18
富岡市

500 m / 400 / 300 / 200 / 100 / 0 — 松井田

松井田宿

「米宿」とも呼ばれる宿

中山道の第16宿。現在の群馬県安中市松井田町松井田に位置する。碓氷関所が控え、日中のうちに厳しい取り調べを終えたいと通過する旅人も多かった。信州諸藩の年貢米を江戸に送る中継地として、米の半分はこの地で換金され、残りは倉賀野から舟運で江戸に運ばれていたことから「米宿」とも呼ばれた。街道沿いには飯屋、小間物屋、宿屋が並ぶほか、透頂香(口臭の消臭剤)を調合する医師・外郎家の屋敷もあった。

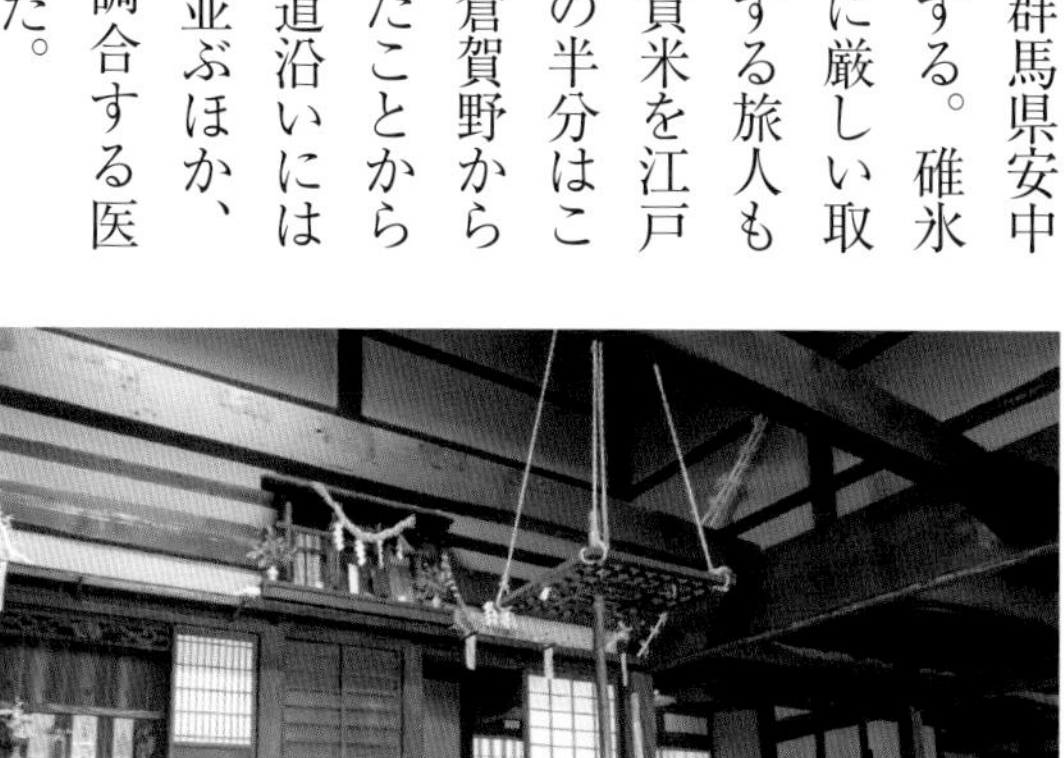
復元された五料の茶屋本陣(お西)

旅籠

歌川広重「東海道五十三次 赤坂」に描かれる旅籠
The Art Institute of Chicago®

武家や一般庶民が宿泊する食事付きの宿屋。現在の旅館の原形。中世の宿屋は馬の飼料を入れる馬槽を看板にしたことから「馬駄餉」と呼ばれ、後世に転じて旅籠となったとされる。旅人を宿泊させる目的だけの平旅籠、飯盛女などを置く飯盛旅籠に分かれる。旅籠の宿泊代は1泊200〜300文(3000〜5000円程度)。また、食事が提供されず、湯代・薪代だけを支払う安価な木賃宿もあった。

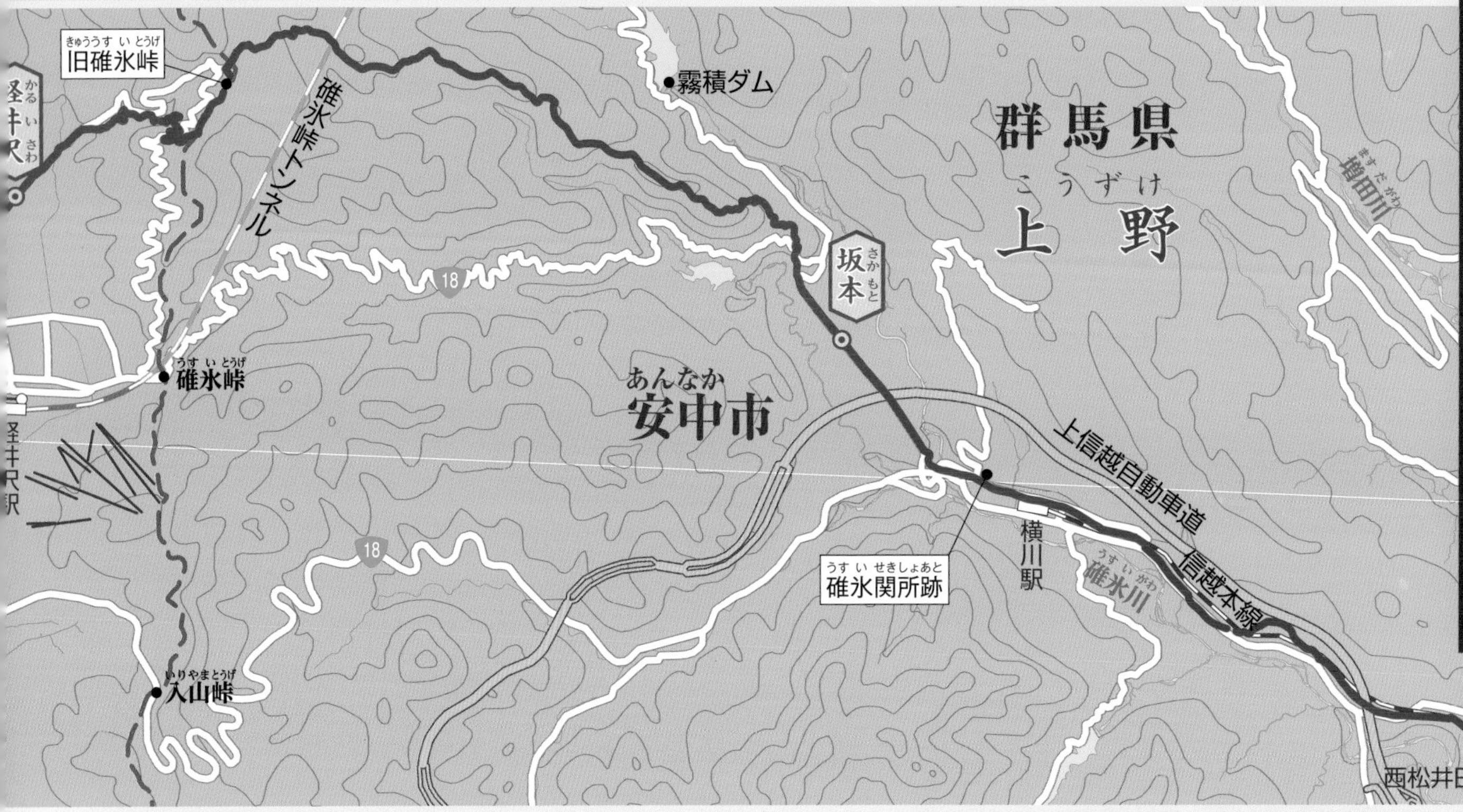

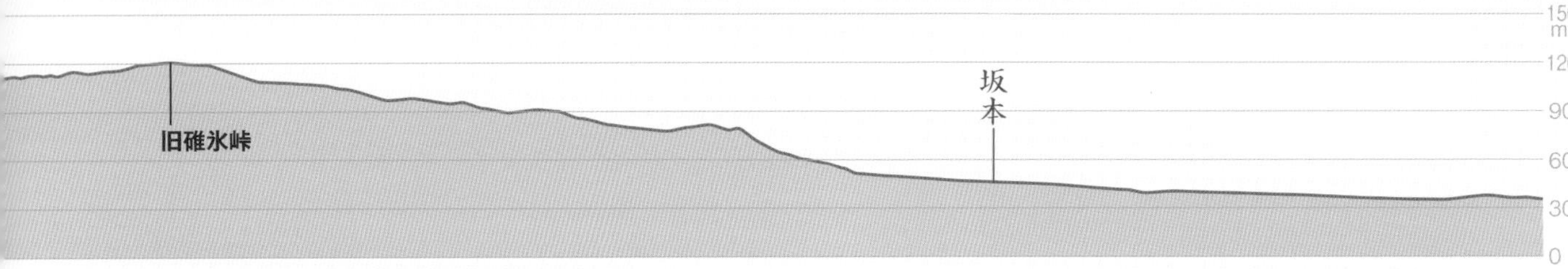

旧碓氷峠
霧積ダム
群馬県
上野
坂本
碓氷峠トンネル
碓氷峠
安中市
上信越自動車道
信越本線
横川駅
碓氷川
碓氷関所跡
入山峠
西松井田駅

1500 m
1200
900
600
300
0
旧碓氷峠
坂本

坂本宿

四大関所のひとつ

中山道の第17宿。現在の群馬県安中市松井田町坂本に位置する。寛永2年（1625）徳川家光の時代に領民を移住させ、計画的につくられた宿場。道中最大の難所とされた標高約960mの碓氷峠を控える。宿場の手前の碓氷関所は、箱根、新居、福島と並ぶ四大関所のひとつで「入鉄砲に出女」を厳しく取り締まった。関所には「おじぎ石」が置かれ、通行人はこの石に手をついて、手形を差し出し通行の許可を得ていた。

現存する柱と扉を利用し復元された碓氷関所東門

軽井沢宿

名物を食し、峠越えに挑む

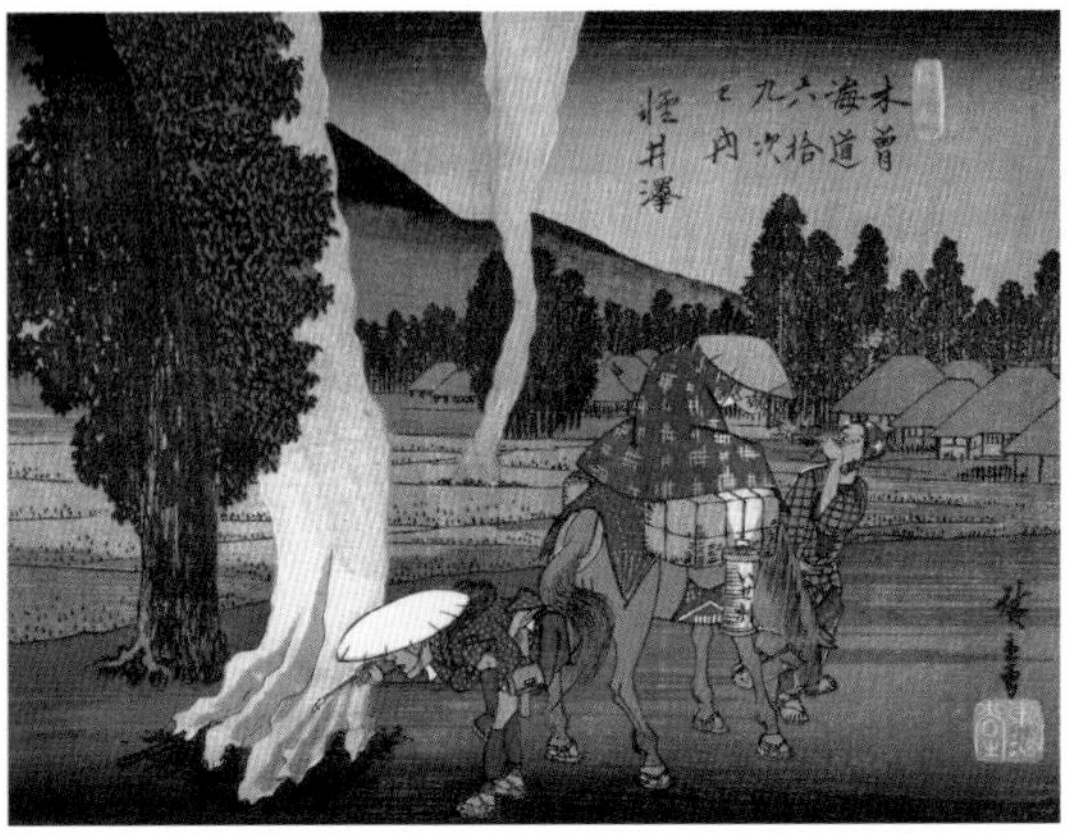

歌川広重「木曽海道六拾九次 軽井澤」

中山道の第18宿。現在の長野県北佐久郡軽井沢町旧軽井沢に位置する。江戸方面からの信濃国最初の宿場。坂本宿同様、碓氷峠を往来する旅人で賑わった。名物「峠の力餅」は、特に西から来た旅人がこれを食し、体力を蓄えてから峠越えに挑んだと言われている。明治16年（1883）に碓氷トンネルが開通し、宿は急速に衰退したが、外国人宣教師が別荘を構えたことから避暑地として人気を集め、再び活気を取り戻した。

0 1 2 3 4km
半里 1里
長野県
信濃（しなの）
追分原（おいわけはら）
濁川（にごりがわ）
沓掛（くつかけ）
追分（おいわけ）
中軽井沢駅
北陸新幹線
小諸市（こもろ）
御代田町（みよた）
18
信濃追分駅
軽井沢町（かるいざわ）
御代田駅
しなの鉄道
上信越自動車道

1500 m
1200
900
600
300
0
追分
沓掛
軽井沢

沓掛宿（くつかけじゅく）

「浅間根腰の三宿」のひとつ

中山道の第19宿。現在の長野県北佐久郡軽井沢町中軽井沢に位置する。浅間山の南麓に位置することから、両隣の軽井沢宿、追分宿とともに「浅間根腰の三宿」と呼ばれた。天明3年（1783）の浅間山の大噴火により甚大な被害を受け、翌年は凶作による飢饉に見舞われた。宿の中心は現在の中軽井沢駅前付近だったが安永2年（1773）と昭和26年（1951）の二度の大火により、当時の面影はほぼ失われている。

長倉郷一帯の鎮守産土神、長倉神社と浅間山

追分宿（おいわけじゅく）

「追分節」発祥の地

中山道の第20宿。現在の長野県北佐久郡軽井沢町追分に位置する。中山道と北国街道の分岐点があり、多くの大名や旅人、商人などが利用したため、「浅間根腰の三宿」の中で最も繁栄した。35軒の旅籠のほとんどに飯盛女がおり宿全体が歓楽街化していたという。追分発祥の民謡「追分節」にも「浅間山から追分見れば、飯盛女郎がうようよと」等と唄われている。馬子唄に三味線の伴奏をつけて酒宴で歌われ全国に広まった。

文士の宿としても有名な油屋旅館跡（旧脇本陣）

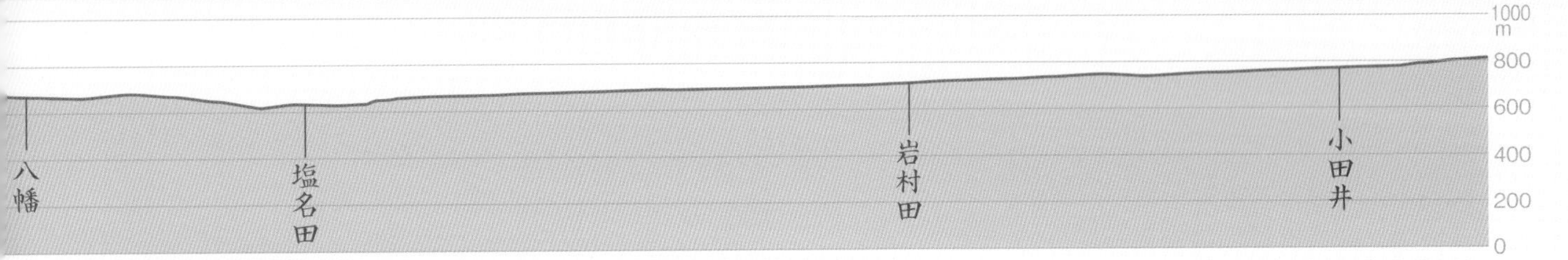

御代田町
小諸市
佐久市
しなの鉄道
三岡駅
平原駅
小海線
美里駅
佐久小諸JCT
佐久北IC
中部横断自動車道
佐久IC
中佐都駅
佐久平駅
北陸新幹線
岩村田駅
佐久中佐都IC
佐久盆地
千曲川
御牧原トンネル
八幡神社
八幡
塩名田
岩村田
小田井
宝珠院
龍雲寺
西念寺
142

八幡
塩名田
岩村田
小田井
1000m
800
600
400
200
0

小田井宿

当時の風情が今も残る「姫の宿」

中山道の第21宿。現在の長野県北佐久郡御代田町に位置する。旅籠はわずか5軒と小規模ながら、隣の追分宿が歓楽街であったことから、姫君や側女の休息や宿泊の場に割り当てられたため「姫の宿」とも呼ばれた。本陣跡や問屋跡など、当時の建物も多く残っている。また、宿場の整備に伴い現在地に移転した宝珠院には、樹齢300年と推定されるアカマツや枝垂れ桜があり、当時と同じ風情を感じることができる。

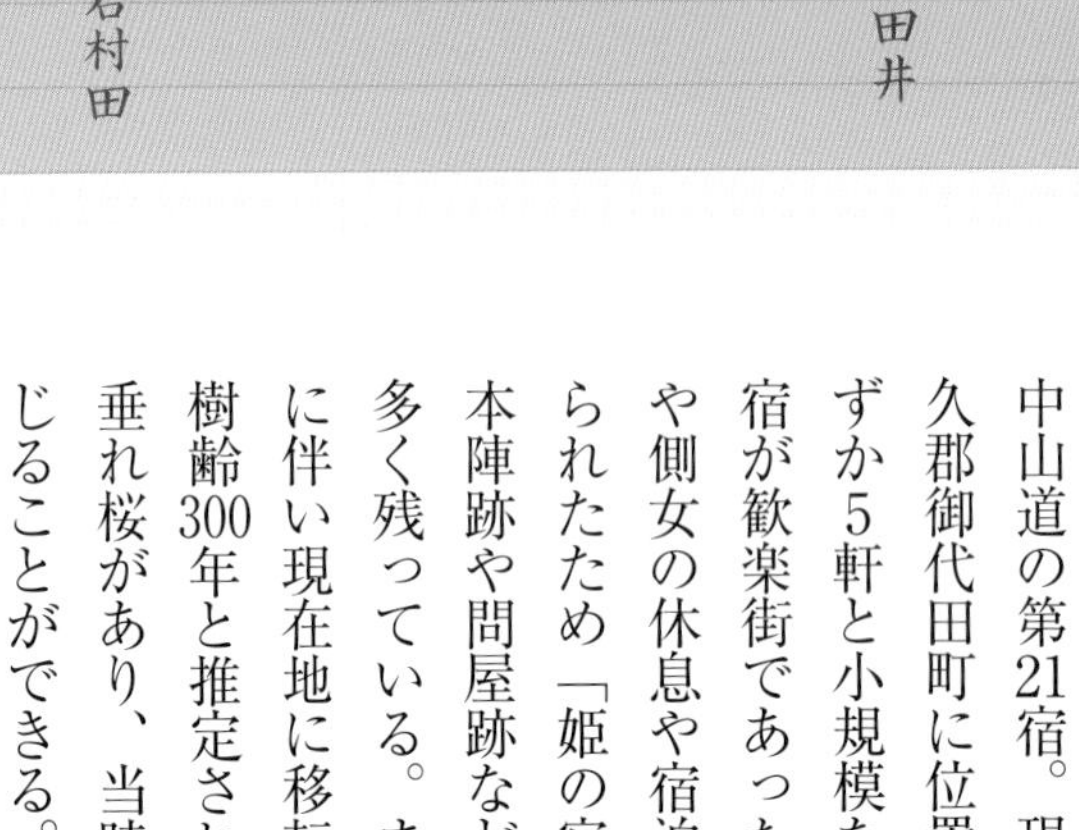

歌川広重「木曽海道六拾九次 小田井」

岩村田宿

由緒ある寺院と名産品が支えた宿場

中山道の第22宿。現在の長野県佐久市岩村田に位置する。本陣や脇本陣はなく、大名が宿泊する際は、武田信玄ゆかりの龍雲寺と歴代藩主の菩提寺の西念寺を利用した。文政8年（1825）、岩村田藩主・内藤豊後守が大坂から帰国する際に、淀川の鯉を持ち帰り、豪商・並木七左衛門がこの地に養殖を定着させたことで、名物の「佐久鯉」が誕生したと伝わる。泥臭さがなく身が締まっていておいしいと評判となった。

武田信玄霊廟がある龍雲寺

長野県
信濃（しなの）
芦田（あしだ）
立科町（たてしなまち）
笠取峠（かさとりとうげ）
長和町（ながわまち）
芦田川（あしだがわ）
真山家（さなやまけ）
望月（もちづき）
142
0 1 2 3 4km
半里 1里

1000 m
800
600
400
200
0
笠取峠
芦田
望月

望月宿・芦田宿の解説は次ページへ

塩名田宿（しおなだじゅく）

中山道で唯一千曲川と合流

中山道の第23宿。現在の長野県佐久市塩名田に位置する。中山道で唯一千曲川と合流する宿。「近郷無類の暴れ川」と呼ばれた千曲川は、川留めになることも多く宿泊客で賑わった。宿場内で最も古い町屋の様式を伝える佐藤家、三階建ての元茶屋角屋、本陣・問屋跡の丸山新左衛門家などが残り、宿場町らしい趣がある。創業100年の川魚料理の老舗店「竹廼家」で名物のハヤが食べられるのもこの地ならでは。

塩名田宿の古い町並み

八幡宿（やわたじゅく）

八幡神社の名前が由来

八幡神社の随身門

中山道の第24宿。現在の長野県佐久市八幡周辺に位置する。千曲川の西側にあり、隣の塩名田宿で川留めがあった際の宿泊地として、江戸時代前期に整備された。また周辺の米の集散地としての役割も担った。宿場の名前の由来となった八幡神社の随身門には見事な彫刻が施されており、額殿には安永9年（1780）に奉納された県下最古と言われる算額（和算家たちが問題とその解法を示した額）が残されている。

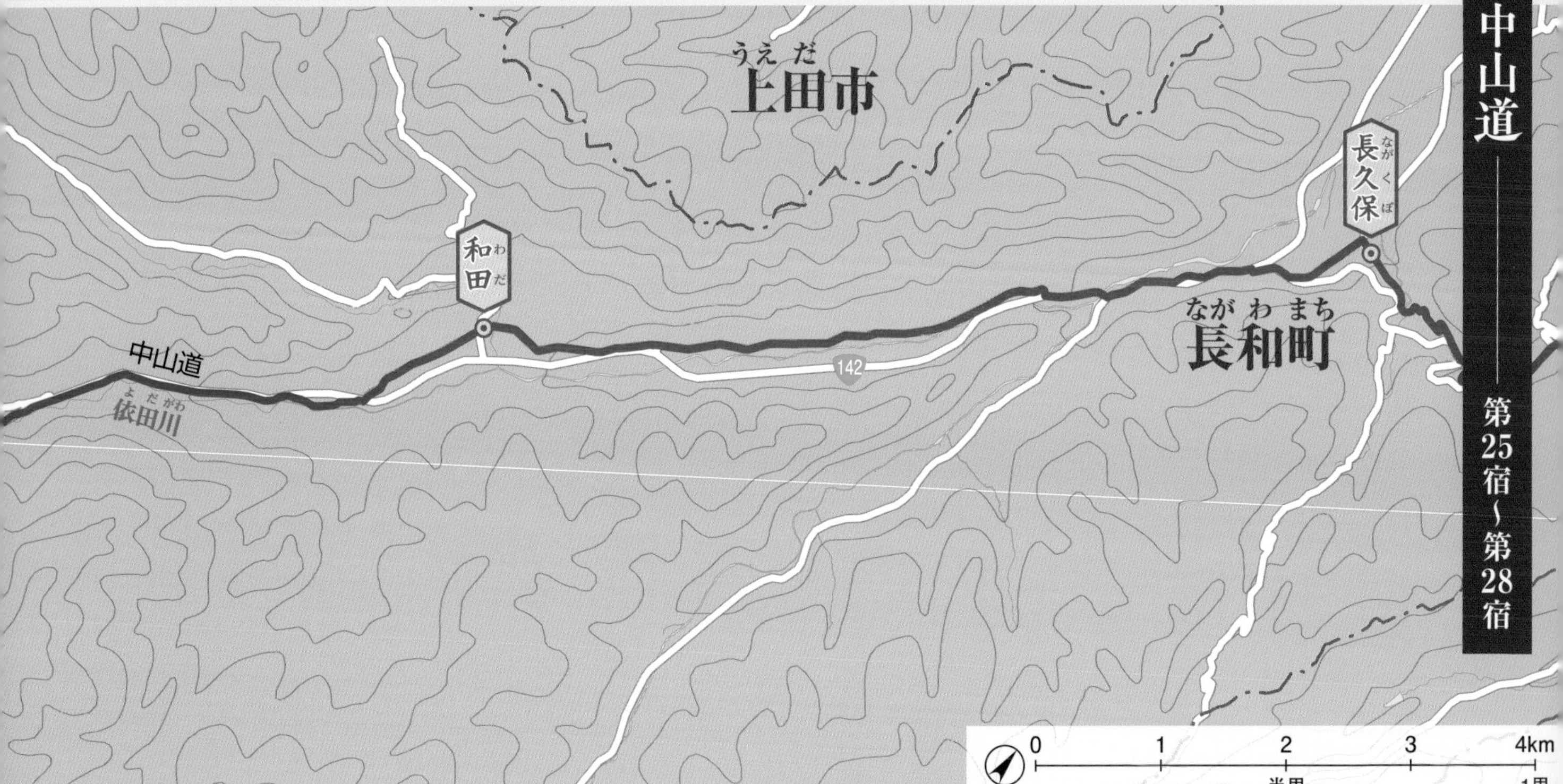

上田市
和田
長久保
長和町
中山道
依田川
142
0 1 2 3 4km
半里 1里

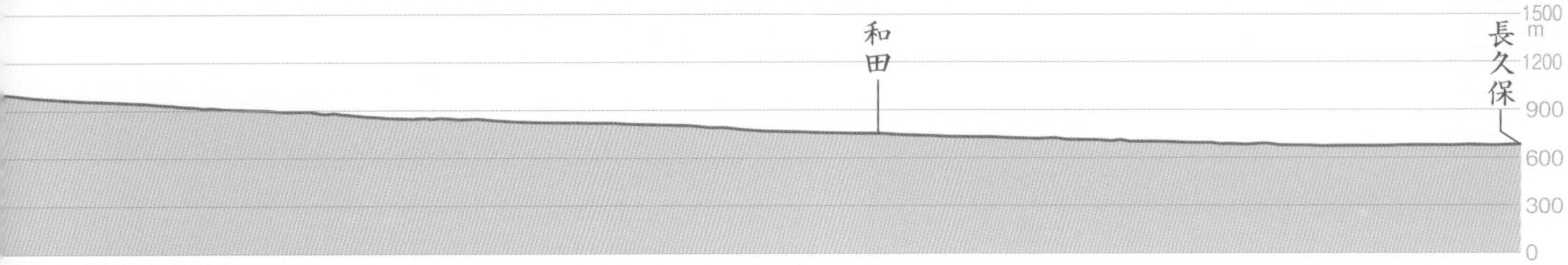

和田
長久保
1500 m
1200
900
600
300
0

望月宿

名馬の名がつく朝廷ゆかりの宿

中山道の第25宿。現在の長野県佐久市望月周辺に位置する。平安時代に信濃国には16の朝廷の御牧があり、なかでも望月は名馬の産出地として広く知られていた。毎年旧暦8月15日の満月（望月）の日に朝廷に馬を献上していたことから、この地名がついたという。現在、国の重要文化財である問屋兼旅籠の真山家住宅は、明和2年（1765）の建造。このほか、土蔵造りや連子格子などの家も多く残り、宿場の趣を残している。

2階が突き出た出桁造りの真山家住宅

芦田宿

格式のある本陣建築が現存する

街道から見上げる場所に咲く正明寺の枝垂れ桜

中山道の第26宿。現在の長野県北佐久郡立科町に位置する。本陣1軒、脇本陣2軒、旅籠6軒の小規模な宿場だったが、難所であった標高約900mの笠取峠を控え、ここで逗留する旅人が多かった。本陣・土屋家は、寛政12年（1800）に改築された客殿が現存。唐破風玄関屋根や京風造りの上段の間など格式があり、本陣建築の遺構として貴重である。生糸の産地でもあり、小諸藩の生糸改所も設けられた。

望月宿・芦田宿の地図は前ページへ

岡谷市
松本市
長野県
信濃
ビーナスライン
和田峠トンネル
和田峠
東餅屋
砥川
142
下諏訪町
西餅屋
新和田トンネル
142

1500 m
1200
900
600
300
0
和田峠

長久保宿

珍しいL字形の町並み

中山道の第27宿。現在の長野県小県郡長和町長久保周辺に位置する。西に和田峠、東に笠取峠、北に北国街道に至る大門峠を控える交通の要衝地で、比較的大きな宿場。東西に竪町、南北に横町をL字形に配した珍しい町並みで、本陣・脇本陣・問屋などの宿駅業務は竪町に、40軒ほどの旅籠は横町に置かれていた。参勤交代で訪れた大名家も参拝していた松尾神社では、3年に一度、例大祭・大山獅子が盛大に行われる。

現在、150本の松が残る笠取峠の松並木

和田宿

中山道最大の難所和田峠を控える

中山道の第28宿。現在の長野県小県郡長和町和田周辺に位置する。中山道最大の難所である標高1531mの和田峠を控え、次の下諏訪宿へは5里18町（約22㎞）と距離が長く、逗留する旅人たちで賑わった。文久元年（1861）の大火で宿の大半を焼失したが、同年に皇女・和宮の宿泊が決まっていたため、幕府から拝借金を得て再建された。名物は難所を乗りきるための力餅。峠の両側に東餅屋と西餅屋が設けられた。

和田峠から甲府盆地と富士山を望む

長野県
信濃
岡谷市
下諏訪町
横河川
砥川
湖北トンネル
塩嶺トンネル
塩尻峠
岡谷IC
諏訪大社下社春宮
下諏訪
下諏訪駅
諏訪大社下社秋宮
中央本線
20
142
0 1 2 3 4km
半里 1里

塩尻峠
下諏訪
1000 m
800
600
400
200
0

下諏訪宿

中山道唯一の温泉がある宿

中山道の第29宿。現在の長野県諏訪郡下諏訪町に位置する。諏訪大社下社の門前町として栄えた宿で、甲州道中の終点でもある。中山道唯一の温泉がある宿場で、旅人の疲れを癒していた。下諏訪三名湯と呼ばれる「綿の湯」「児湯」「旦過の湯」のうち、「綿の湯」には、諏訪大社のご祭神・八坂刀売神が、化粧用の綿をお湯に浸して置いたところ、温泉が湧き出たと伝わる。

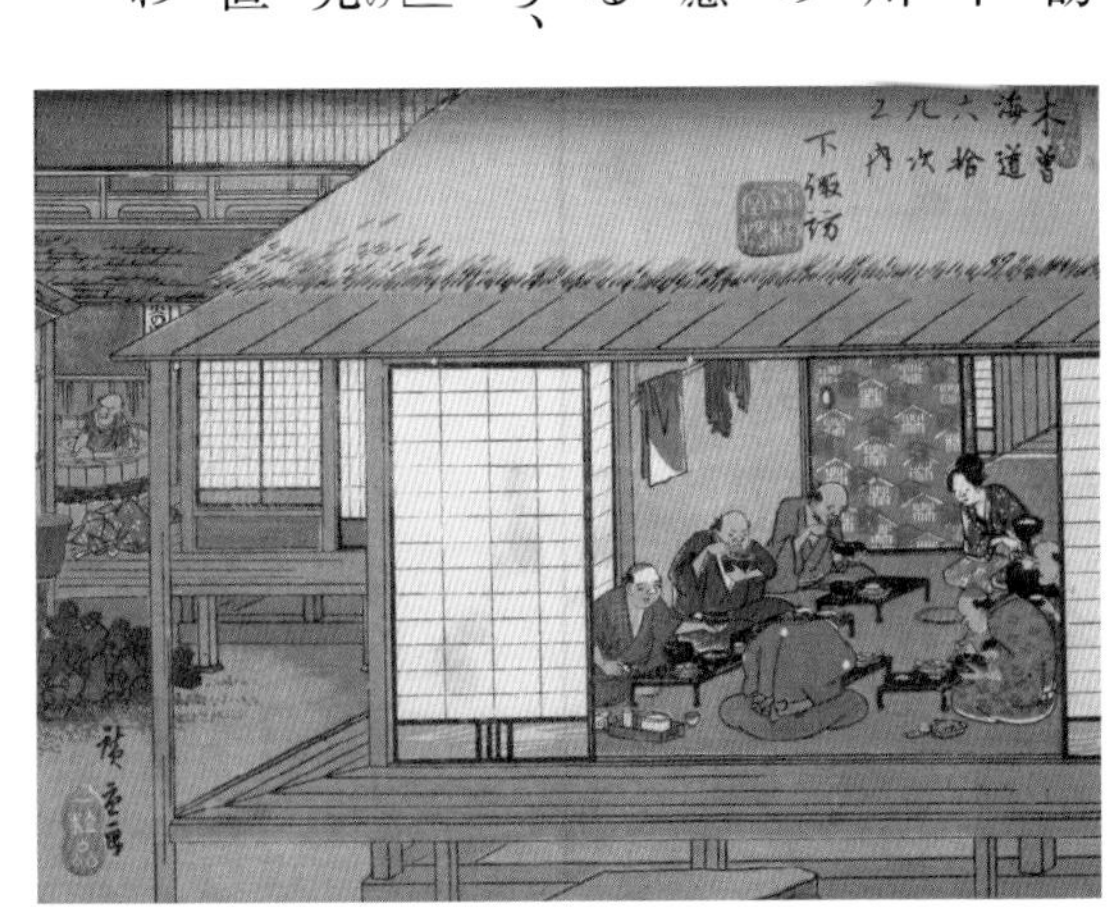

歌川広重「木曽海道六拾九次 下諏訪」

塩尻宿

信州最大規模の旅籠

「雀おどり」のある堀内家住宅

中山道の第30宿。現在の長野県塩尻市塩尻周辺に位置する。慶長19年（1614）経路変更で、洗馬、本山宿とともに設置された。伊那街道との分岐点で、木曽路へ至る玄関口。天保年間には家数166軒、うち旅籠は75軒にものぼる、信濃国最大規模の宿場だった。二度の大火で町の大部分が失われたが、切妻屋根の棟飾り「雀おどり」が特徴的な堀内家や旅籠を営んだ小野家の住宅が保存される。

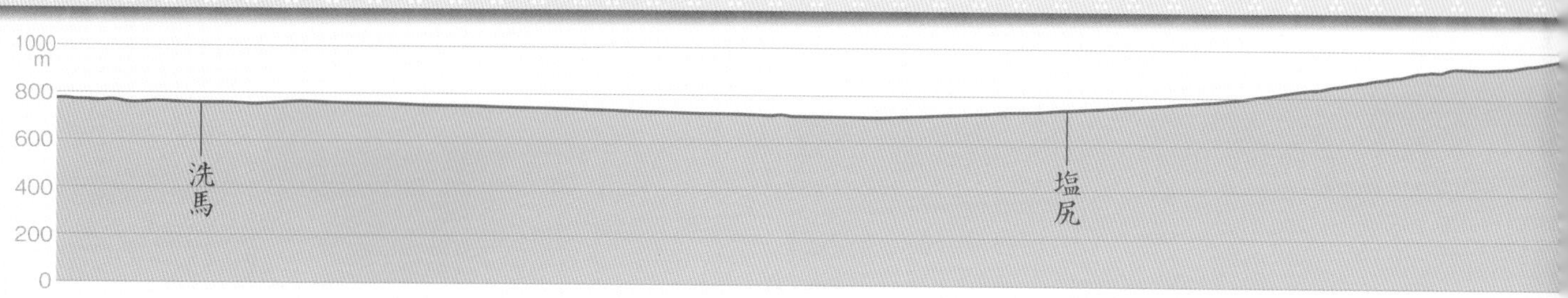

篠ノ井線
塩尻駅
塩尻IC
長野自動車道
田川(たがわ)
塩尻(しおじり)
奈良井川(ならいがわ)
中山道
しおじり
塩尻市
中央本線
中央本線
中央本線
みどり湖駅
洗馬(せば)
洗馬駅
塩嶺トンネル
善知鳥トンネル
善知鳥峠(うとうとうげ)

1000m	800	600	400	200	0

洗馬
塩尻

洗馬宿(せばじゅく)

善光寺詣の参拝客で賑わう

中山道の第31宿。現在の長野県塩尻市宗賀周辺に位置する。善光寺街道が分岐する宿場で、善光寺詣の旅人で賑わった。街道を通行する伝馬の荷物の重さを計り、運賃を決める「貫目改所」が設けられた宿場でもある。中山道ではこの他には板橋宿、追分宿のみにしかなく、重要な役割を持った宿場だった。木曽義仲ゆかりの邂逅(あふた)の清水や、細川幽斎肱懸松などの史跡が残る。

細川幽斎が休憩したと伝わる松の木

貫目改所(かんめあらためしょ)

40貫目を積んだ本馬。渓斎英泉「木曽海道五拾三次 追分」

街道往来の荷物の重量を秤で検査するために、問屋場に設けられた役所。馬に積める荷物には制限があり、40貫目(約150㎏)を積むと本馬、20貫目(約75㎏)または人が乗って5貫目(約19㎏)の手荷物を積む場合を軽尻と呼び、それぞれ運賃が定められた。東海道の品川宿、府中宿、草津宿、中山道の板橋宿、洗馬宿、追分宿、日光街道の千住宿、両宿、甲州道中の内藤新宿、甲府柳町宿にのみ設置された。

「これより南 木曽路」の碑
桜沢トンネル
19
中山道
中央本線
日出塩駅
本山
19
0 1 2 3 4km
半里 1里

1000m
800
600
400
200
0
本山

本山宿（もとやまじゅく）

蕎麦切り発祥の地

中山道の第32宿。現在の長野県塩尻市宗賀本山周辺に位置する。尾張藩領と松本藩領の境界にあたり、口留番所が設置され厳重な取締りが行われた。現存する建物は幕末から明治期の建築だが、小林家、秋山家、田中家の3軒の旧旅籠は国登録有形文化財に指定される。蕎麦切り発祥の地としても知られ、宝永年間刊行の『風俗文選』には「もと信濃の国本山の宿よりはじまりあまねく世にもてはやされける」と記されている。

出桁造り、千本格子の建造物

木曽路（きそじ）と木曽八景（きそはっけい）

歌川広重「木曽海道六拾九次 上ヶ松」に描かれた小野瀑布

中山道のうち木曽谷の北は桜沢（長野県塩尻市）から南は十曲峠（岐阜県中津川市落合）までの約23里（約90㎞）の道を「木曽路」と呼ぶ。その間にある贄川宿から馬籠宿までの宿場は、木曽11宿と呼ばれた。この間には、「木曽八景」と呼ばれる名勝があり、「徳音寺晩鐘」「駒岳夕照（せきしょう）」「御嶽暮雪」「掛橋朝霞」「寝覚夜雨（寝覚の床）」「風越晴嵐」「小野瀑布」「横川秋月」が旅人の目を楽しませた。

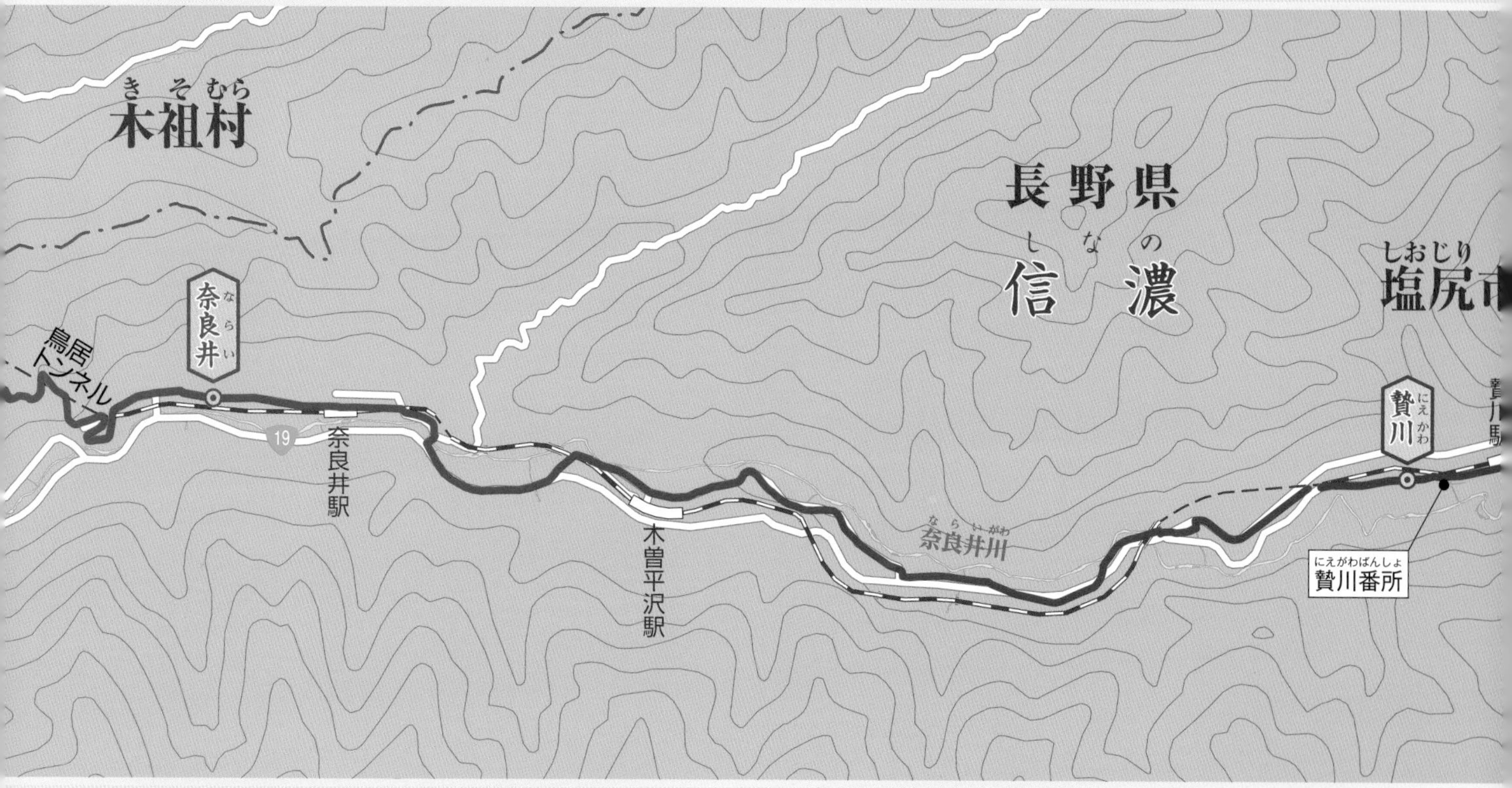

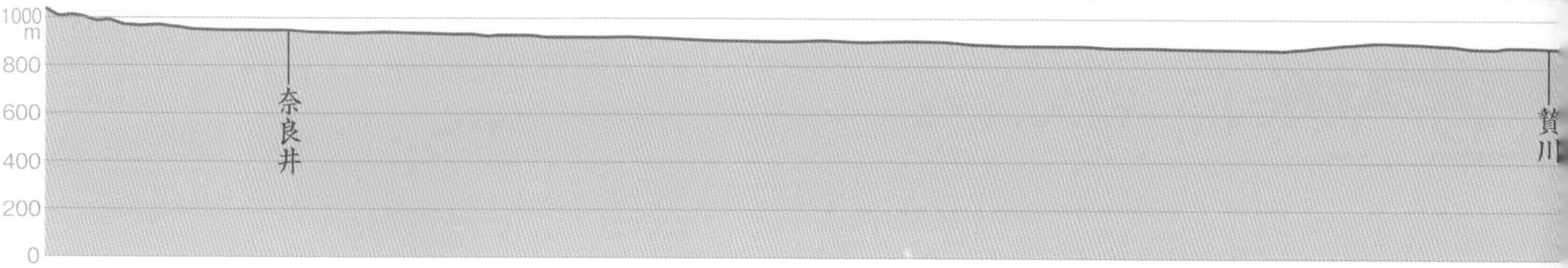

木祖村（きそむら）
長野県
信濃（しなの）
塩尻市（しおじり）
奈良井（ならい）
鳥居トンネル
19
奈良井駅
木曽平沢駅
奈良井川（ならいがわ）
贄川（にえかわ）
贄川駅
贄川番所（にえがわばんしょ）

1000 m
800
600
400
200
0
奈良井
贄川

贄川宿（にえかわじゅく）

木曽11宿の要所

古図をもとに復元された贄川番所

中山道の第33宿。現在の長野県塩尻市贄川に位置する。江戸方面からは木曽路の11の宿場のうち最初の宿場。北の要害であることから贄川番所が設けられ、女改めや木曽材木・漆器の搬出について厳しい取締りが行われた。嘉永7年（1854）建築の深澤家住宅は、当時の木曽地方の町家の様子を留めている。また、小澤文太郎等の国学者や贄川勝己、千村景村ら桂園派の歌人を輩出した文化の地でもある。

奈良井宿（ならいじゅく）

日本最長の宿場町

中山道の第34宿。現在の長野県塩尻市奈良井周辺に位置する。奈良井川沿い約1kmに230軒余の家並みが続く日本最長の宿場。木曽路最大の難所である標高1197mの鳥居峠を控え、多くの旅人がここに宿泊したため、「奈良井千軒」と謳われるほど繁栄した。また、江戸時代から曲げ物、塗櫛、漆器などの木工業が盛んで、旅人の土産物として人気があった。木曽11宿の中で最も往時の面影をとどめている貴重な宿。

木曽路を代表する奈良井宿の町並み

長野県
信濃（しなの）
木祖村（きそむら）
木曽町（きそまち）
塩尻市（しおじり）
原野駅
宮ノ越（みやのこし）
宮ノ越駅
中山道
中央本線
旗挙八幡宮（はたあげはんまんぐう）
藪原（やぶはら）
藪原駅
19
鳥居トンネル
新鳥居トンネル
鳥居峠（とりいとうげ）
奈良井川（ならいがわ）
奈良井ダム
姥神トンネル
0 1 2 3 4km
半里 1里

1500 m
1200
900
600
300
0
宮ノ越
藪原
鳥居峠

藪原宿（やぶはらじゅく）

人口の約6割が木櫛生産に携わる

中山道の第35宿。現在の長野県木曽郡木祖村に位置する。奈良居宿から難所の鳥居峠を越えてたどり着く。尾張藩御鷹匠役所があり、毎年旧暦の5月になると尾張藩の鷹匠と役人が巣山に入り、捕獲した鷹の雛を飼育・調教し、鷹狩りを好んだ将軍や藩主に献上された。また、「お六櫛」と呼ばれたミネバリの木から作る木櫛の生産地で、宿内人口の約6割が木櫛関係の仕事に従事していた。

難所の鳥居峠は標高1197m

宮ノ越宿（みやのこしじゅく）

木曽大工の技を伝える

中山道の第36宿。現在の長野県木曽郡木曽町日義周辺に位置する。中山道の中間地点。伊那へ抜ける道との分岐点であり、旅籠の数は21軒と奈良井宿や藪原宿よりも多かったとされる。平安時代末期に、木曽義仲が平家討伐の旗挙げをした地。木曽大工の発祥地でもあり、今でも、宿内の邸宅の軒下に、「持送り」と呼ばれる見事な波しぶきの彫刻を見ることができる。

木曽義仲ゆかりの地、旗挙八幡宮

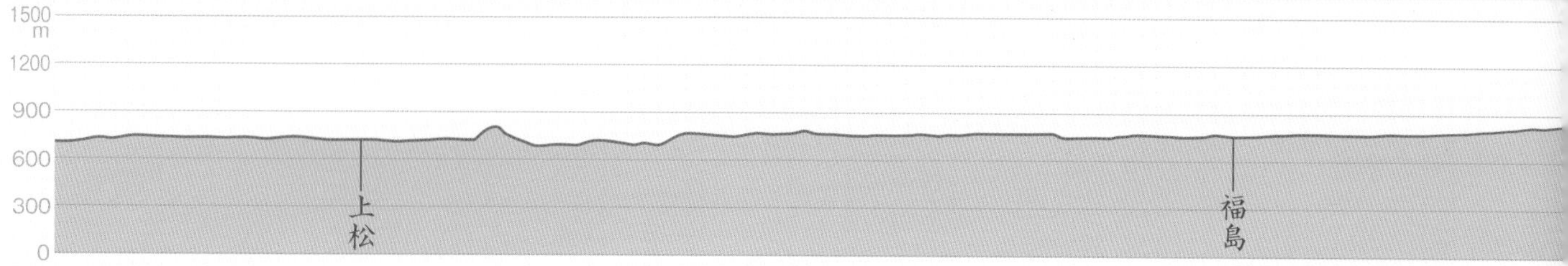

福島(ふくしま)
木曽川(きそがわ)
福島関所跡(ふくしませきしょあと)
王滝川(おうたきがわ)
木曽福島駅
小川(おがわ)
上松駅
上松町(あげまつまち)
上松(あげまつ)
寝覚の床(ねざめのとこ)
19
木曽駒高原(きそこまこうげん)

1500 m
1200
900
600
300
0
上松
福島

福島宿(ふくしまじゅく)

木曽11宿の中で最も発展

中山道の第37宿。現在の長野県木曽郡木曽町福島周辺に位置する。戦国時代は領主・木曽氏の城下町として栄えた。江戸時代は代官・山村氏の陣屋町として木曽11宿の中で最も発展した。交通の要衝であることから設置された福島関所は、箱根、新居、碓氷と並び四大関所のひとつに数えられ、厳しい人物改めや荷物改めが行われた。昭和2年(1927)の大火を逃れた上の段地区の古い家並みが風情を醸す。

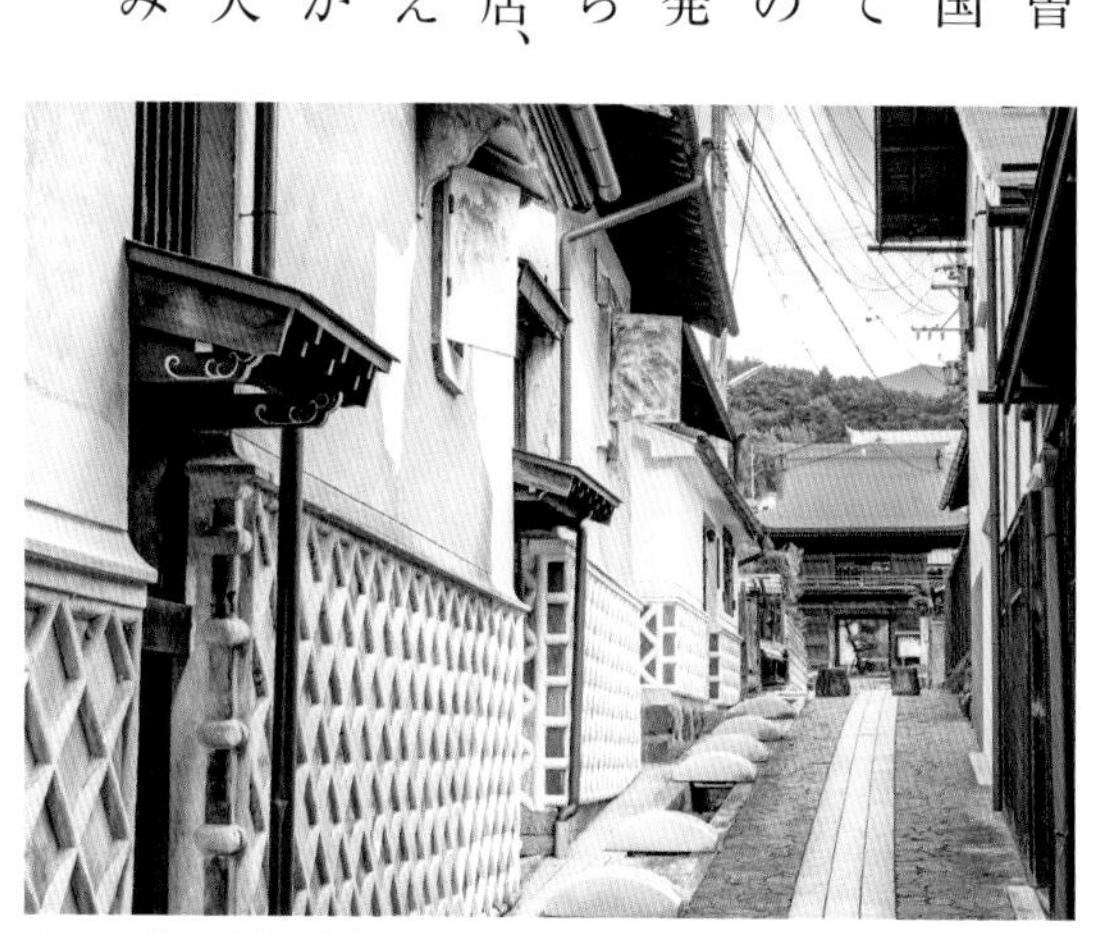
なまこ壁の土蔵が残る上の段地区

上松宿(あげまつじゅく)

木曽檜の集散地

花崗岩の浸食で生まれた「寝覚の床」

中山道の第38宿。現在の長野県木曽郡上松町に位置する。木曽檜の集散地で、古くから木材を扱う商人の町として発展。城郭の築城、城下町の建設による材木の乱伐が続くと、尾張藩は上松材木役所を設けて、藩直轄の材木の生産管理を行った。寛永元年(1624)創業の老舗「越前屋」の寿命そばが名物で、松尾芭蕉、十返舎一九らも賞味したと言われている。木曽八景に数えられる名勝「寝覚の床」が残る。

長野県
信濃
大桑村
上松町
野尻駅
木曽川
野尻
大桑駅
19
須原
須原駅
伊奈川
倉本駅
0 1 2 3 4km
半里 1里

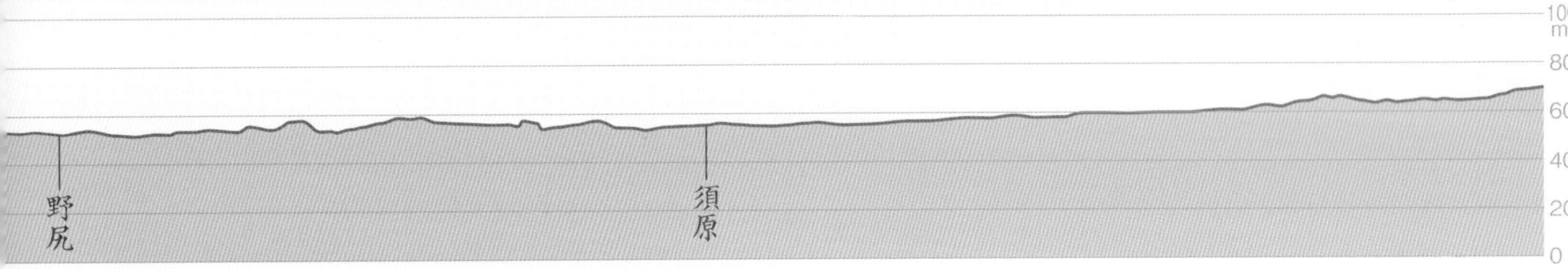

1000 m
800
600
400
200
0
野尻
須原

須原宿

豊富な湧水が流れる「水舟の里」

中山道の第39宿。現在の長野県木曽郡大桑村須原に位置する。最初の宿場は正徳5年（1715）の木曽川の氾濫で流失したため、高台にある現在地に移転した。豊富な湧水を溜めておくために江戸期に作られた「水舟」が、町中の随所に残ることから「水舟の里」とも呼ばれている。名物は桜の花漬。塩漬けした桜花に熱湯を注ぐと、花びらが開く風流な桜湯で、江戸時代創業の老舗「大和屋」で今も味わうことができる。

サワラ材の丸太をくり抜いて作られた水舟

野尻宿

曲がりくねった「七曲り」の町並み

エメラルドグリーンの水をたたえる幻想的な柿其渓谷

中山道の第40宿。現在の長野県木曽郡大桑村野尻に位置する。木曽11宿の中では奈良井宿に次ぐ6町3尺（約655m）の長さを誇り、「七曲り」と呼ばれる外敵を防ぐための曲がりくねった町並みが今も残る。隣の三留野宿との間は木曽川と渓谷に挟まれた難所であったため、野尻宿に宿泊する旅人で栄えていた。その渓谷は景勝地としても有名で、特に柿其渓谷は木曽の風景の中でも屈指の美しさと称される。

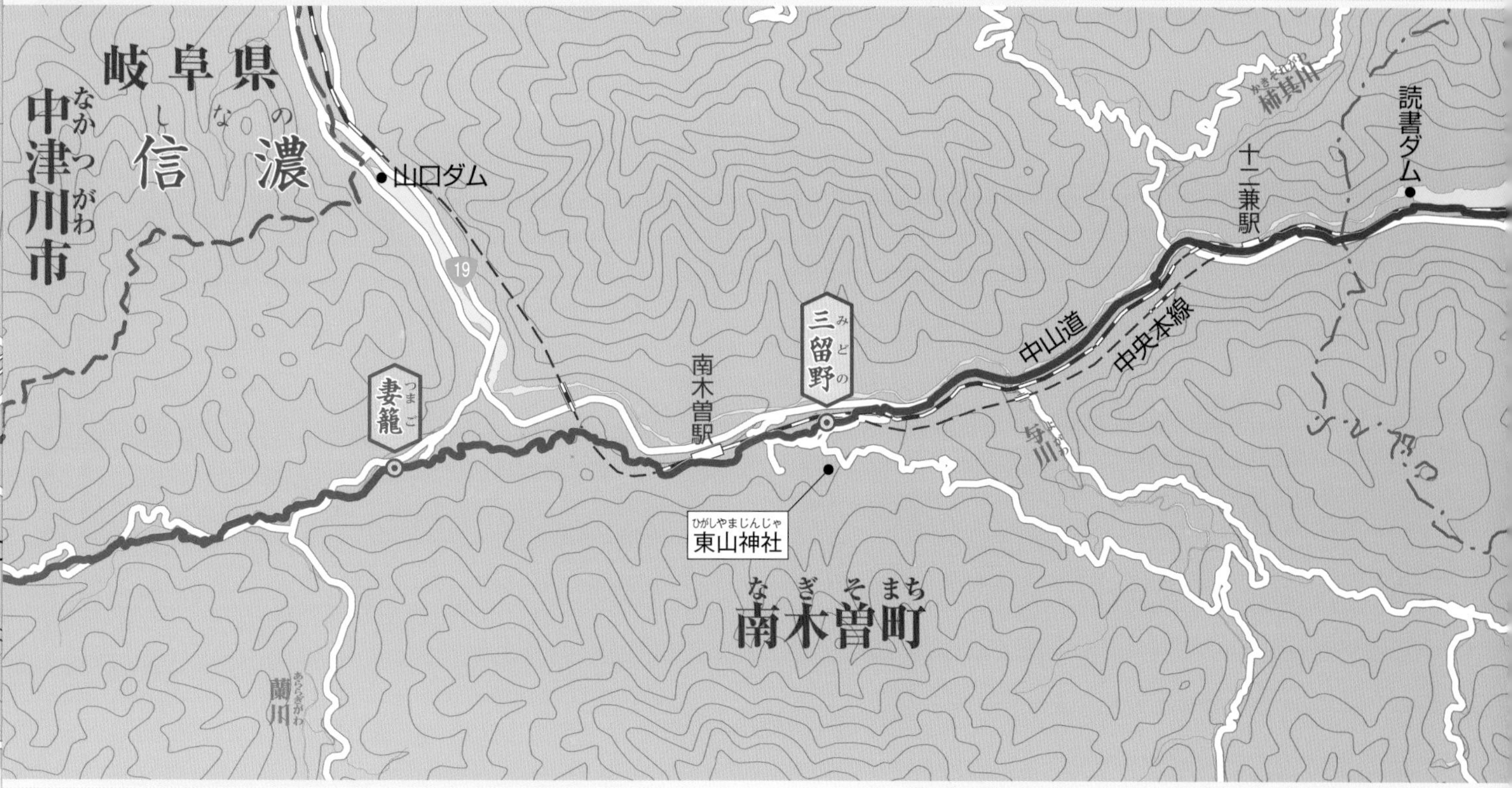

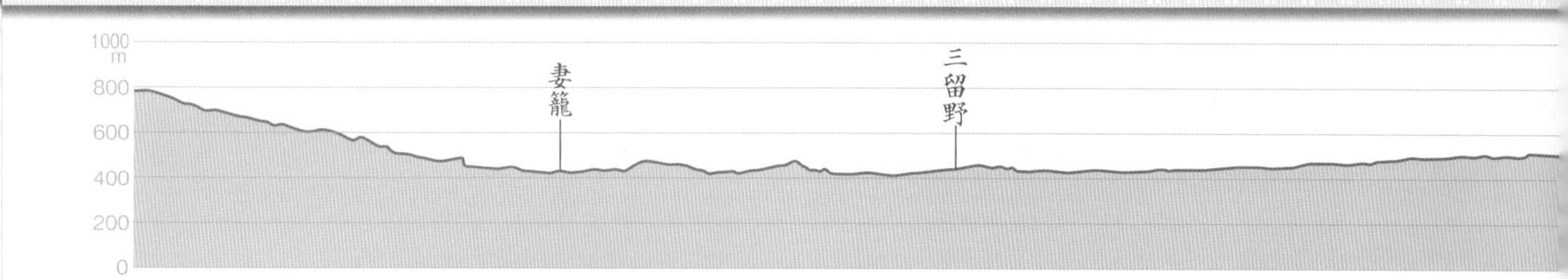

三留野宿

木曽11宿のうちの「下四宿」のひとつ

中山道の第41宿。現在の長野県木曽郡南木曽町読書周辺に位置する。木曽路の中でも妻籠宿と並んで栄えた宿場であったが、度重なる火災により徐々に縮小。明治の大火により当時の建物は焼失し、さらに鉄道の新設で町の中心地が移ったことで、現在は宿場の面影を残す場所は少ない。三留野地区の鎮守社とされる東山神社は歌川広重の浮世絵に取り上げられ、現在も境内に残る枝垂れ梅も描かれている。

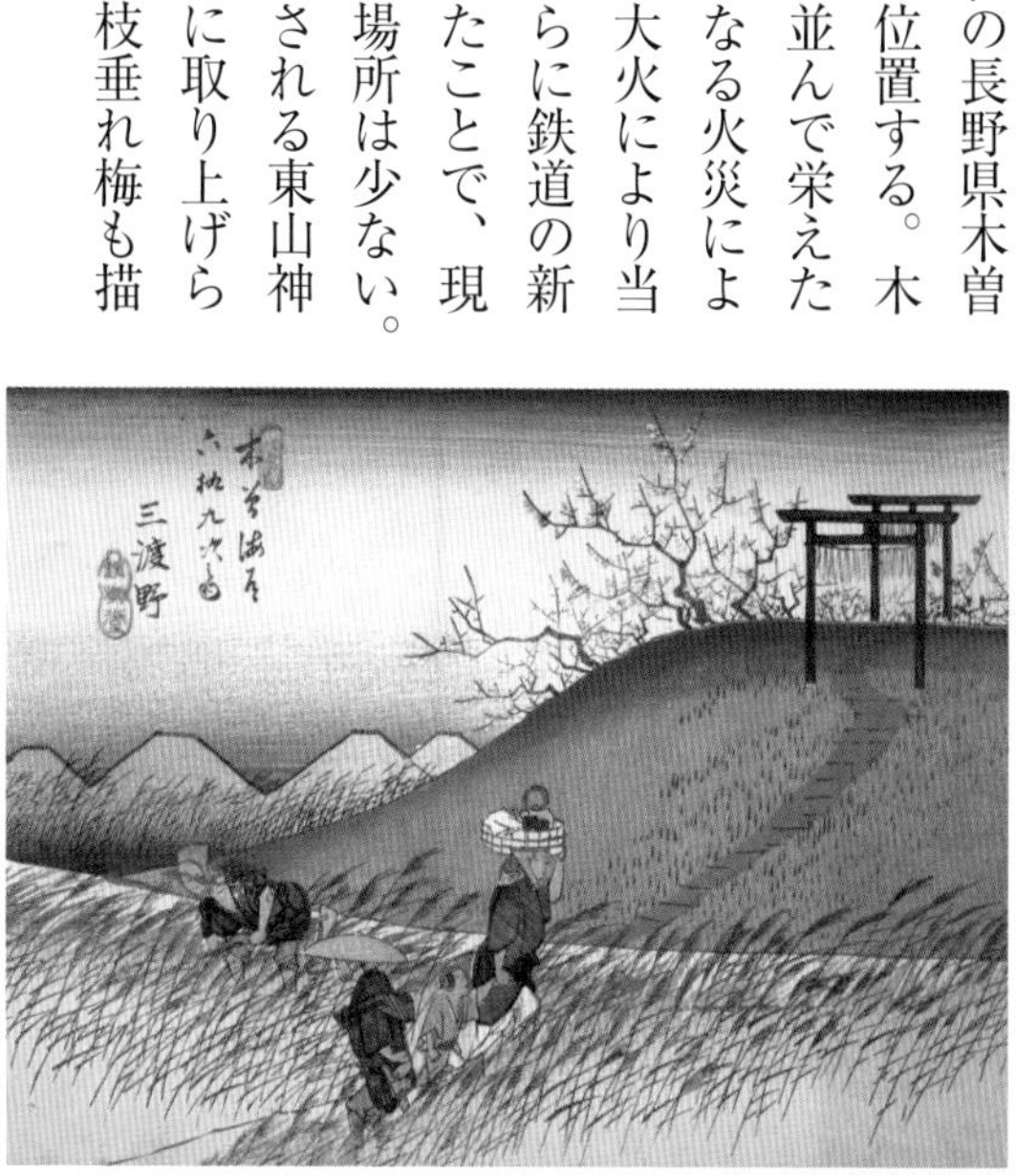

歌川広重「木曽海道六拾九次 三渡野」

妻籠宿

全国に先駆け古い町並みを保存

石畳や高札場の復元などもされた妻籠宿の町並み

中山道の第42宿。現在の長野県木曽郡南木曽町吾妻周辺に位置する。伊那方面への道と交わる交通の要衝で、戦国時代には武田氏が関所を設けたとされる。明治時代に入ると過疎化が進み衰退したが、全国に先駆けて古い町並みの保存に取り組み、昭和51年（1976）に日本初の国の重要伝統的建造物群保存地区に選定された。出梁造りやうだつの家屋が立ち並ぶ江戸時代後期の景観が残る。

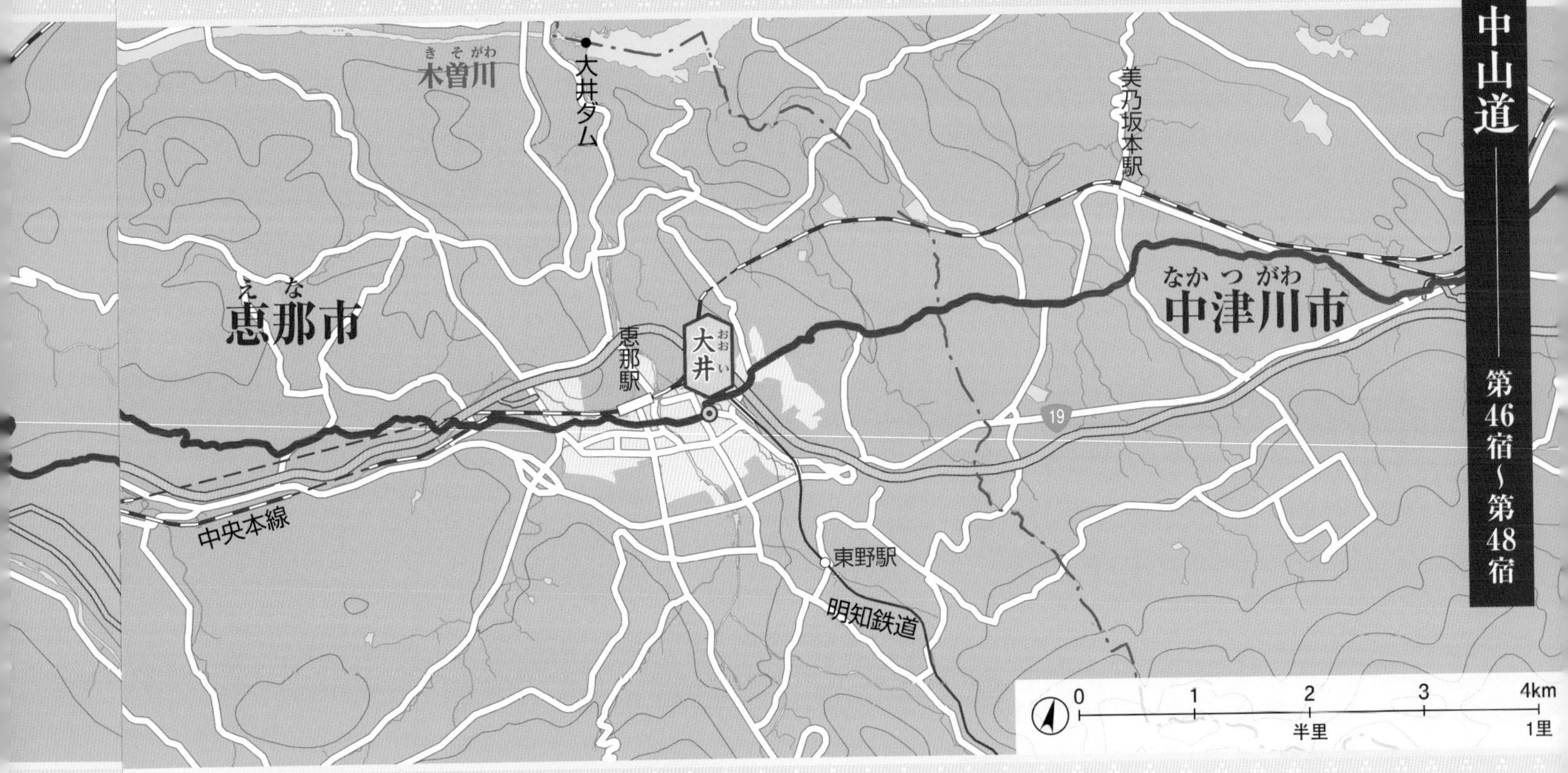

木曽川（きそがわ）
大井ダム
美乃坂本駅
恵那市（えなし）
中津川市（なかつがわし）
恵那駅
大井（おおい）
19
中央本線
東野駅
明知鉄道
0 1 2 3 4km
半里 1里

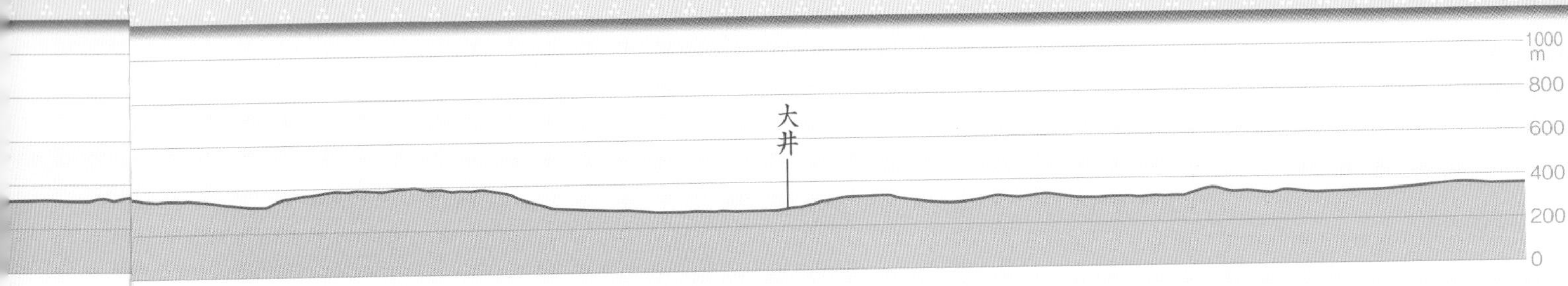

1000m
800
600
400
200
0
大井

大井宿（おおいじゅく）

商人と参拝客で賑わう美濃路随一の宿

中山道の第46宿。現在の岐阜県恵那市周辺に位置する。名古屋や伊勢、善光寺に通じる道の分岐点で、難所の十三峠を控えた宿。尾張へ向かう商人や牛馬荷物の往来が多く、伊勢神宮や善光寺への参詣客も立ち寄り、美濃路の宿の中で最も繁栄した宿場だった。道を二度直角に曲げ、外敵の侵入を防ぐ「枡形」が、横町・本町・竪町・茶屋町・橋場の5町に6カ所あり、中山道で最も多い。

平成12年（2000）に再建された大井宿の本陣跡

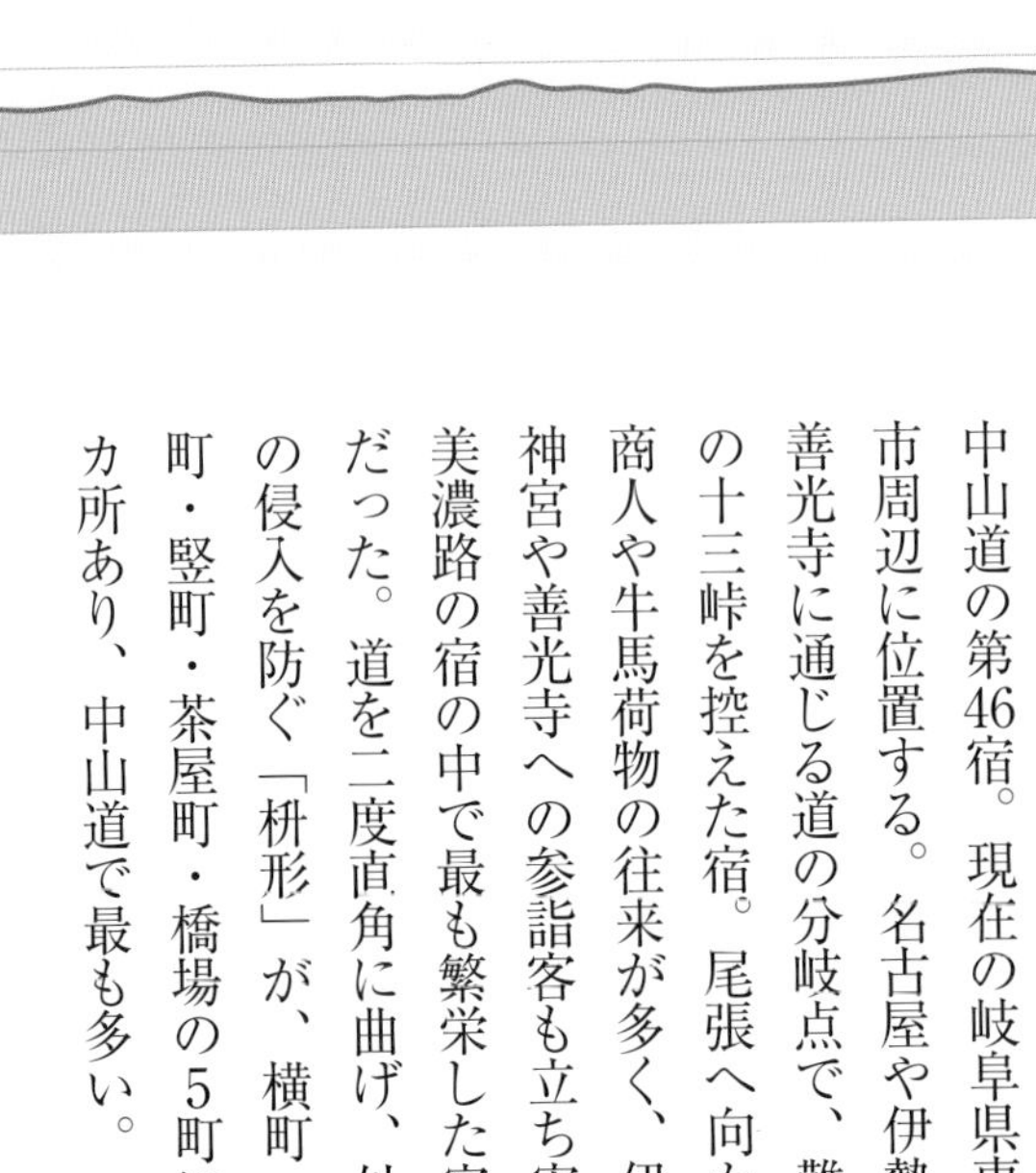

大湫宿（おおくてじゅく）

美濃17宿のうち最も高所にある

中山道の第47宿。現在の岐阜県瑞浪市大湫に位置する。大井宿から御嵩宿までの距離が8里（約32㎞）と長かったため、慶長9年（1604）に設立された宿場。東に十三峠、西に琵琶峠を控えて道も険しく、大湫宿も海抜510ｍと美濃17宿のうちでは最も高所にあった。宿場の人口は約330人程度、家数66軒程度と小さい宿場だが、旅籠は30軒と多く、峠越えに難儀した旅人が多く利用したとみられる。

琵琶峠の東側上り口にある石畳

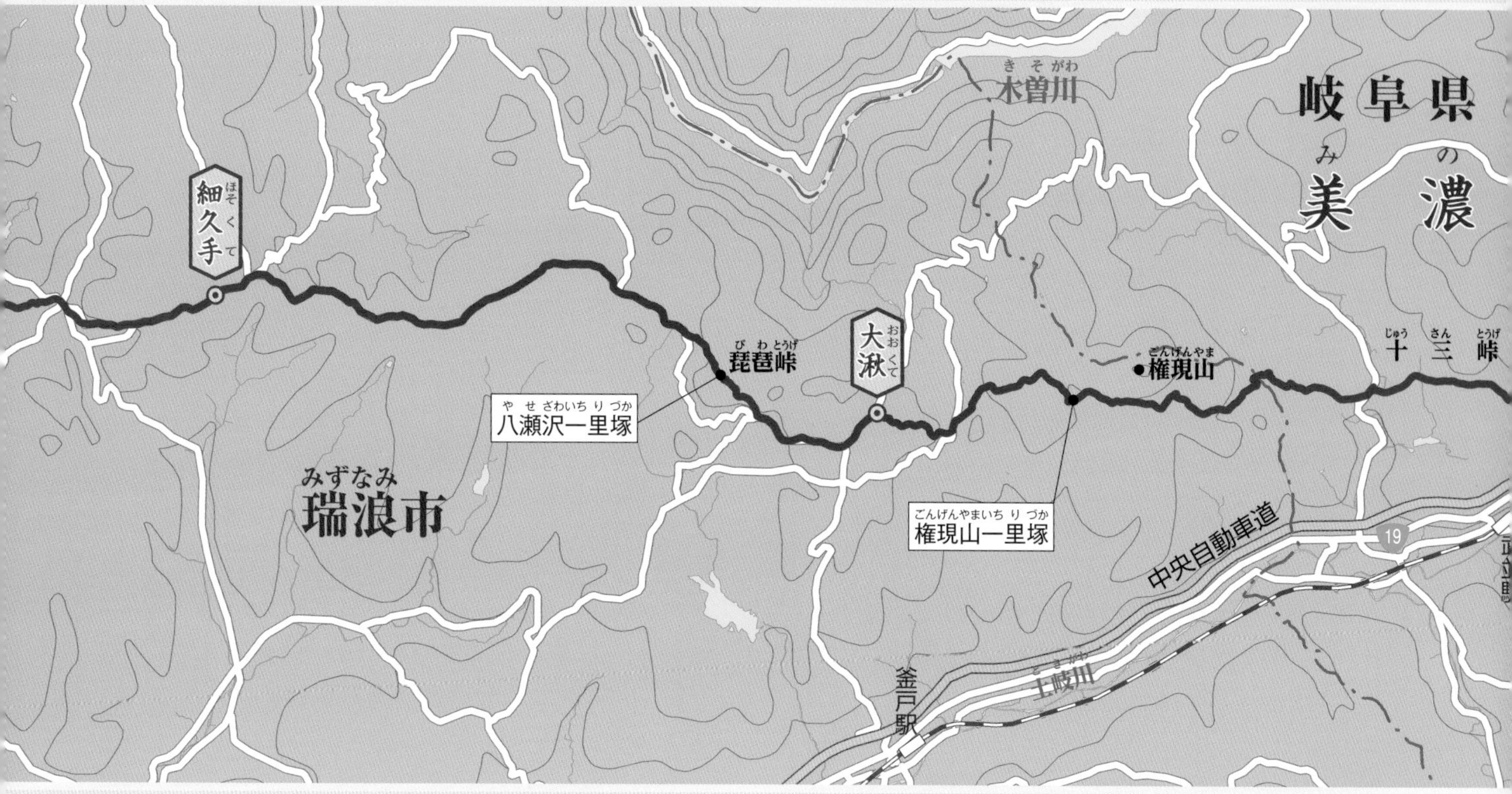

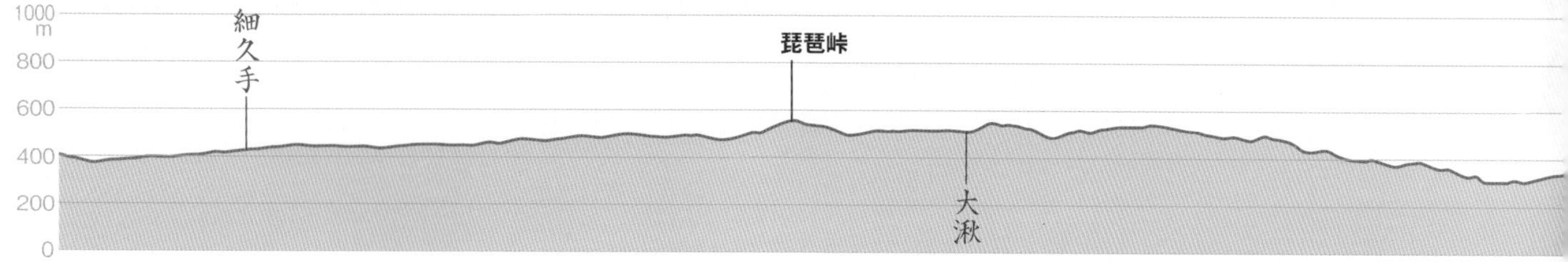

岐阜県
美濃
木曽川
細久手
大湫
琵琶峠
八瀬沢一里塚
権現山
権現山一里塚
十三峠
瑞浪市
中央自動車道
19
釜戸駅
土岐川

1000 m
800
600
400
200
0
細久手
琵琶峠
大湫

一里塚

大湫宿と細久手宿の間にある八瀬沢一里塚跡

一里塚は、1里(約4㎞)ごとに築かれた塚。道の両脇に左右一対で築かれ、距離の目安となった。慶長9年(1604)、徳川家康が秀忠に築造を命じ、江戸・日本橋を元標として全国の主要な街道に築造させた。塚の大きさは五間四方(約9m)、高さは1丈(約1・7m)でほとんどが丸い塚であったという。塚の崩落を防ぐため、太い根が深く広がる榎や松などが植えられた。旅人はこの木陰を道中の休憩所として利用した。

細久手宿

9万9千日分のご利益が得られる穴観音

中山道の第48宿。現在の岐阜県瑞浪市日吉周辺に位置する。大湫宿と御嵩宿の間は山坂で、距離も4里半(約18㎞)と長く人馬が渋滞したことから、慶長15年(1610)に新たに設置された。尾張藩定本陣の「大黒屋」は今も建造物が残り、旅館として利用されている。中心部から少し外れた丘陵斜面の石窟にある穴観音は、線香を供えてお参りすると、9万9千日分のご利益があると旅人から信仰された。

寛政12年(1800)造立とされる穴観音

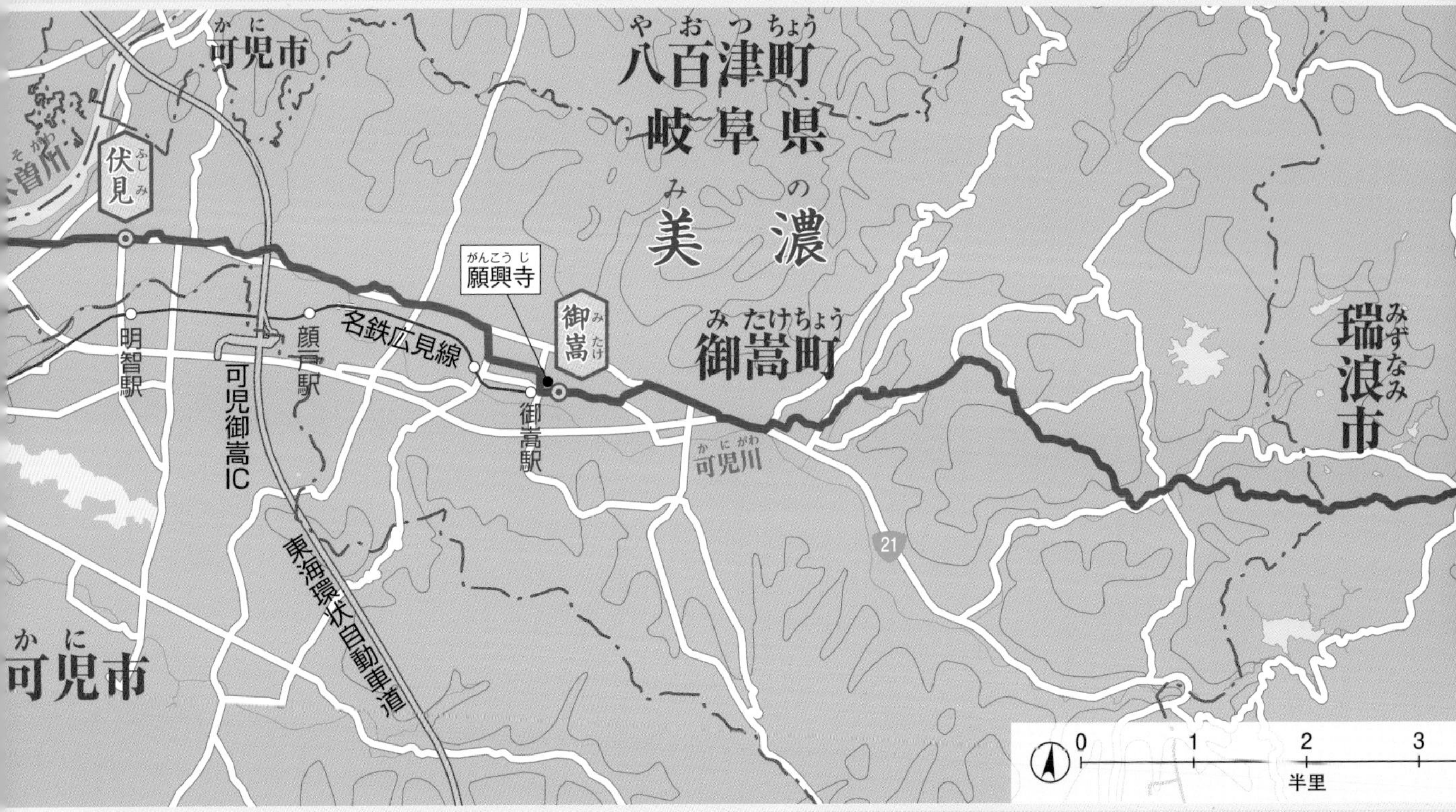

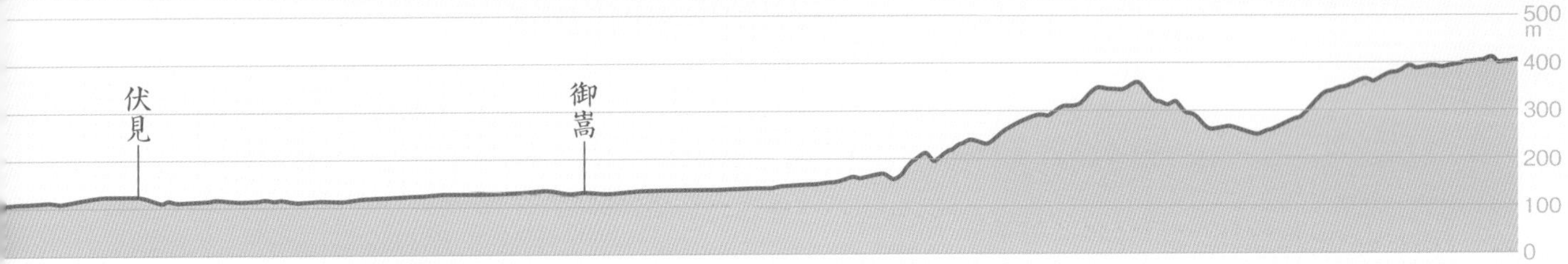

御嵩宿（みたけじゅく）

中山道初の「伝馬掟朱印状」交付地

中山道第49宿。現在の岐阜県可児郡御嵩町御嵩周辺に位置する。山地と濃尾平野の境の開かれた場所にあり、中山道で最初に「伝馬掟朱印状」が交付されて宿場となった、重要な拠点。古くから最澄が開創した古刹・願興寺の門前町として発展した。願興寺にはご本尊の薬師如来坐像など国指定重要文化財の仏像24体が安置されている。薬師如来坐像は12年に1度、子年4月の第1日曜日にのみ御開帳が許される。

弘仁6年（815）創建と伝わる願興寺

伏見宿（ふしみじゅく）

土田宿の廃宿により新設

中山道の第50宿。現在の岐阜県可児郡御嵩町伏見周辺に位置する。もともとは木曽川の下流に土田宿があったが、川の氾濫で廃宿となり現在の場所に移転。元禄7年（1694）伏見宿として新設された。木曽川の川湊である新村湊があり、この港から犬山や桑名へと物資が運ばれていった。伏見宿を出ると難所である「太田の渡し」（伏見側からは「今渡の渡し」）が控えており、川留めになると逗留客で賑わった。

嘉永元年（1848）の大火で焼失した本陣跡碑

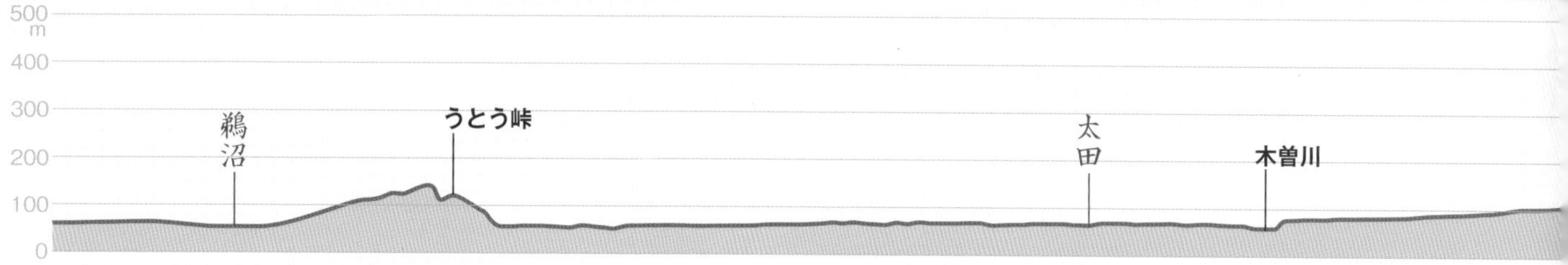

太田宿（おおたじゅく）

中山道三大難所の「太田の渡し」

中山道の第51宿。現在の岐阜県美濃加茂市に位置する。西からの旅人には中山道三大難所のひとつに数えられる「太田の渡し」が控える宿場。飛騨方面の道と合流する。交通の要衝で、さらに、木曽川の舟運を監視し、荷物改めや筏流し、流木の取締りを行う川並番所や、落合宿から鵜沼宿までの9宿を管理する尾張藩太田代官所も置かれるなど、木曽川沿いの軍事・政治・経済の重要な拠点になっていた。

歌川広重「木曽海道六拾九次 太田」

鵜沼宿（うぬまじゅく）

松尾芭蕉が3度訪れた宿場

中山道の第52宿。現在の岐阜県各務原市に位置する。東からの旅人は、難所のうとう峠を越えてこの宿場に入る。かつて、宿場は現在よりも南にあったが、道筋の変更より北に移動した。文化6年（1809）に伊能忠敬が測量のために宿泊したほか、俳人の松尾芭蕉は3度も訪れるなど、名士も多く訪れている。明治24年（1891）の濃尾地震で壊滅的な被害を受けたが、茗荷屋（梅田家住宅）が江戸時代の建物として唯一残る。

宿内に2か所設置されている松尾芭蕉句碑

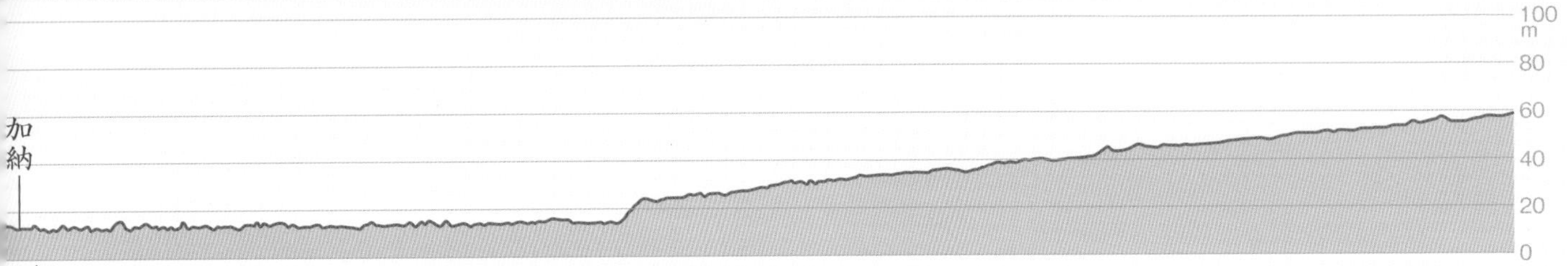

加納宿（かのうじゅく）

美濃17宿の中で最大規模の宿場

中山道の第53宿。現在の岐阜県岐阜市加納本町周辺に位置する。郡上街道との分岐点。加納藩の加納城の城下町として発展。町並みも東西に21町30間（約2・3㎞）にもおよび、本陣1軒、脇本陣1軒、旅籠35軒、家屋805軒、人口2728人と、美濃17宿の中で最大規模を誇った。明治24年（1891）の濃尾地震により被害を受け、当時の建物はあまり残っておらず、加納城もわずかな痕跡を残すのみである。

本丸石垣と堀跡が残る加納城跡

河渡宿（ごうどじゅく）

長良川とともに発展

河渡の渡しの裏街道として使われた小紅の渡しは、現在も営業が続いている

中山道の第54宿。現在の岐阜県岐阜市河渡周辺に位置する。長良川の右岸に開かれた宿場で、加納宿からは「河渡の渡し」や裏街道の「小紅の渡し」が利用された。長良川の舟運が盛んで、米、塩、木材などの集積地としても発展した。土地が低く、度々の水害に悩まされていたが代官・松下内匠により、4年の歳月をかけて宿場内全体が5尺（約1・5ｍ）盛土された。住民はこれを称え、松下神社を建立したという。

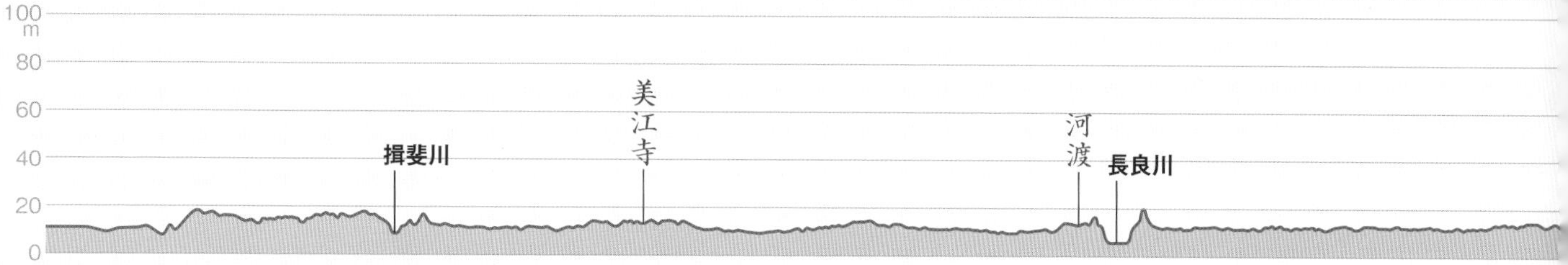

美江寺宿（みえじじゅく）

長良川と揖斐川に挟まれた宿

中山道の第55宿。現在の岐阜県瑞穂市に位置する。養老元年(717)に創建されたと伝わる天台宗の寺院・美江寺の門前町。長良川と揖斐川に挟まれた低地にあり、揖斐川を渡る「呂久の渡し」が控える宿場として栄えた。皇女・和宮が江戸へ向かう途中、「呂久の渡し」の舟中で紅葉したもみじを見て、「落ちていく身と知りながらもみじ葉の人なつかしくこがれこそすれ」と詠んだことが知られている。

歌川広重「木曽海道六拾九次 みゑじ」

和宮（かずのみや）

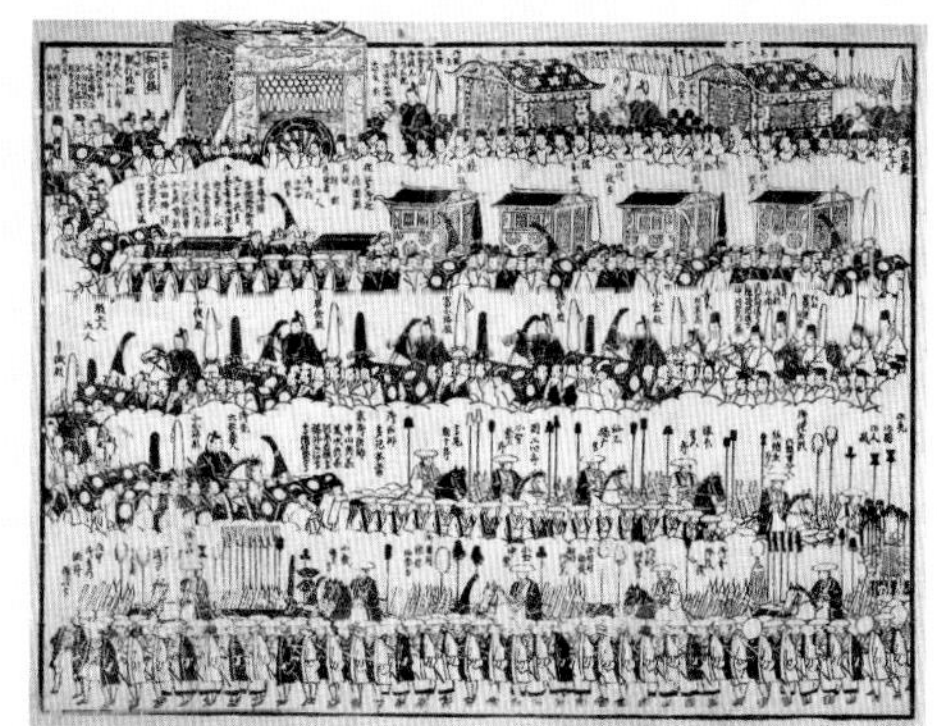

「和宮様江戸御下向行列図」　江戸東京博物館蔵

仁孝天皇の第8皇女で孝明天皇の妹。公武合体のため有栖川宮熾仁親王との婚約を破棄され、16歳で第14代将軍徳川家茂に降嫁した。文久元年（1861）10月20日、和宮一行は中山道を通って江戸へと出発。中山道を利用したのは、東海道に比べて川留めが少なく、降嫁に反対する勢力から守りやすかったためなど諸説ある。一行の行列は総勢3万人、長さは50kmに及び、宿場を通過するのに4日かかったという。

神戸町
杭瀬川
東海道本線
赤坂
東赤坂駅
大垣市
美濃赤坂駅
養老鉄道養老線
東海環状自動車道
東海道本線
東海道本線
荒尾駅
相川
21
大垣西IC

500 m
400
300
200
100
0
赤坂

赤坂宿

舟運の拠点として繁栄

中山道の第56宿。現在の岐阜県大垣市に位置する。もともと、古代・中世の宿駅・青墓宿が栄えた地だったが、青墓宿は徐々に衰退。鎌倉時代以降、杭瀬川の渡し場があり、米の集散地でもある赤坂湊が舟運の拠点として発展し、中山道の宿場となった。北へ向かう谷汲山華厳寺への参詣客も集い、宿場は賑わったという。将軍家が利用する御茶屋屋敷があり、現在は牡丹園として残る。

土塁や空濠の一部が残る御茶屋屋敷跡

御殿・御茶屋屋敷

葛飾北斎「冨嶽三十六景 東海道品川御殿山ノ不二」

将軍が外出する際に休泊のために設けられた施設のこと。宿泊用のものが御殿で、小規模なものが御茶屋とされるが区別は曖昧で、御茶屋御殿とも呼ばれた。上洛や駿府往復、日光参詣、さらには鷹狩りなどのため、街道沿いの各所に設置されたが、幕府の財政がひっ迫してくると廃止されるものもあった。桜の名所として知られる東京品川の御殿山は、品川御殿があったことから名がついたもの。

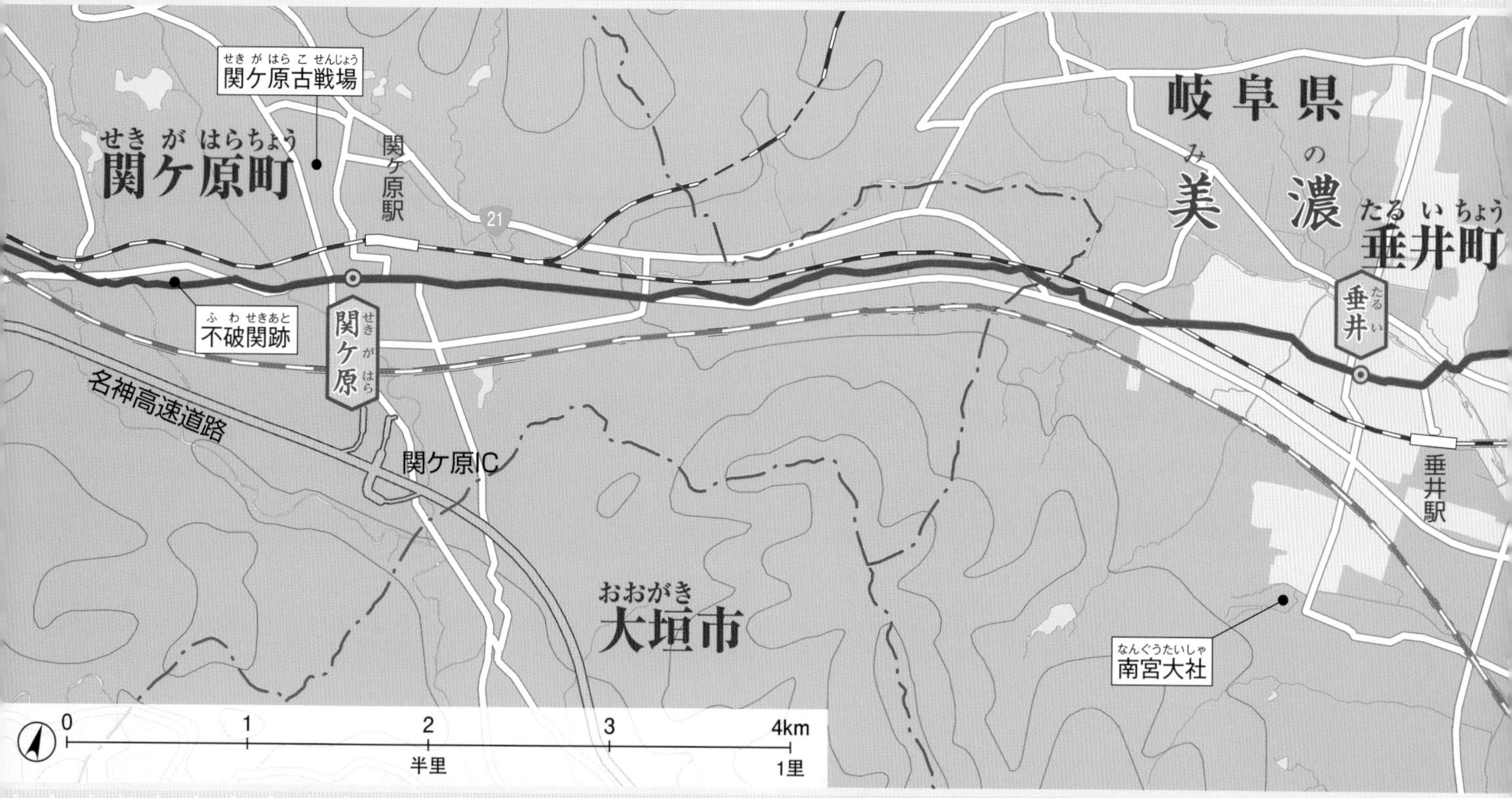

岐阜県
美濃（みの）
関ケ原町（せきがはらちょう）
垂井町（たるいちょう）
大垣市（おおがきし）
関ケ原古戦場（せきがはらこせんじょう）
不破関跡（ふわせきあと）
南宮大社（なんぐうたいしゃ）
関ケ原（せきがはら）
垂井（たるい）
関ケ原駅
垂井駅
名神高速道路
関ケ原IC
21
0 1 2 3 4km
半里 1里

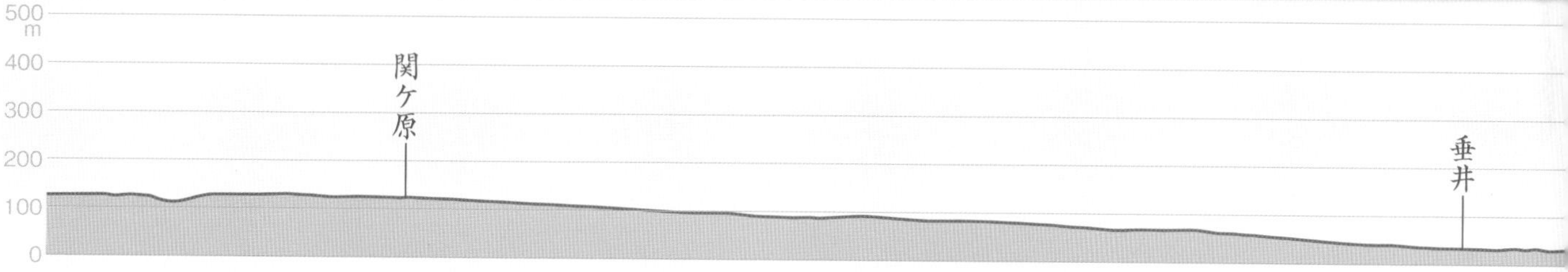

500 m
400
300
200
100
0
関ケ原
垂井

垂井宿（たるいじゅく）

西美濃の交通の要衝

歌川広重「木曽海道六拾九次 垂井」

中山道の第57宿。現在の岐阜県不破郡垂井町に位置する。平安時代に創建されたと伝わる南宮大社の門前町であり、東海道宮宿へ通じる美濃路の分岐点が控える交通の要衝として栄えた。歌川広重が西の見付から描いた版画には、宿の町並みと大名行列の様子が描かれており当時の様子がよく分かる。また、美濃紙の発祥地といわれ、かつては玉泉寺の「垂井の泉」の清水を利用し紙を漉いたと伝えられている。

関ケ原宿（せきがはらじゅく）

日本三関のひとつ「不破関」

中山道の第58宿。現在の岐阜県不破郡関ケ原町関ケ原周辺に位置する。伊吹山地と鈴鹿山地の狭隘地にあり、難所の今須峠や伊勢方面の道と北陸方面への道が合流する交通の要衝で、美濃17宿の中では加納宿に次ぐ賑わいをみせた。東海道の鈴鹿関、北陸道の愛発関とならぶ日本三関のひとつ不破関がある。宿の史跡は脇本陣跡が残るのみだが、壬申の乱、関ケ原の合戦など古戦場史跡が見られる。

関ケ原古戦場、徳川家康最後陣跡

天野川
柏原駅
東海道本線
東海道新幹線
関ケ原トンネル
柏原
今須
今須峠
21
名神高速道路
岐阜県
美濃
関ケ原町
0
1
2km
半里

500 m
400
300
200
100
0
柏原
今須
今須峠

今須宿

美濃17宿で唯一残る問屋場

中山道の第59宿。現在の岐阜県不破郡関ケ原町今須周辺に位置する。妙応寺の門前町として賑わった。小さな宿場だが、人馬の手配などを行う問屋場が7軒あり、要所とされたことがうかがえる。山崎家住宅は、美濃17宿の中で唯一当時のまま現存する。明治2年（1869）、凶作や参勤交代廃止による経済的な困窮を訴えたが聞き入れられず、住民が本陣や問屋を襲撃した今須騒動が起こった。

山崎家住宅の「永楽通宝」の軒丸瓦

柏原宿

名産伊吹もぐさで繁盛する

伊吹もぐさの老舗「亀屋佐京商店」

中山道の第60宿。現在の滋賀県米原市柏原周辺に位置する。近江国に入って初めての宿場で、ここから大津宿までの10宿を近江路という。中世から宿駅として賑わっており、本陣1軒、脇本陣1軒、旅籠22軒、宿場の長さは東西12町49間（約1・4㎞）と比較的大きな宿場だった。もぐさの産地として知られ、疲労回復に効くと多くの旅人が買い求めたため、最盛期には10軒ほどの店舗が軒を連ねた。

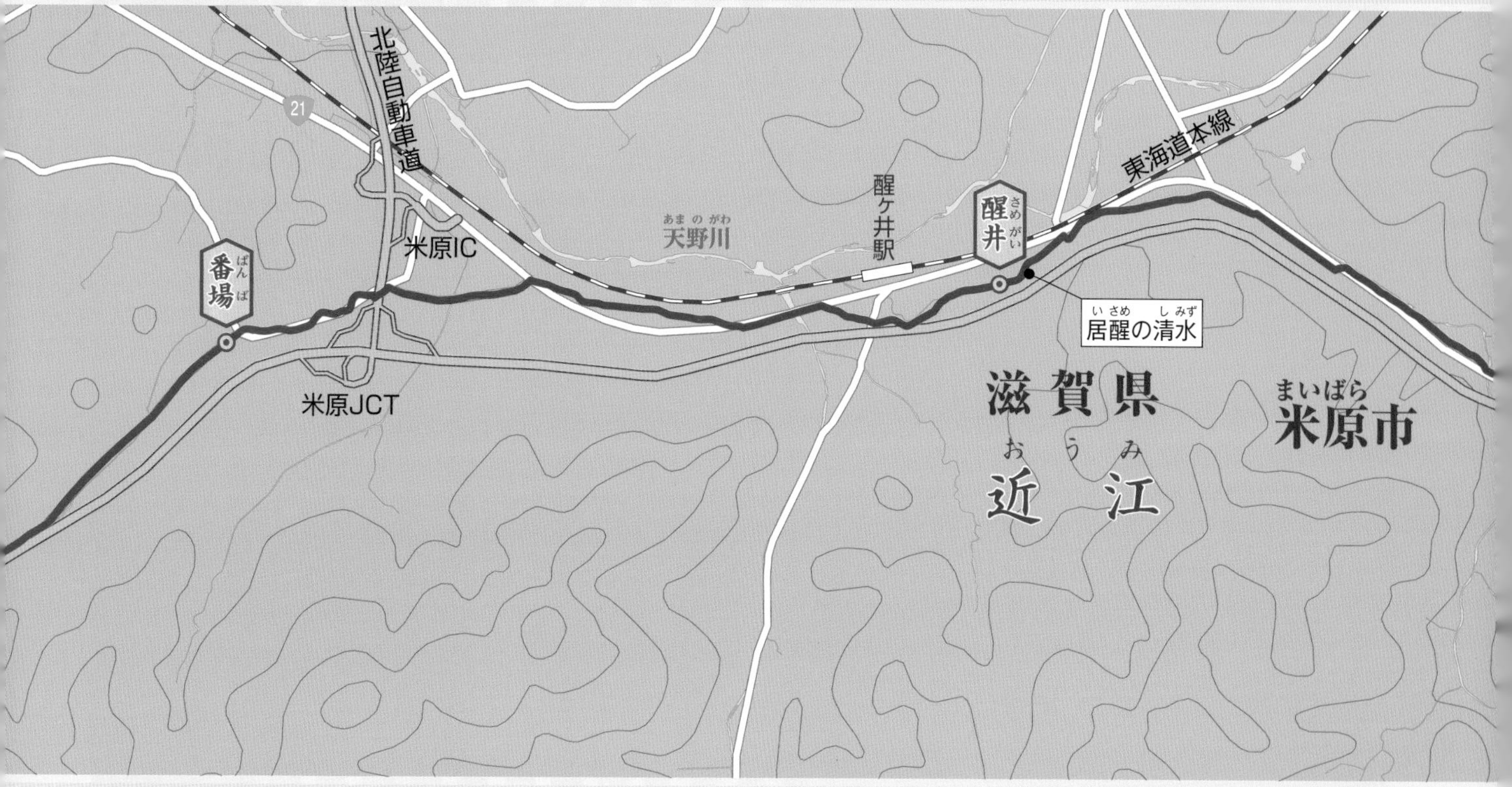

北陸自動車道
21
東海道本線
醒ヶ井駅
醒井（さめがい）
天野川（あまのがわ）
番場（ばんば）
米原IC
米原JCT
居醒の清水（いさめしみず）
滋賀県
米原市（まいばら）
近江（おうみ）

500 m
400
300
200
100
0
番場
醒井

醒井宿（さめがいじゅく）

旅人も癒される名水の里

中山道の第61宿。現在の滋賀県米原市醒井周辺に位置する。中世より宿駅として栄えた交通の要衝。名水の地として知られ、地名の由来も、大蛇の毒に犯され発熱した日本武尊が、居醒の清水で体を冷やして回復したという言い伝えから。居醒の清水を源流とする地蔵川に沿って宿場が形成された水の景が美しい宿で、水温14度前後の湧水にしか生息しない梅の花に似た水中花「梅花藻（ばいかも）」とともに旅人を癒した。

梅花藻が咲き誇る地蔵川

番場宿（ばんばじゅく）

要所に設けられた中山道最短の宿

中山道の第62宿。現在の滋賀県米原市番場周辺に位置する。全長1町10間（約127ｍ）という、中山道の中では町の距離が最短とされる小さな宿場だが、古代から宿駅として発達。問屋場も6軒設けられたことから、要所であったことがうかがえる。慶長16年（1611）に北陸道の米原宿までの切通しと琵琶湖の米原湊が開設されたことで、琵琶湖を利用した舟運の物流の拠点としても発展した。

中山道と北陸道の分岐を示す道標

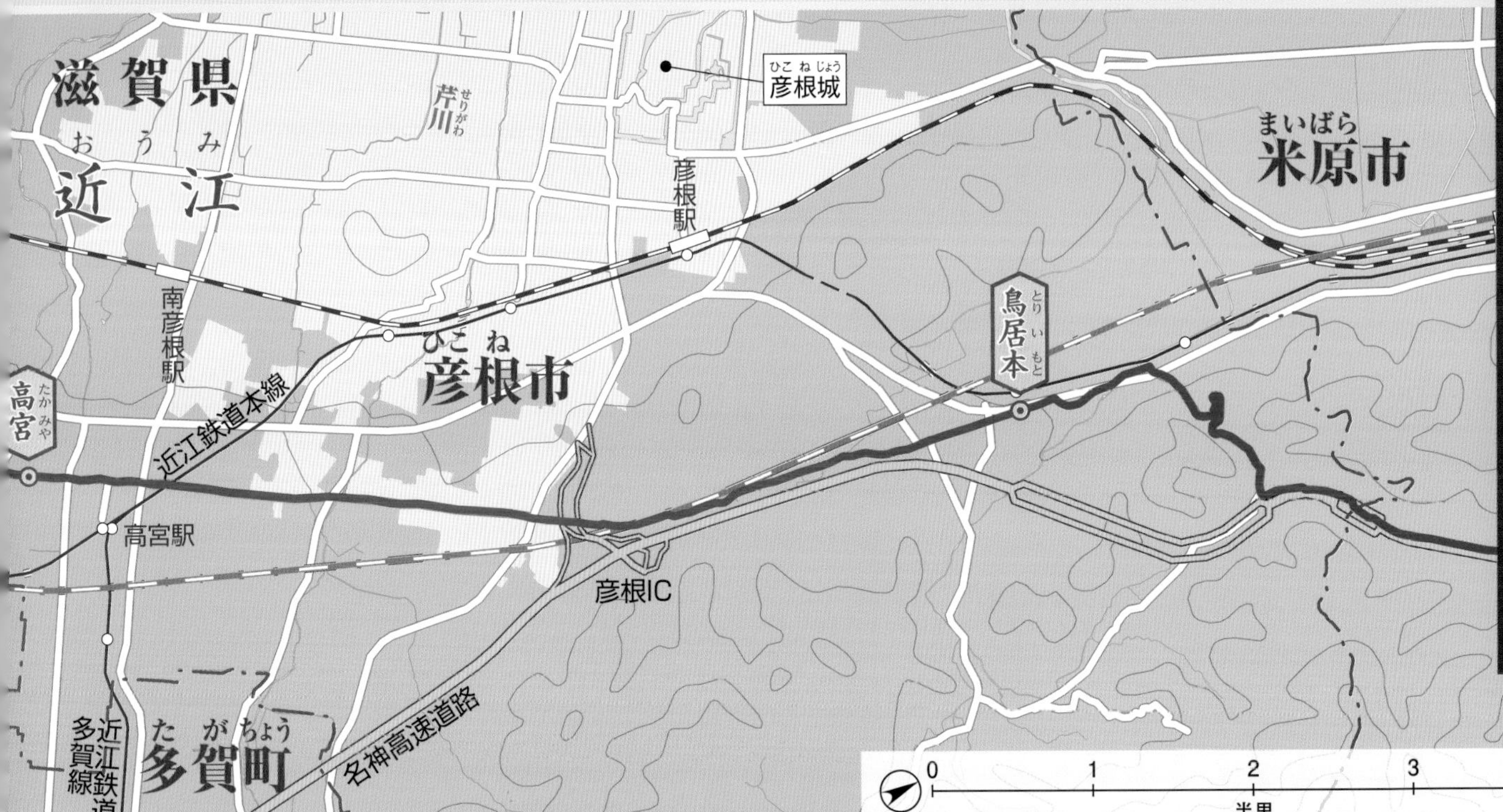

滋賀県
近江（おうみ）
米原市（まいばら）
彦根市（ひこね）
多賀町（たがちょう）
彦根城（ひこねじょう）
芹川（せりがわ）
彦根駅
南彦根駅
鳥居本（とりいもと）
高宮（たかみや）
高宮駅
近江鉄道本線
近江鉄道多賀線
彦根IC
名神高速道路
0　1　2　3　4km
半里　1里

鳥居本
500 m　400　300　200　100　0

鳥居本宿（とりいもとじゅく）

彦根城に通じる交通の要衝

中山道の第63宿。現在の滋賀県彦根市鳥居本周辺に位置する。北国街道の分岐点で、井伊家30万石の彦根城下に通じる交通の要衝。もともとは小野村が宿場とされ、後に鳥居本へ移されているが、時期は不明。名産が多く、有川市郎兵衛の赤玉神教丸は、腹痛、食傷、下痢止めの妙薬として有名。また、柿渋の合羽は保温性と防水性に富み、雨の多い木曽路に向かう旅人がこぞって買い求めた。

国の重要文化財に指定される有川家住宅

高宮宿（たかみやじゅく）

多賀大社の門前町として繁栄

中山道の第64宿。現在の滋賀県彦根市高宮周辺に位置する。本陣1軒、脇本陣2軒、旅籠23軒と大きな宿場で、多賀大社の門前町として栄えた。多賀大社は、春日局が第2代将軍徳川秀忠の病気平癒を祈願してから庶民の信仰を集め、「伊勢へ七たび、熊野へ三たび、お多賀さまには月参り」という俗謡も生まれた。特産品の高宮布は、湿潤な気候と豊富な清水で作る良質な麻織物で、近江商人が全国へ広めた。

彦根藩井伊家の将軍家への献上品でもあった高宮布

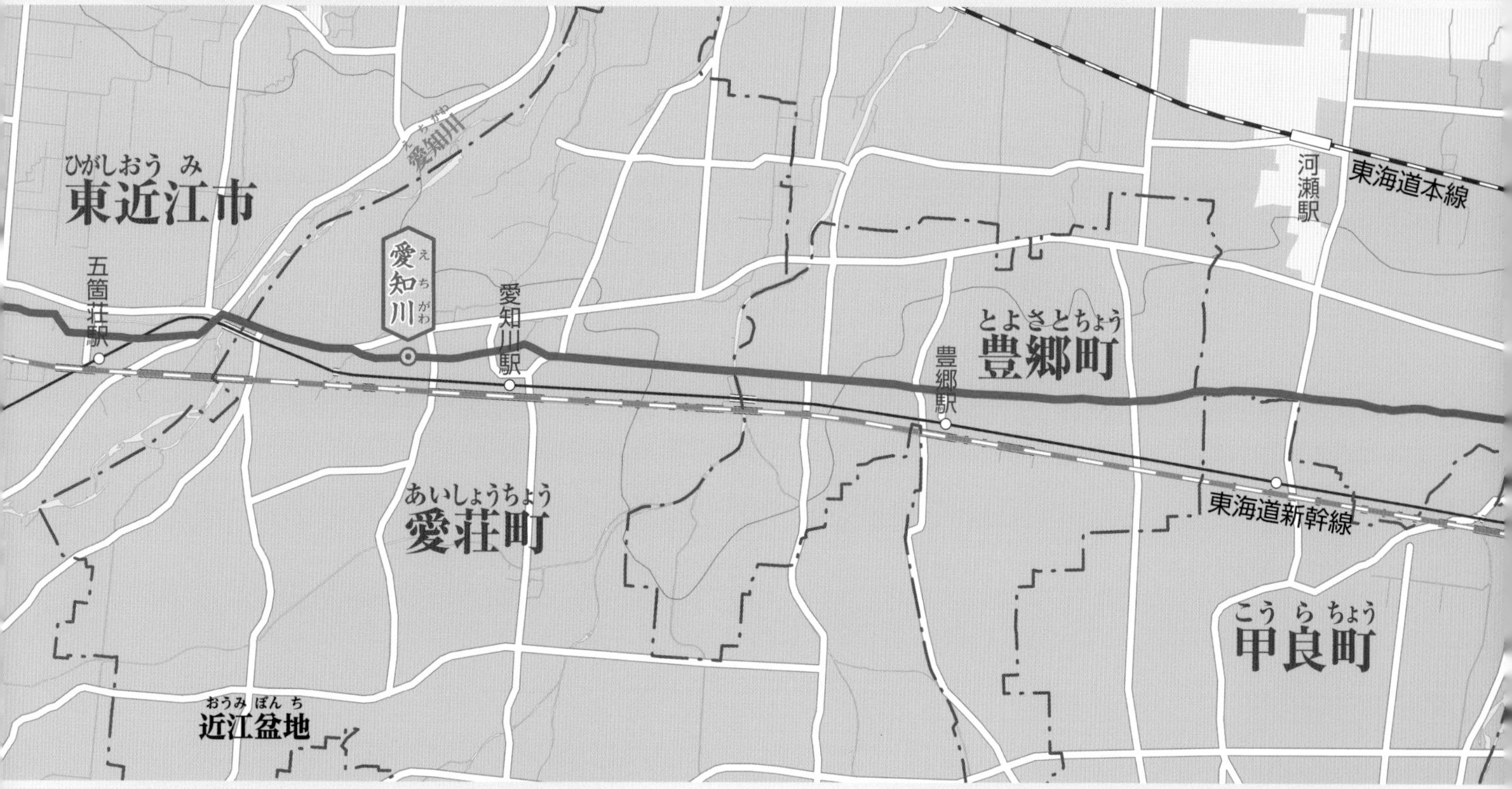

東近江市（ひがしおうみ）
愛知川（えちがわ）
愛知川
五箇荘駅
愛知川駅
豊郷町（とよさとちょう）
豊郷駅
河瀬駅
東海道本線
東海道新幹線
愛荘町（あいしょうちょう）
甲良町（こうらちょう）
近江盆地（おうみぼんち）

500 m
400
300
200
100
0
愛知川

近江商人（おうみしょうにん）

近江商人をイメージしてつくられた像

大坂商人、伊勢商人と並ぶ日本三大商人のひとつ。東海道や中山道などが通る近江国は古くから商業が盛んで、この地を拠点に天秤棒を担いで全国へと行商し、市場を開拓し販路を確保していき、江戸や大坂、京に店を構えていった。「しまってきばる」（質素倹約し本気で努力する）、「利真於勤」（暴利を貪ることなく本来の商業活動に励むこと）など、近江商人の心得がよく知られる。

愛知川宿（えちがわじゅく）

近江商人の往来で賑わう

中山道の第65宿。現在の滋賀県愛知郡愛荘町に位置する。東海道の土山宿へ通じる道の分岐点にあたる。本陣1軒、脇本陣1軒、旅籠28軒の中規模程度の宿場だったが、近江商人発祥の地である五箇荘も近く、商人の往来で賑わった。「売り手よし、買い手よし、世間よし」という「三方よし」を実践した伊藤忠商事創業者・伊藤忠兵衛も近江商人であり、その生家は、現在記念館として当時の様子を伝えている。

伊藤忠兵衛記念館の様子

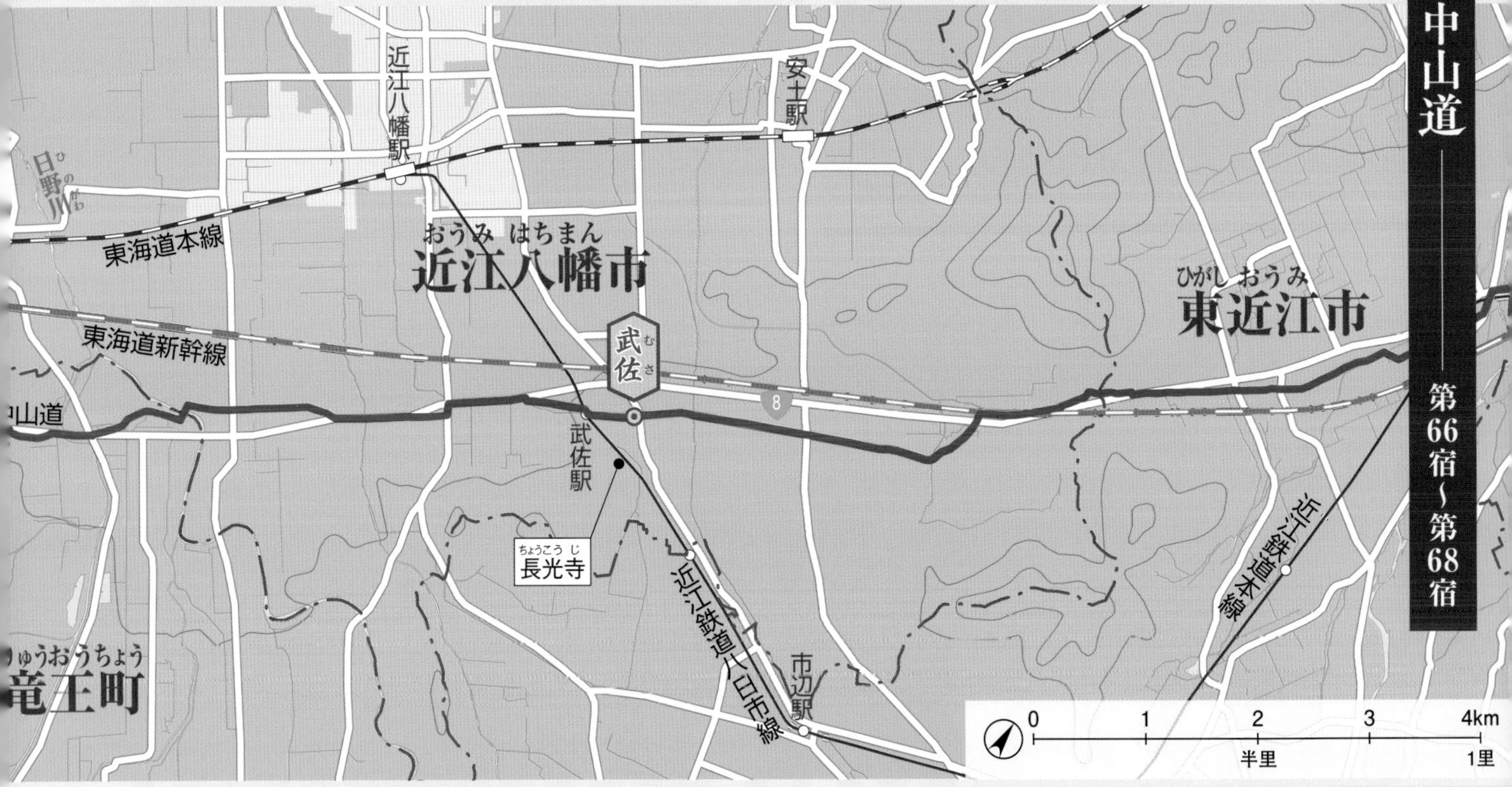

近江八幡駅
安土駅
日野川
東海道本線
近江八幡市
東近江市
東海道新幹線
中山道
武佐
8
武佐駅
長光寺
近江鉄道八日市線
近江鉄道本線
竜王町
市辺駅
0 1 2 3 4km
半里 1里

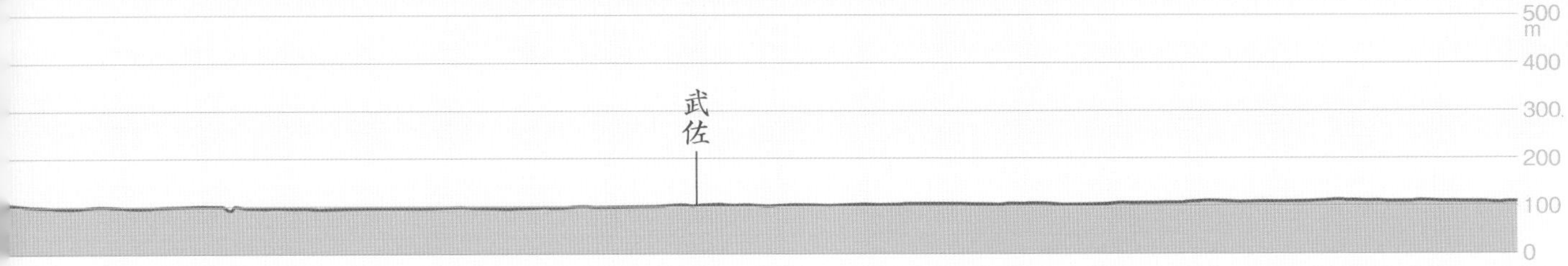

武佐
500 m
400
300
200
100
0

武佐宿

武佐宿を起点に物資が行き交う

中山道の第66宿。現在の滋賀県近江八幡市に位置する。武佐寺(現長光寺)を中心に発展した門前町。八風峠を越えて伊勢とつながる道の起点で、伊勢の海産物と近江の紙や布などの物資が行き交い賑わっていた。武佐宿を出て西に向かうと、古代より宿として発展してきた間の宿・鏡宿に着く。本陣や脇本陣が置かれ、紀州藩の定宿も置かれるなど大名が立ち寄った。源義経元服の池など、史跡も多く残る。

間の宿・鏡宿の「源義経元服の池」

飛脚

葛飾北斎「富嶽百景」より。継飛脚は2人1組で担った

参勤交代の大名や旅する庶民とともに街道を往来したのが、書状や荷物を運んだ飛脚だ。大名が用いた大名飛脚や民間の町飛脚などもあったが、代表は幕府の用いた継飛脚。各宿の問屋場に置かれ、宿場から宿場へ人馬を継ぎ変えながら荷を運ぶ役割を担っていた。夜間の関所の通過や川留め解除後の最初の渡河などが許されたため、江戸から京までを最短3日で荷を届けることができたという。

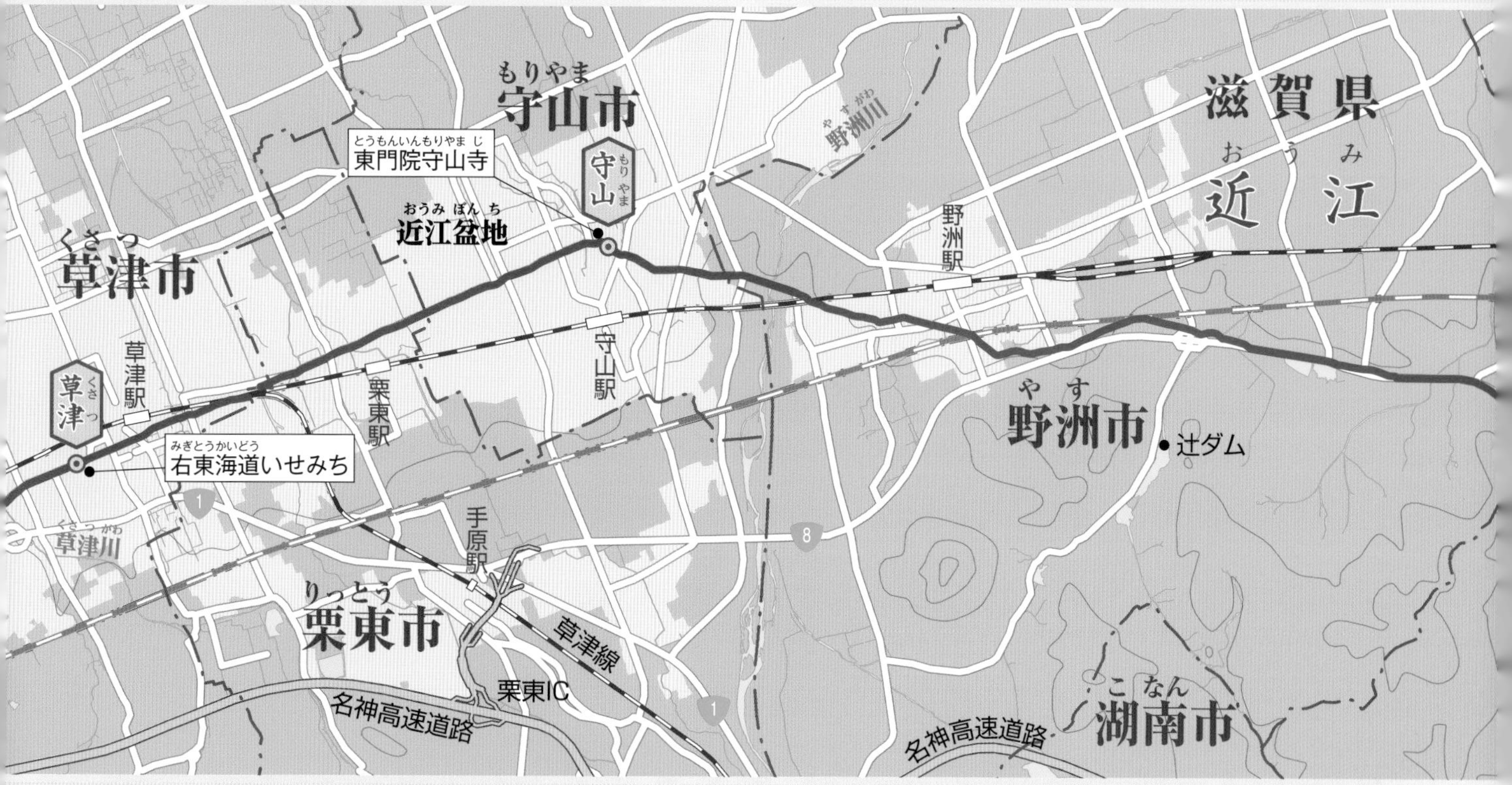

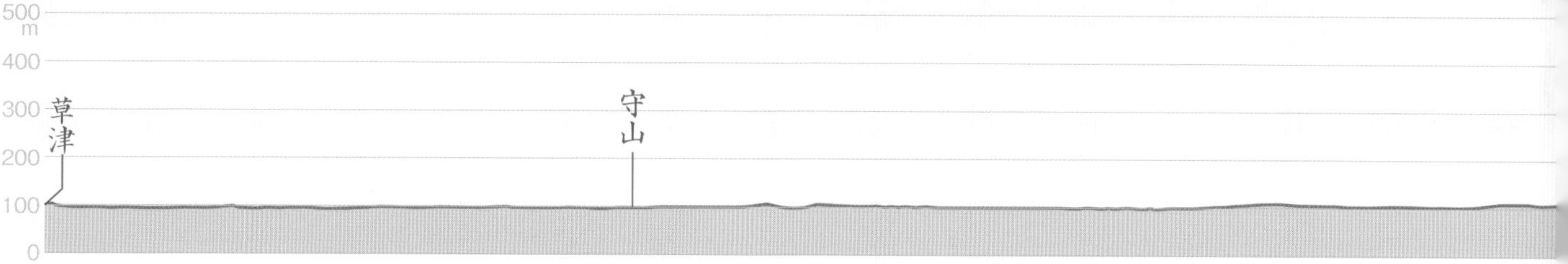

守山宿

京から江戸へ向かう最初の宿泊地

宿名の由来となった比叡山東門院守山寺

中山道の第67宿。現在の滋賀県守山市に位置する。比叡山延暦寺の東方を守るため、東門院守山寺が建立されたのが名の由来。「京発ち守山泊り」と言われた、京都から江戸方面へ向かう中山道の旅人が最初に宿泊する地。街道沿いには町家や寺院が建ち並び、多くの旅籠も軒を連ねていた。瀬田の唐橋の古材を使った公儀御普請橋の「土橋」や、滋賀県内に唯一現存する「今宿の一里塚」などの史跡も残る。

草津宿

貫目改所が置かれた要地

中山道の第68宿。現在の滋賀県草津市に位置する。中山道と東海道が合流する宿場で、江戸と京都を往来する将軍や公家、参勤交代の大名などの利用で商業的な大きな発展をしてきた交通上の要衝であったことから、荷物の重さを検査するための貫目改所が置かれた。江戸方面からの入口には、東海道と中山道の分岐を示す道標があり、「右東海道いせみち」「左中山道みのぢ」と刻まれている。

東海道と中山道の分岐点の追分道標

近江
琵琶湖
草津市
滋賀県
大津市
湖浜大津駅
石場駅
京阪石山坂本線
大津IC
膳所駅
中ノ庄駅
瓦ヶ浜駅
石山駅
唐橋前駅
膳所城跡
近江大橋
瀬田川
瀬田駅
東海道本線
東海道
東海道新幹線
名神高速道路
新名神高速道路
南草津駅
草津JCT
草津田上IC
瀬田の唐橋
名神高速道路
0 1 2 3 4km
半里 1里

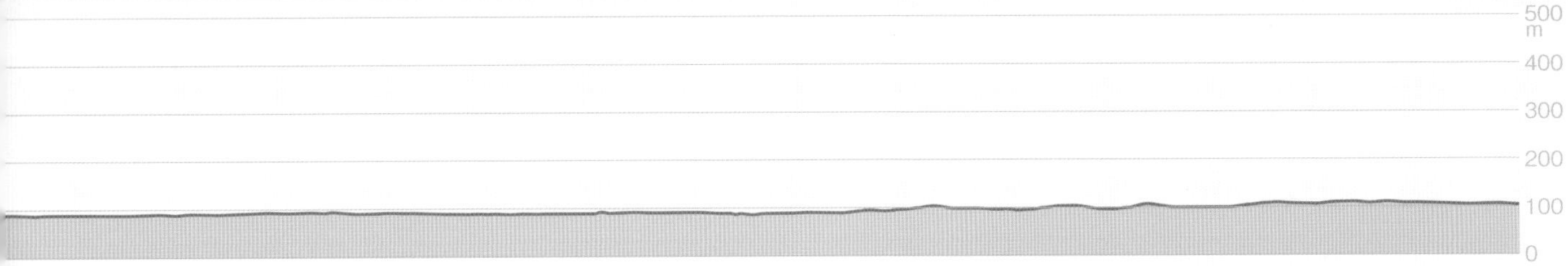

近江八景

歌川広重「近江八景之内 堅田落雁」

琵琶湖の湖南地方を中心に設定された名勝。「堅田落雁」「矢橋帰帆」「勢田夕照」「石山秋月」「粟津晴嵐」「唐崎夜雨」「比良暮雪」「三井晩鐘」の8景をさす。明応9年（1500）に前関白の近衛政家が乱を避けて近江国に滞在した際、中国の「八景」になぞらえて詠んだとも、寛永の三筆のひとりの近衛信尹が選定したともいわれる。名所絵の題材でもあり、歌川広重によく描かれた。

大津宿

中山道69番目、東海道53番目の宿

中山道の第69宿。現在の滋賀県大津市に位置する。中山道では69番目、東海道では53番目に数えられるともに最後の宿で、両街道ともに最大規模を誇った宿場。北国街道の陸運と琵琶湖舟運の要衝で、物資の集散地として繁栄した。琵琶湖の近江大橋西詰には、築城の名手・藤堂高虎が手掛けた美しい水城の膳所城があったが、明治維新で廃城となり、城門は膳所神社や篠津神社の表門として移築された。

桜の名所となっている膳所城跡公園の本丸跡

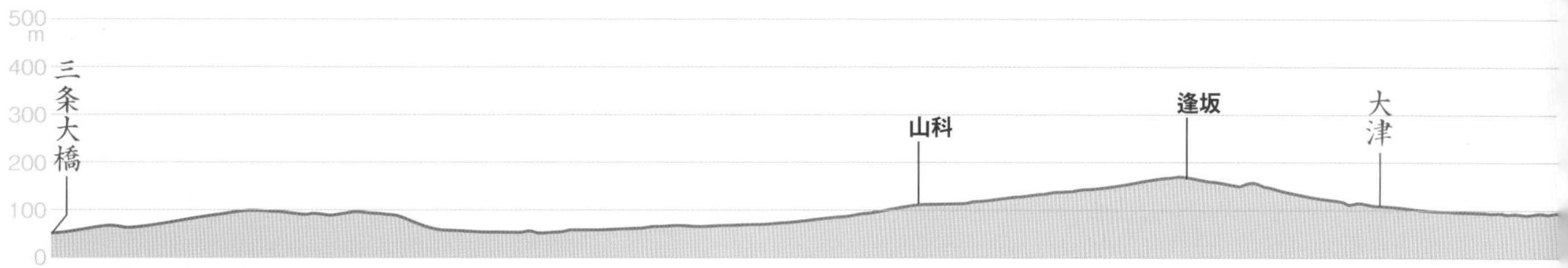

逢坂山に立つ関跡の記念碑

京 三条大橋

数々の歌に詠まれた逢坂関

江戸から京都まで約135里(約526km)、中山道の終点。東海道の終点でもある。道筋は東海道と同じで、大津宿から逢坂関を抜けて、三条大橋へと至る。逢坂関は近江国と山城国の国境に設けられ、初めに置かれたのは大化2年(646)。古くから歌枕の地として知られ、都を離れる人を送る場所としてさまざまな歌に詠まれた。逢坂関を抜けた辺りには茶屋があり、現代も続く走井餅が名物と好まれた。

「木曽海道六拾九次」

歌川広重「木曽海道六拾九次 大津」

天保6～8年(1835～1837)頃に刊行の、中山道の69の宿場と出発点の日本橋を描いた浮世絵のシリーズ。渓斎英泉と歌川広重の二人の絵師が手がけ、70図のうち24図を英泉が、46図を広重が担当している。なお、木曽街道は中山道の別称で、海道とあるのは図版の表記による。このほか、葛飾北斎の「木曽街道名所一覧」や歌川国芳の「木曽街道六十九次」などの中山道ものがあった。

秩父往還（ちちぶおうかん）

札所巡りに向かう巡礼の道

秩父往還は、武蔵国の中山道熊谷宿（埼玉県熊谷市）から甲斐国の甲州道中甲府宿（山梨県甲府市）を結ぶ道。国道140号の道筋と重なる。熊谷から荒川に沿って秩父へと至り、山越えの要地として関所が置かれた栃本を抜け、街道で最も険しい難所の雁坂峠を越えると甲斐へ入る。もともとは、甲斐の武田信玄が関東と甲州を結ぶために軍用道路として整備したものが、江戸時代に入り秩父絹などの特産品を運ぶ道として利用されるようになった。また、札所巡りとして江戸の庶民の人気を博した秩父三十四所観音巡りに向かう道であり、崇敬を集めた眷属神のお犬様を祀る三峯神社へと至る道であることから、信仰の道であったことも知られている。

秩父巡礼道を象徴する武甲山

佐久甲州街道（さくこうしゅうかいどう）

甲州道中と中山道を結ぶ

佐久甲州街道は、甲斐国の甲州道中韮崎宿（山梨県韮崎市）から信濃国の中山道岩村田宿（長野県佐久市）を結ぶ道。佐久往還とも呼ばれる。国道141号の道筋と重なる。甲斐と佐久地方を最短距離でつなぐ道として重視され、脇往還で道中奉行の管轄外ながら伝馬制が布かれた。韮崎を出て八ヶ岳の南麓に向かい、海抜１４３０ｍの平沢峠を越えると、野辺山原に出る。急坂と厳しい曲折が多く、冬には凍死者が続出したため、幕府が集落や小屋を設けたというほどの難所を抜け、海尻から千曲川沿いに北上し岩村田へと至る。千曲川の湧水を利用して養殖された佐久鯉や、佐久盆地の米など物資を甲斐や江戸へと運ぶ輸送路として利用されたほか、善光寺への参詣道としても賑わった。

平沢峠からは八ヶ岳が一望できる

善光寺街道

善光寺の参詣者で賑わう

善光寺街道は、信濃国の中山道洗馬宿（長野県塩尻市）から、善光寺（長野県長野市）を結ぶ道。国道19号の道筋と重なる。丹波島の手前で合流する北国街道の越後まで至る道も含めて善光寺街道と呼ぶ場合がある。なお、善光寺へと至る道は信州街道など複数あり、信濃に向かう道を総じて善光寺道と呼ぶこともあるが、とりわけ洗馬からのこの道を善光寺街道と呼ぶことが多い。

洗馬から北へ向かい、松本藩の城下町、松本へと至る。現在は国宝に指定される松本城が鎮座する松本は、野麦街道や千国街道と交わる交通の要衝で、信州中部・南部の物資の集積地として繁栄した。松本からさらに北へ進むと峠道が続く。戦国時代に武田氏と上杉氏が戦いを繰り広げた川中島を横目に見ながら北国街道と合流し、千曲川の支流である犀川を渡って善光寺へと至る。

7世紀に創立したと伝わる善光寺は庶民の信仰が篤く、参詣者が絶えなかった。この背景には、善光寺聖と呼ばれる僧侶が全国を巡り、本尊の阿弥陀如来の分身仏を拝む出開帳などの教化活動を行ったためでもあるという。江戸時代も多くの参詣者が訪れた善光寺の門前町は約30の旅籠が軒を連ね、寺内には46の宿坊が置かれたというほどの繁栄をみせた。

善光寺に向かう仲見世通

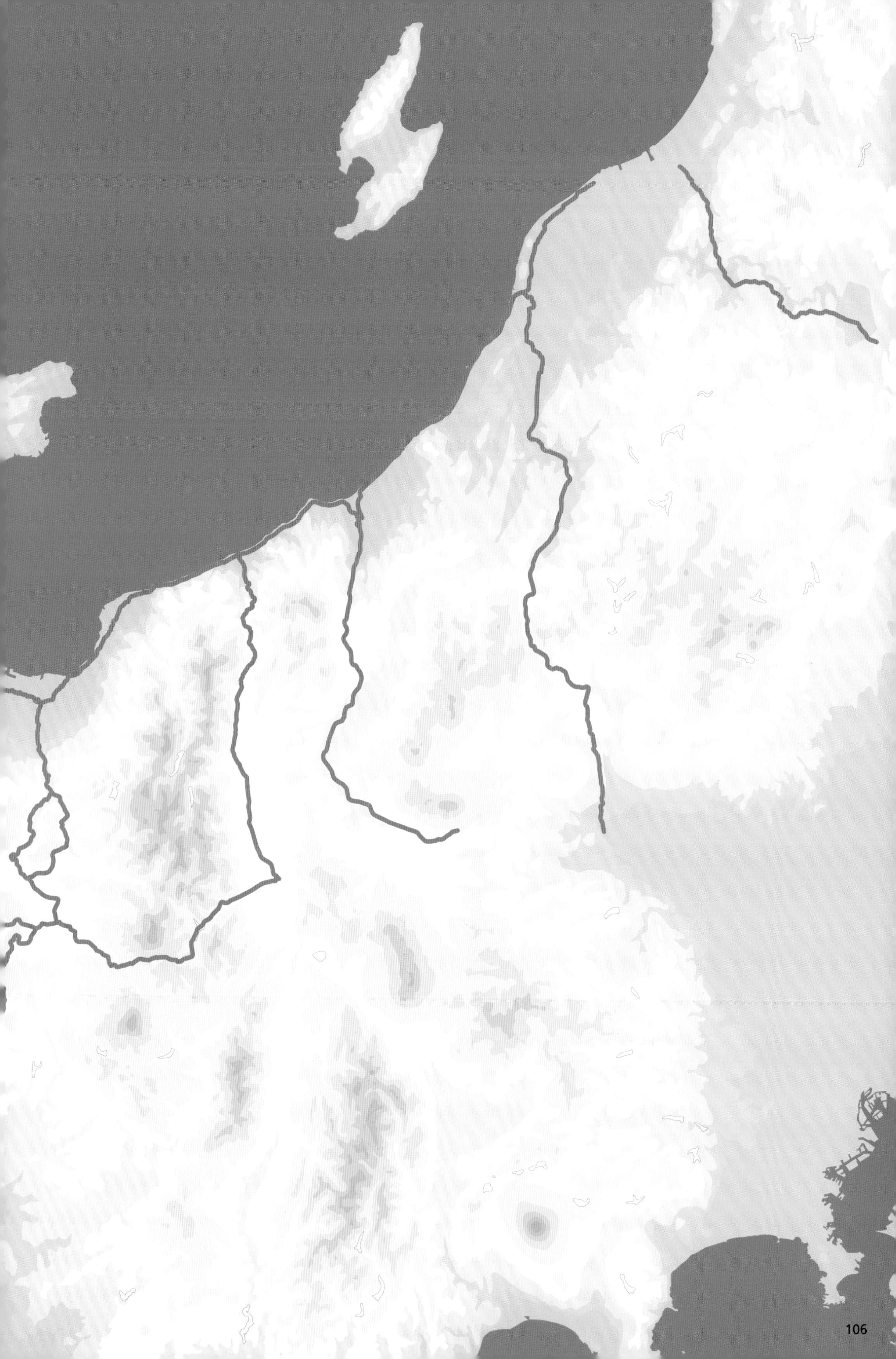

北陸の道

三国街道
北国街道
会津通り
北陸道
千国街道
飛驒街道

野麦街道
郡上街道
白川街道
塩硝街道
美濃街道

三国街道／北国街道

中山道から越後へ向かう

三国街道は、中山道の上野国高崎宿（群馬県高崎市）から越後国の長岡（新潟県長岡市）を結ぶ道。国道17号の道筋と重なる。越後諸藩の大名の参勤交代のほか、佐渡奉行・新潟奉行、佐渡送りの罪人の目籠や商人が通った。佐渡三道のひとつでありながら、御金荷の輸送は一度だけだったという。街道名の由来である三国峠は上野国と越後国の国境で、上野側の猿ヶ京には関所が設けられた。

北国街道は、信濃国の中山道追分宿（長野県北佐久郡軽井沢町）から越後国の高田（新潟県上越市）を結ぶ道。国道18号の道筋と重なる。米・塩・海産物などの物資や、佐渡金山の御金荷を江戸の御金蔵へ運ぶ佐渡三道のひとつ。

現在の三国峠には三国鉄橋がかかる

会津通り

金銀を運ぶ佐渡三道のひとつ

会津通りは、越後国の新発田（新潟県新発田市）から岩代国の若松（福島県会津若松市）を結ぶ道。国道49号の道筋と重なる。越後街道とも呼ばれた。村上藩、新発田藩の参勤交代の道で、佐渡金山の金銀を運ぶ佐渡三道のひとつ。越後方面からは塩や魚介類のほか上方の反物や茶が運ばれ、若松からは米や苧麻・陶器などの特産品が運ばれた。

北陸道

近江、越前、加賀、越中、越後を通る

北陸道は、越後国の新潟（新潟県新潟市）から近江国の中山道鳥居本宿（滋賀県彦根市）を結ぶ道。国道8号の道筋と重なる。律令時代から畿内と北陸方面を結んだ官道。江戸時代には加賀藩や富山藩などの参勤交代の道として利用された。

信濃川舟運の拠点かつ北前船の寄港地として発展した新潟から西へ進み、高田で北国街道と合流する。さらに糸魚川で千国街道と合流し、北陸道最大の難所親不知子不知を越えて、越中国（富山県）に入ると加賀藩が設置した境関所を通る。飛騨街道と合流する富山、商工都市として発展した高岡を経て、源平合戦の古戦場倶利伽羅峠を越えて、加賀国（石川県）に入る。能登へ通じる道の分岐点である津幡を通り、加賀百万石の城下町で、塩硝街道と合流する金沢へ。小松や大聖寺を抜けて越前国（福井県）に入ると、福井で美濃街道と合流。かつて越前国府のあった武生を通り、今庄で敦賀への道と分岐し、南下して栃ノ木峠を越えて近江国に入り、中山道の鳥居本宿へと至る。

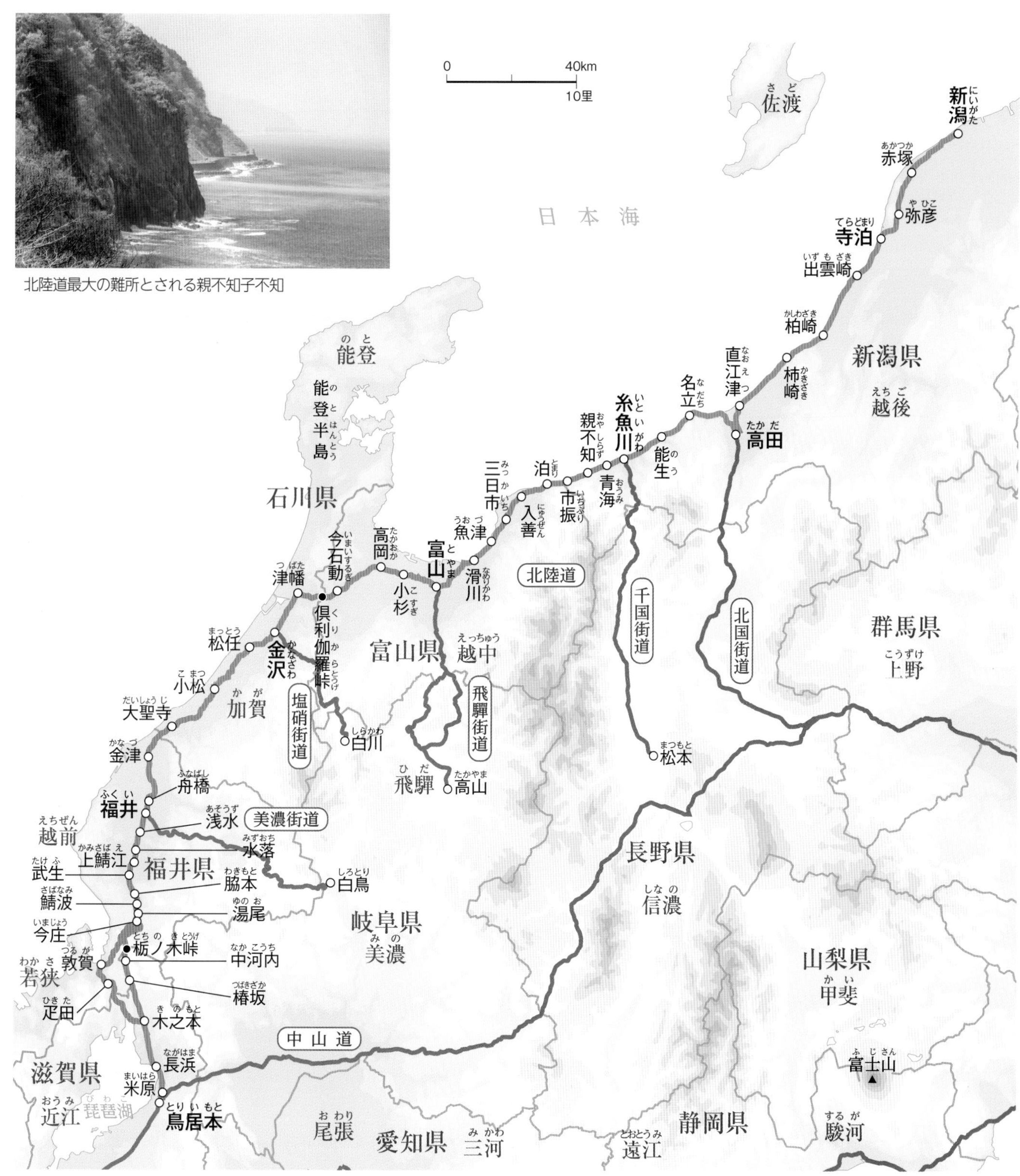

北陸道最大の難所とされる親不知子不知

千国街道

越後の塩を信州に運ぶ塩の道

千国街道は、越後国糸魚川（新潟県糸魚川市）から信濃国松本（長野県松本市）を結ぶ道。国道147号、国道148号の道筋と重なる。古くから庶民の生活を支えた道で、日本海の塩や海産物を内陸に運ぶ「塩の道」のひとつ。越後側からは塩のほか海産物が運ばれ、信濃側からは大豆や麻などが運ばれた。荷物の輸送は、夏は牛方が牛1頭につき2俵の塩俵を乗せて運び、冬は豪雪のため歩荷と呼ばれる人が数十kgの荷物を背負って歩いて運んだ。千国街道の中心的な宿場だった千国は、善光寺へ向かう道との分岐点であり、越後国との国境を控える地であったことから、取締りを行うために番所が置かれた。

復元された千国番所

飛騨街道／野麦街道

高山から越中、信濃へとのびる

飛騨街道は、越中国富山（富山県富山市）から飛騨国高山（岐阜県高山市）を結ぶ道。国道41号の道筋と重なる。越中街道とも呼ばれる。越中の蟹寺で分岐し、三川原を経由する道を越中西街道、船津を経由する道を越中東街道と呼んだ。富山湾で水揚げされたぶりが塩漬けされて運ばれたため、ぶり街道とも呼ばれる。

野麦街道は、飛騨国高山から信濃国松本（長野県松本市）を結ぶ道。国道158号と道筋が重なる。飛騨と信濃の国境である野麦峠を越えることからこの名で呼ばれた。野麦峠は北に乗鞍岳、南に御嶽山を望む難所で、特に冬は吹雪の遭難が相次いだため、「お救い小屋」が建てられた。

幕府の直轄地である高山に設けられた高山陣屋

郡上街道／白川街道／塩硝街道／美濃街道

飛騨や美濃と、北陸諸国を結ぶ道

郡上街道は、美濃国の中山道加納宿（岐阜県岐阜市）から飛騨国高山（岐阜県高山市）を結ぶ道。国道156号の道筋と重なる。長良川沿いを北上し、上有知、郡上藩の城下町八幡を経て、白山信仰の地・白鳥へ向かい、松ノ木峠を越えて高山へ至る。坂本峠を越える道もあった。上有知は美濃和紙、穀物、生糸、木綿などの物資の集散地で長良川の湊として発展した。

白川街道は合掌造りの集落白川郷へ至る

郡上街道は清流の街・郡上八幡へ続く

白川街道は、美濃国の八幡（岐阜県郡上市）から飛騨国白川（岐阜県大野郡白川村）を結ぶ道。国道156号の道筋と重なる。八幡から白鳥、荘川を経て世界遺産の白川郷へと至る。荘川から高山へ至る道も白川街道と呼ばれた。

塩硝街道は、白川から加賀国金沢（石川県金沢市）を結ぶ道。国道156号の道筋と重なる。越中の五箇山で生産された火薬の原料となる塩硝を運ぶ道で、加賀藩の厳重な管理下に置かれて国絵図にも記されなかった。五箇山の塩硝は幕末には質・量ともに日本一となり、船で上方へと出荷され、藩の財政を支えた。

美濃街道は、白鳥から越前国福井（福井県福井市）を結ぶ道。国道158号の道筋と重なる。越前街道とも呼ばれた。白山や永平寺へ向かう信仰の道。白鳥からは油坂峠を越えて越前に入り、花山峠を越えて足羽川沿いを行くと、曹洞宗大本山・永平寺や戦国時代朝倉氏の支配下にあった一乗谷を経て福井にたどり着く。

近畿の道

西近江路
若狭路
周山街道
丹波路

奈良街道
竹内街道
山の辺の道
伊賀街道

柳生街道
初瀬街道
伊勢本街道
高野街道
大和街道
紀州往還
熊野古道

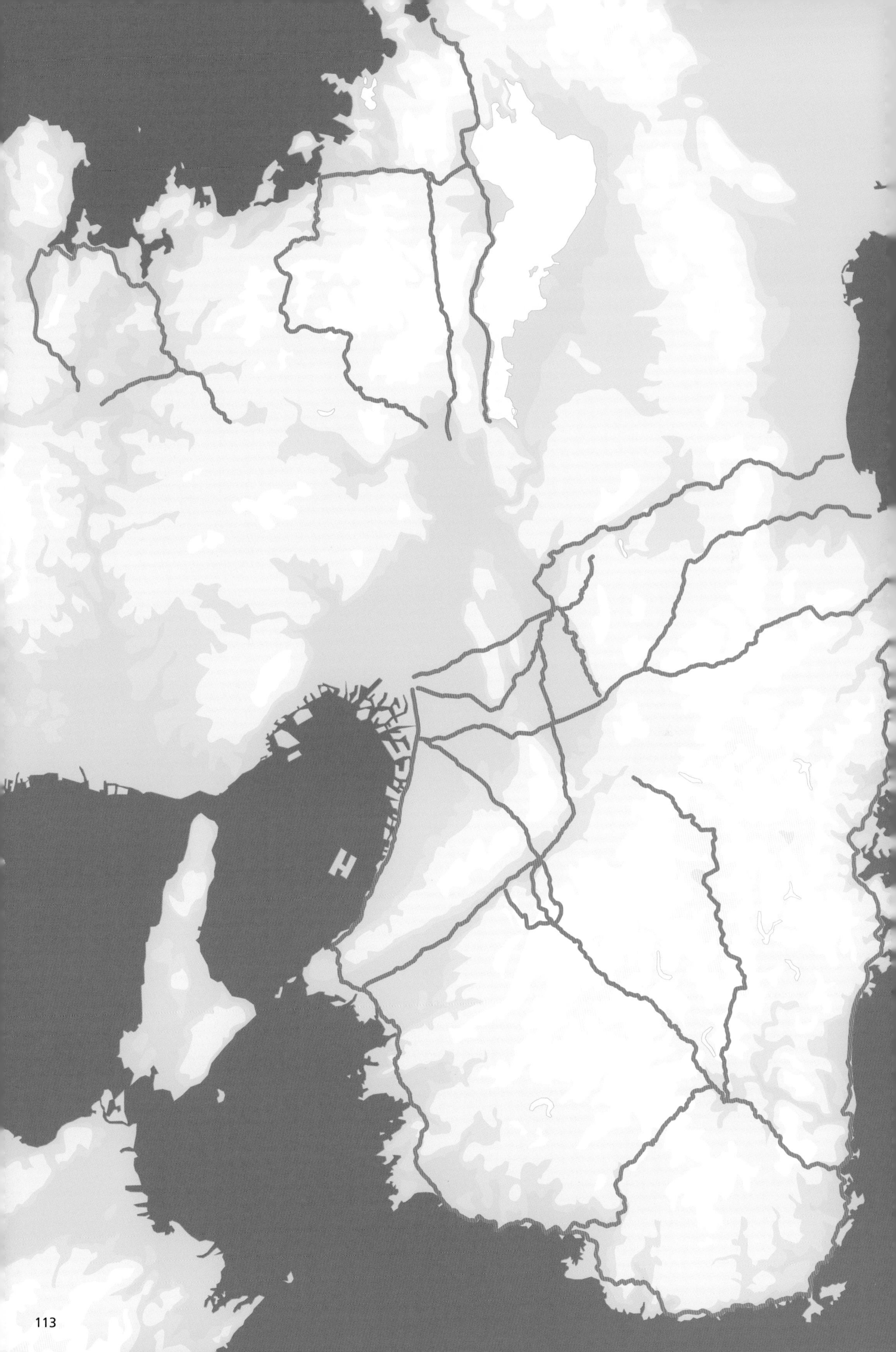

西近江路／若狭路／周山街道

若狭の海と京を結ぶ道

西近江路は、近江国の中山道大津宿（滋賀県大津市）から越前国の敦賀（福井県敦賀市）を結ぶ道。国道161号の道筋に重なる。琵琶湖西岸を南北に通る道で、古くから都と北陸を結ぶ道として利用された。壬申の乱や織田信長の朝倉攻めでは大軍がここを通っている。海津から敦賀は峠越えの山道で、その間が七里半（約30㎞）あったことから「七里半越」とも呼ばれた。

若狭路は、山城国の京（京都府京都市）から若狭国小浜（福井県小浜市）を結ぶ道。国道367号の道筋と重なる。通称「鯖街道」と呼ばれ、小浜で陸上げされた鯖が塩を打たれ、一昼夜で京都へ運ばれたことからこの名がついた。小浜は日本海側の重要港であり、京への物資輸送の起点として栄えた。また、物資の中継地として熊川などの宿場町が設けられ、鯖だけでなく、小鯛、鰺など鮮度の良い魚類が京へ運ばれた。

周山街道は、山城国の京・御室（京都府京都市右京区）から小浜を結ぶ道。国道162号の道筋と重なる。かつては一条街道とも呼ばれた。街道の名にもなっている周山は山城国から丹波国へと入った地で、京からは笠峠、栗尾峠を越えて入る。小浜から京へ鯖を運んだ「鯖街道」のひとつで、中川産地の銘木・北山杉を京に運ぶ道でもあった。北山杉は幹を垂直に育て不要な枝を取り除き、冬の寒風にさらし人の手で一本一本丁寧に磨き洗い上げるという職人技で仕上げられるもの。良質な材として、桂離宮や修学院離宮などに使われた。

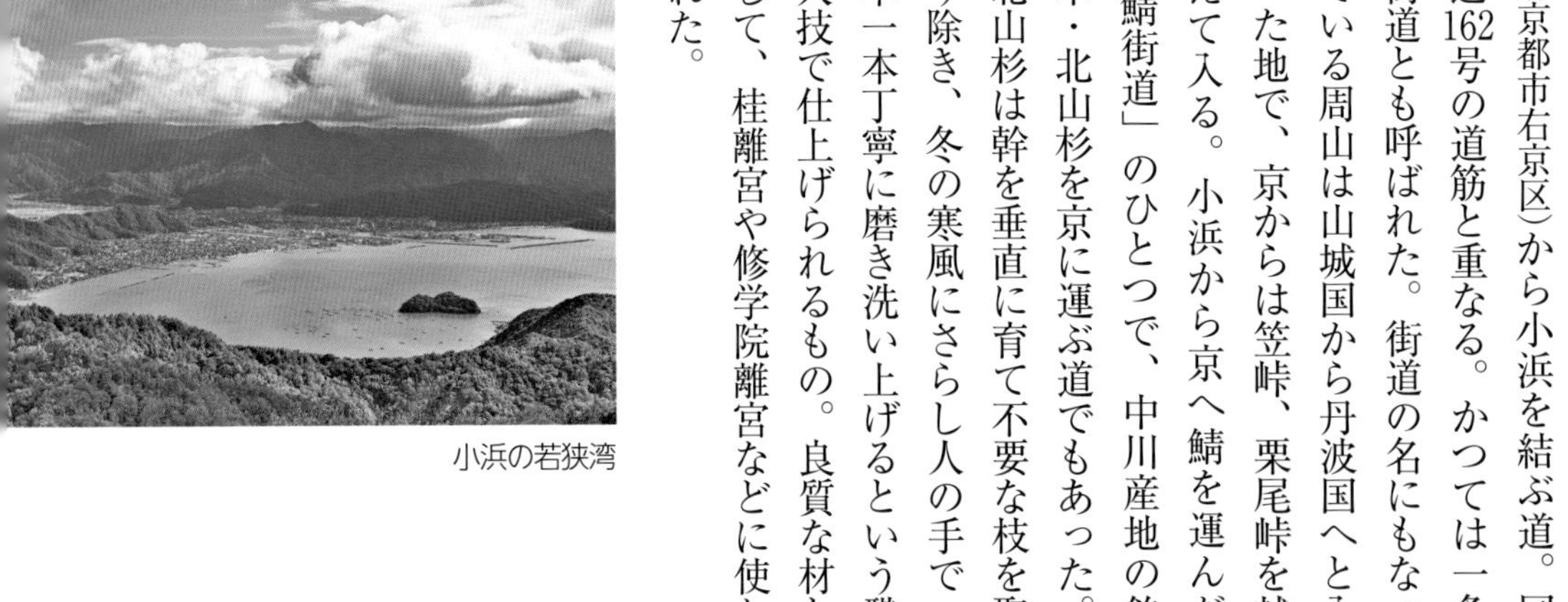

小浜の若狭湾

丹波路（たんばじ）

丹後方面と山陰道を結ぶ

丹波路は、丹後国宮津（京都府宮津市）から丹波国福知山（福井県敦賀市）を結ぶ道。国道176号の道筋と重なる。福知山から先の京丹波口まで、山陰街道と同じ道も丹波路と呼ばれたほか、宮津から舞鶴、山家を通り、檜山へと至る道を含むこともある。戦国武将明智光秀が整備した福知山から丹後国に入り、丹後ちりめんの産地として知られる加悦を通り、若狭湾沿いに進んでいくと、日本三景のひとつ天橋立を横目に見て、宮津へと至る。宮津は丹後国の国府が置かれた地で、現在も古い町並みが残る。

全長約3kmの砂嘴が続く天橋立

奈良街道（ならかいどう）

奈良と大坂を結ぶ古道

奈良街道は、大和国奈良（奈良県奈良市）から摂津国大坂、難波（大阪府大阪市）を結ぶ道。この道にはふたつの道があり、生駒山地の暗峠（くらがりとうげ）を経由して大坂へ入る暗越奈良街道（国道308号と道筋が重なる）と、竜田山を通る竜田越奈良街道（国道25号の道筋が重なる）がある。近世は奈良と大坂を最短距離で結ぶ暗越奈良街道がよく利用され、峠を上りきった旅人が休憩する宿屋や茶店が軒を連ねたほか、郡山藩の本陣が置かれた。また、庶民の伊勢参りの道としても利用された。竜田越奈良街道は飛鳥時代や奈良時代に利用され、難波京と平城京をつなぐ道として重用された。なお、竜田山という名称の山は残っていないが、信貴山の南にあったとされている。

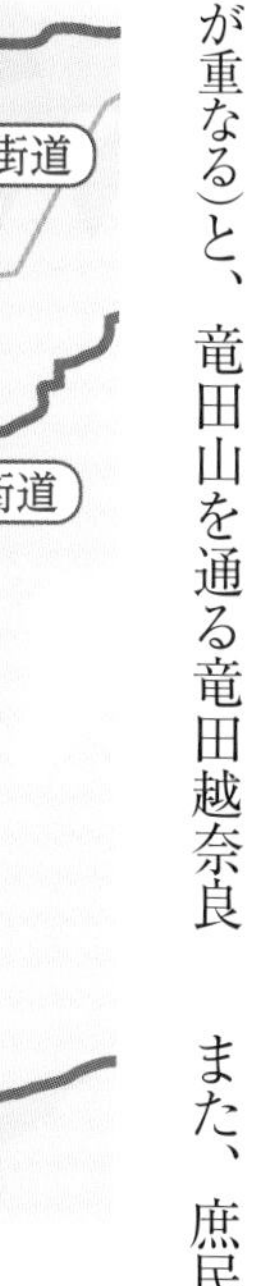

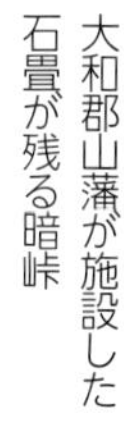

大和郡山藩が施設した石畳が残る暗峠

竹内街道（たけのうちかいどう）

大陸の文化を伝えた日本最古の官道

竹内街道は、大和国の桜井（奈良県葛城市）から和泉国堺（大阪府堺市）を結ぶ道。国道166号の道筋と重なる。二上山南側の竹内峠を越えて、大和と河内・和泉を結んだ日本最古の官道のひとつで、かつては幅30mの大道だったとされる。難波津の港に上陸した中国や朝鮮の使節団とともに、最新の技術や文化、仏教などがもたらされ、この道を通って大和へ伝わった。街道沿いには応神天皇陵や百舌古墳群があり、用明天皇、推古天皇、孝徳天皇の古墳が点在する「王陵の谷」や、聖徳太子の墓所とされる場所がある。都が飛鳥から藤原京に遷都してもこの道は維持された。江戸時代には、西国巡礼や伊勢詣や當麻寺詣などが盛んになり、大勢の参詣客がこの道を利用した。

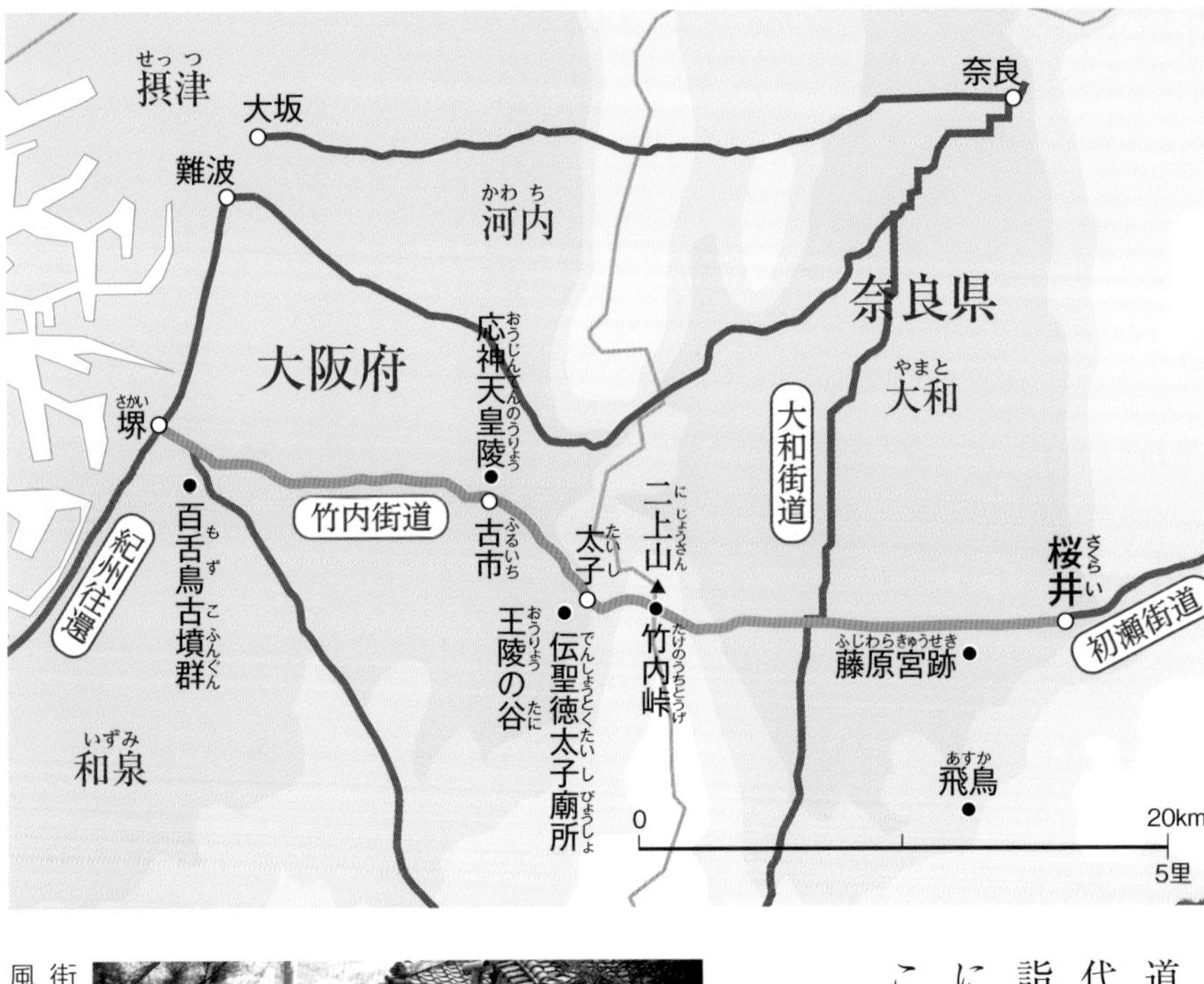

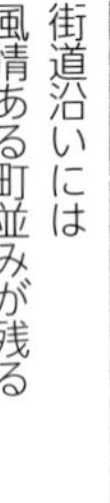
街道沿いには風情ある町並みが残る

山の辺の道（やまのべのみち）

古代、万葉の世界が息づく最古の道

山の辺の道は、大和国桜井の海柘榴市（奈良県桜井市）から奈良の春日山の麓（奈良県奈良市）を結ぶ道。日本最古の道のひとつとされ、すでに4世紀には利用されていたという。奈良盆地東南の三輪山の麓に沿って進む道で、『古事記』『日本書紀』ゆかりの地名や『万葉集』の歌に登場する地が多く残る。桜井の海柘榴市から三輪山を右手に仰ぎながら、三輪山をご神体とする大神神社を通過する。箸墓古墳や景行天皇陵、崇神天皇陵などの遺跡、弘法大師創建の長岳寺、『日本書紀』にも記される石上神宮を経て、奈良の中心部へと入り、春日大社のある春日山へと向かう。西側に上ツ道ができると山の辺の道は徐々に利用されなくなり、幹線道路としての役割は終えたとされる。

神の降臨する山と信仰を集めた三輪山

伊賀街道／柳生街道

奈良と伊勢、柳生を結ぶ道

伊賀街道は、伊勢国の津（三重県津市）から大和国奈良（奈良県奈良市）を結ぶ道。国道163号と道筋が重なる。奈良から山城国に入り、伊賀国上野を経由して伊勢国に入る。古くは西から伊勢神宮へ向かう道として利用されていたが、藤堂高虎が伊勢・伊賀両国に入封してからは、本城を津に、支城を上野に構え、ふたつを結ぶ街道として整備された。

柳生街道は、大和国奈良から柳生（いずれも奈良県奈良市）を結ぶ道。春日山と高円山の間の能登川沿いを経て、石切峠を越えて、滝坂道と呼ばれる石畳の山道を行く。この沿道には、江戸時代の剣豪・荒木又右衛門が試し斬りをしたと伝わる首切地蔵や、寝仏・夕日観音など多くの石仏が残る。名刹・円成寺のある忍辱山、急坂の続く阪原峠を経て柳生藩の本拠地・柳生に至る。

柳生街道滝坂道の首切地蔵

初瀬街道

長谷寺への参詣者が通る

初瀬街道は、大和国桜井（奈良県桜井市）から伊勢国の松阪（三重県松阪市）を結ぶ道。国道165号と道筋が重なる。古くは西国三十三ヶ所第八番札所の長谷寺、伊勢神宮の参詣者に利用されていた。道中には女人高野で知られる室生寺や名勝・赤目四十八滝があり、街道一の難所・青山峠を越えると三井、長谷川家などの伊勢商人を輩出した松阪に入る。松阪は初瀬街道と東海道から伊勢神宮へ至る伊勢路が合流する交通の要衝であった。また、丈夫で粋な柄の松阪の伊勢木綿は江戸時代に大流行。松阪出身の国学者・本居宣長の生家も木綿問屋を営んでいた。松阪から南東へ進むと、江戸庶民が「一生に一度は伊勢参り」と憧れた伊勢神宮へ至る。

桜が咲き誇る長谷寺

伊勢本街道（いせほんかいどう）

大和と伊勢を最短で結ぶ参詣道

0　20km　5里
奈良
伊賀
初瀬街道
奈良県
三重県
伊勢湾
伊勢
海石榴市
榛原
奥津
多気
大石
山田
桜井
伊勢本街道
大和
田丸
伊勢神宮
志摩

伊勢本街道は、大和国桜井（奈良県桜井市）から伊勢国山田（三重県伊勢市）を結ぶ道。古代より西から伊勢神宮へと向かう道として利用され、東国へと通じる道のひとつとしても重視された。奈良時代には初瀬街道が利用され、平安時代には鈴鹿峠を越える伊勢神宮への道が主流となると、一時衰退した。室町時代に北畠氏が多気に館を構えるとこの街道は活気づくようになり、江戸時代には、大坂や和歌山方面からの伊勢参詣者が利用するようになった。大和から伊勢への最短ルートだが険しい山道が多く、「おいせまいりして こわいとこどこや かいさか（飼坂） ひっさか（櫃坂） くらとりざか（鞍取坂）」とその険しさが謳われた。

多気の北畠氏館跡庭園

高野街道（こうやかいどう）

高野山参詣に使われる道

高野街道は、和泉国堺（大阪府堺市）から高野山（和歌山県伊都郡高野町）を結ぶ道。堺から河内長野へ出て、紀見峠を越えて紀伊国へ。紀の川の船着き場として発展した橋本にたどり着く。ここから高野山へのルートはいくつかあるが、慈尊院のある高野口へ出て、一町（約109m）ごとに石造の卒塔婆が立つ町石道と呼ばれる道がよく知られる。高野山は真言宗の開祖である弘法大師・空海が建立した金剛峯寺があり、高野山全域が境内地となっている。さらに奥之院へ進むと20万基余の墓石や供養塔があり、織田信長、豊臣家、徳川家ら有名武将などの墓所が数多く立ち並んでいる。

石造りの卒塔婆が立つ高野山町石道

大和街道

紀伊と大和を結ぶ道

大和街道は、大和国奈良（奈良県奈良市）から紀伊国和歌山（和歌山県和歌山市）を結ぶ道。国道370号の道筋と重なる。明日香を南下し紀ノ川の水運を担った宿場町の五條へ出る。さらに塩の市で栄えた橋本を経て、西国三十三ヶ所第三番札所の粉河寺、鉄砲の武装僧兵集団「根来衆」で有名な根来寺を通り、徳川御三家のひとつ・紀州徳川家の城下町・和歌山へ至る。大和街道は初代紀州藩主・徳川頼宣の入封により整備され、参勤交代に利用された。また、橋本は高野街道とも交わるため、高野山参詣者が通ったほか、紀州方面からの伊勢参詣の道としても利用された、信仰の道であった。

広大な寺域を有する根来寺

紀州往還

大坂湾沿いに紀州と大坂を結ぶ

紀州往還は、摂津国の今宮（大阪府大阪市浪速区）から紀伊国和歌山（和歌山県和歌山市）を結ぶ道。古くから、大坂湾沿いに大坂と紀州をつなぐ道として使われた。大坂の南の玄関口今宮から、秀吉が立ち寄ったことに由来する天下茶屋を経て、竹内街道と交わる堺へ至る。さらに南下すると300年の歴史を持つ「だんじり祭り」で有名な岸和田藩城下の岸和田、貴族に愛用された近木櫛の産地である貝塚を経て、孝子峠を越えて紀伊国へ。さらに紀ノ川を渡ると、紀州徳川家の城下町がある和歌山へたどり着く。紀州藩は当初、大和街道を参勤交代で利用していたが、城下町の整備が完了した江戸時代中期からは、紀州往還を利用するようになった。

紀州徳川家の居城・和歌山城

熊野古道（大辺路、中辺路、小辺路、伊勢路、大峯奥駈道）

熊野三山へと向かう信仰の道

熊野古道は、熊野三山（熊野本宮大社・熊野那智大社・熊野速玉大社）への参詣路。古くから霊場としての熊野三山は成立していたが、信仰が盛んになったのは平安時代後期頃。宇多法皇の参詣をきっかけに貴人による熊野詣がはじまり、平安時代末期から鎌倉時代初期にかけては、白河、鳥羽、後白河、後鳥羽の四上（法）皇による盛大な熊野御幸が行われた。以降、貴人だけではなく民衆にも熊野参詣が広まり、各地から熊野へ通じる道が整備された。

中辺路は紀伊国田辺（和歌山県田辺市）から熊野本宮を目指し、さらに熊野那智大社や熊野速玉大社を目指す道。熊野参詣の道の主要ルートで、熊野御幸でも使われた。田辺から塩見峠を越えて林間の山道を抜けるように進む。滝尻王子や近露王子など、途中にある社を参拝しながら、熊野本宮大社へ。そこから熊野速玉大社へは熊野川を舟で下り、さらに熊野那智大社へ向かうというルートをとるのが多かったようだが、山道をたどる場合もあったという。

大辺路は紀伊国田辺（和歌山県田辺市）から那智（和歌山県東牟婁郡那智勝浦町）を結び、熊野三山を目指す道。主に、大坂などからの参詣客が和歌山を経由して田辺に至り、海沿いに那智勝浦を目指す。大辺路は四十八坂といわれるほど坂が多く、那智までの距離も中辺路より長いため、使う人は少ない。枯木灘や熊野灘などの景色を楽しみながら、時間をかけて熊野を目指す旅人に利用された。

このほかに、高野山（和歌山県伊都郡高野町）から熊野本宮大社を結ぶ小辺路、伊勢国の伊勢神宮（三重県伊勢市）から熊野三山へ通じる伊勢路、金峯山寺のある大和国吉野（奈良県吉野郡吉野町）から熊野本宮大社を結ぶ大峯奥駈道が熊野古道に含まれる。

熊野那智大社近くの中辺路・大門坂

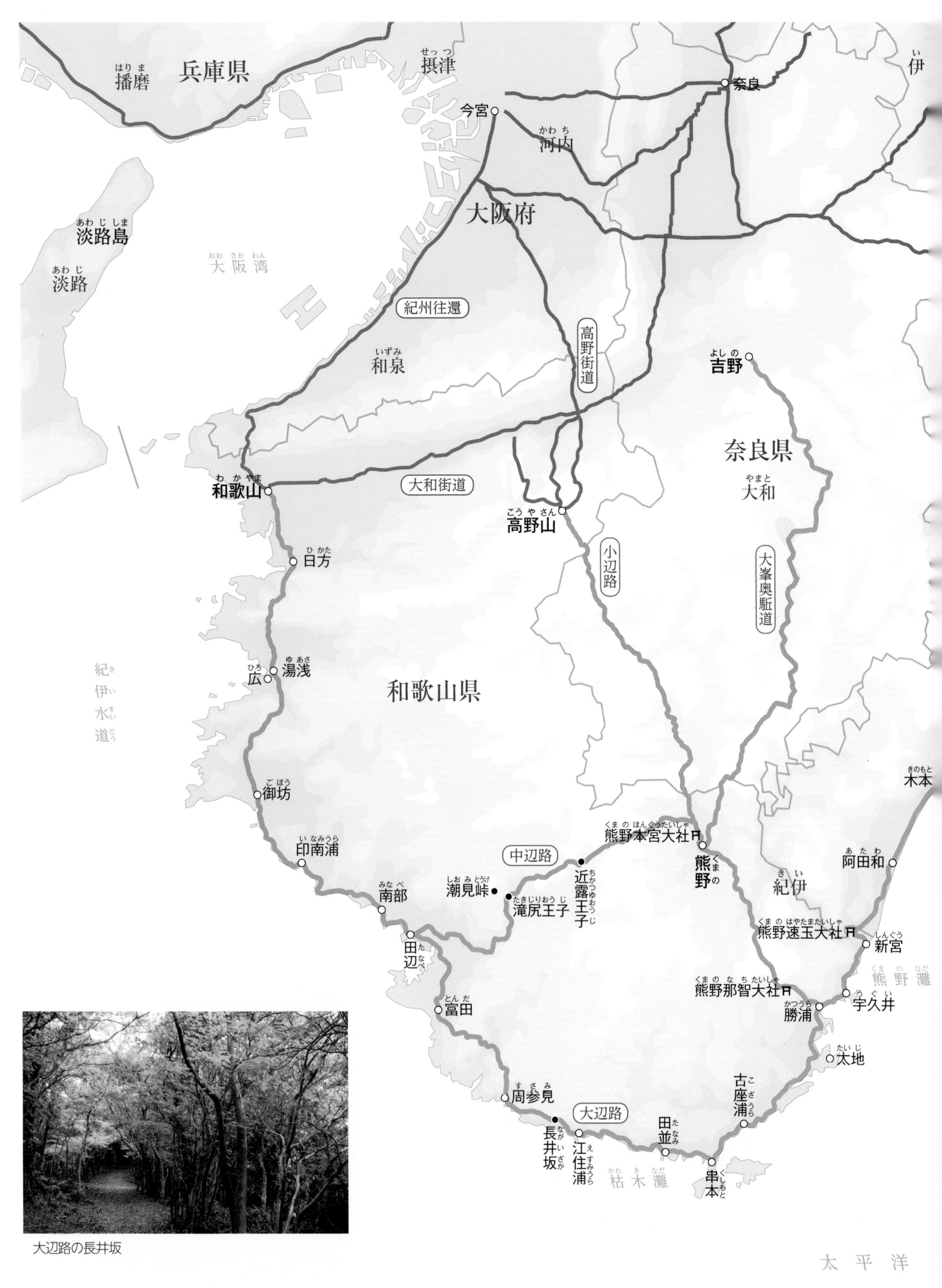

播磨
兵庫県
摂津
奈良
今宮
伊
河内
大阪府
淡路島
大阪湾
淡路
紀州往還
和泉
高野街道
吉野
奈良県
大和街道
和歌山
大和
高野山
日方
小辺路
大峯奥駈道
湯浅
広
紀伊水道
和歌山県
木本
御坊
熊野本宮大社
印南浦
中辺路
熊野
阿田和
近露王子
潮見峠
紀伊
南部
滝尻王子
熊野速玉大社
新宮
田辺
熊野灘
熊野那智大社
宇久井
富田
勝浦
太地
周参見
古座浦
大辺路
長井坂
江住浦
田並
串本
枯木灘
太平洋
0
40km
10里

大辺路の長井坂

山陰街道
西国街道（山陽道）
出雲往来

中国の道

智頭街道
東城往来
石見銀山街道
萩往還
北浦街道

山陰街道

険しい道を越えて山陰地方を貫く

山陰街道は山城国の京(京都府京都市)から周防国の小郡(山口県山口市)を結ぶ道。国道9号の道筋と重なる。一部は丹波街道、篠山街道などとも呼ばれていた。

山陽道と同じく、律令制化で整備された官道で、出雲とつながる道として重視されていたが、峠道をいくつも越える険しい道が続き、江戸時代は主要街道ではなく、参勤交代で利用したのは出石藩など少なかった。

京七口のひとつ丹波口から樫原を経て、かつて大江坂と呼ばれた老ノ坂を越えて丹波国(京都府)へ。丹波亀山藩の城下町亀山(京都府亀岡市)、福知山藩の城下町福知山を経て、丹後国(京都府)に続く丹波路と別れたのち、但馬国(兵庫県)に入り和田山(兵庫県朝来市)に至る。さらに西進し、八井谷峠や春来峠を抜け、蒲生峠を越えて因幡国(鳥取県)へ。池田氏鳥取藩32万石の城下町の鳥取(鳥取県鳥取市)で智頭街道と合流し、西進して湊町として繁栄した泊(鳥取県東伯郡湯梨浜町)の手前で伯耆国(鳥取県)に入る。日本海沿いに進み、商都として栄えた米子で東城往来や出雲往来と合流し、出雲国(島根県)へ。さらに、出雲大社へと続く今市を経て石見国(島根県)へ。石見銀山に通じる江津や湊町として栄えた浜田を経て、野坂峠を越えて周防国へ。かつて大内氏が隆盛した西の京・山口を通り、小郡で西国街道と合流する。全長約600km、35の宿場を経る。

山陰側から仰ぎ見る大山

西国街道(山陽道)

古代より西と京を結んだ大路

西国街道は山城国の京(京都府京都市)と長門国赤間関(下関。山口県下関市)を結ぶ道。国道2号の道筋と重なる。京から摂津国西宮までは山崎街道(唐街道)とも呼ばれていた。

古くは九州の大宰府と都を結んだ山陽道。9世紀までには51の駅(宿泊・休憩・厩舎などの施設)が設置され、最大幅20mにもなる大道が整備された官道だった。大陸との玄関口である大宰府に通じる道は、先進文化が都へと伝わる道でもあり、朝鮮や中国の外交使節も往来した。江戸時代には主要街道とはされなかったものの、東海道より先を結ぶ道として道や宿場が整備され、西国の大名の参勤交代に用いられた。

京から摂津国西宮(兵庫県西宮市)を経由し、湊として栄えた兵庫を経ると、大蔵谷(兵庫県明石市)で播磨国へ。さらに出雲往来が分岐する姫路(兵庫県姫路市)を経て難所として知られる船坂峠に向かう。ここは備前国(岡山県)との国境でもあり、古くは和気関が置かれた交通の要地だった。備前国最初の宿である三石や備前焼の産地伊部(いんべ)(ともに岡山県備前市)などを経て、岡山を西進すると板倉(岡山県岡山市)で備中国へ入る。東城往来と交わる七日市(岡山県岡山市)を経て神辺(岡山県津山市)で備後国に入り、瀬戸内海水運で栄えた尾道(広島県尾道市)を経て、本郷で安芸国へ。広島藩の城下町広島を経て、関戸(山口県岩国市)で周防国に入り、宮市(山口県防府市)で萩往還と交わりながら、山中(山口県宇部市)で長門国へ入り、赤間関へと至る。全長約550km、46の宿場を経る。

西国街道12番目の宿・姫路に立つ姫路城

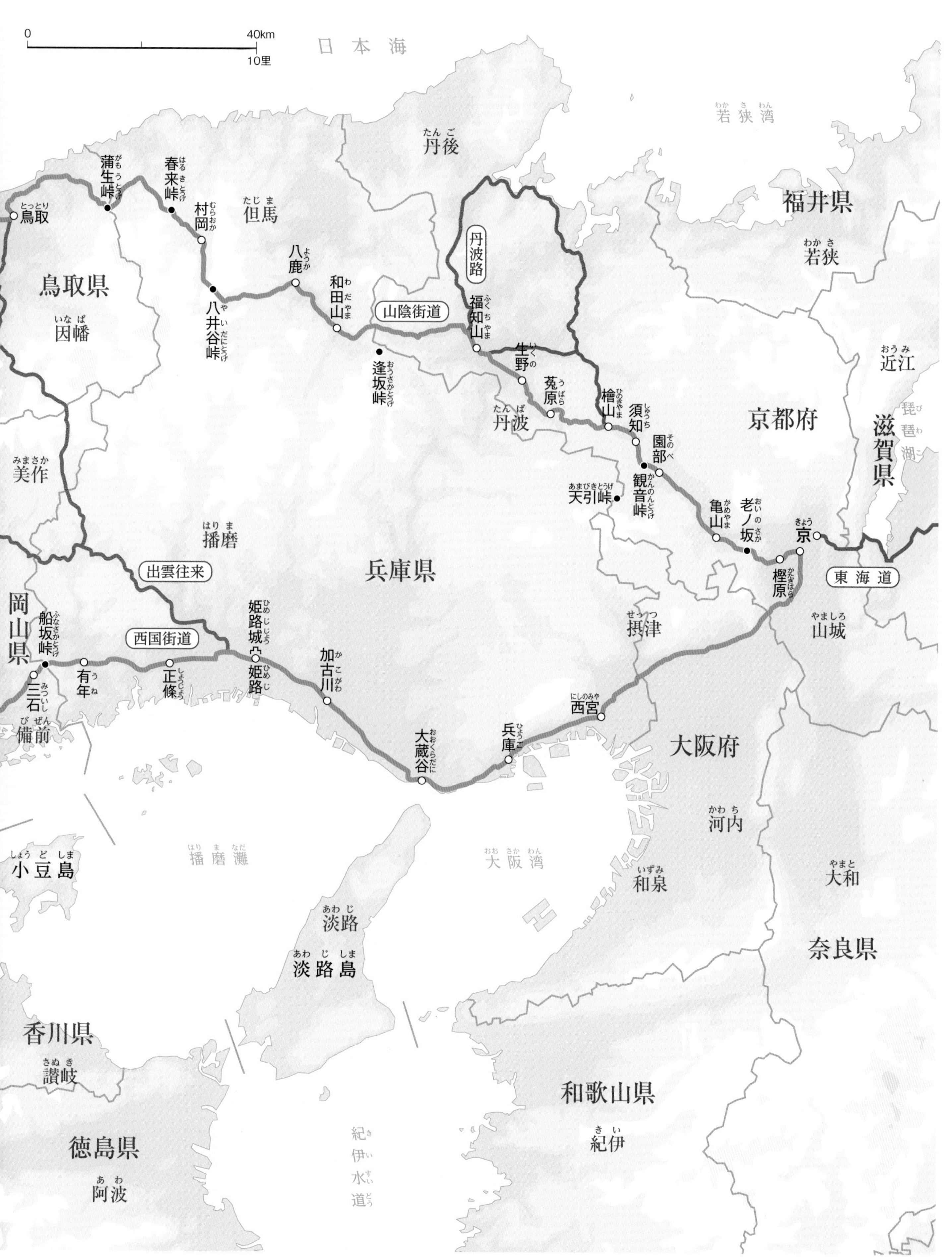

0
40km
10里
日本海
若狭湾
丹後
福井県
若狭
蒲生峠
春来峠
村岡
但馬
鳥取
丹波路
鳥取県
因幡
八鹿
和田山
山陰街道
福知山
八井谷峠
逢坂峠
生野
近江
苑原
檜山
須知
京都府
丹波
滋賀県
琵琶湖
美作
園部
観音峠
天引峠
亀山
老ノ坂
京
播磨
出雲往来
兵庫県
樫原
東海道
岡山県
船坂峠
姫路城
西国街道
摂津
山城
加古川
有年
正條
姫路
三石
西宮
備前
大阪府
兵庫
大蔵谷
河内
小豆島
播磨灘
大阪湾
和泉
大和
淡路
淡路島
奈良県
香川県
讃岐
和歌山県
紀伊水道
紀伊
徳島県
阿波

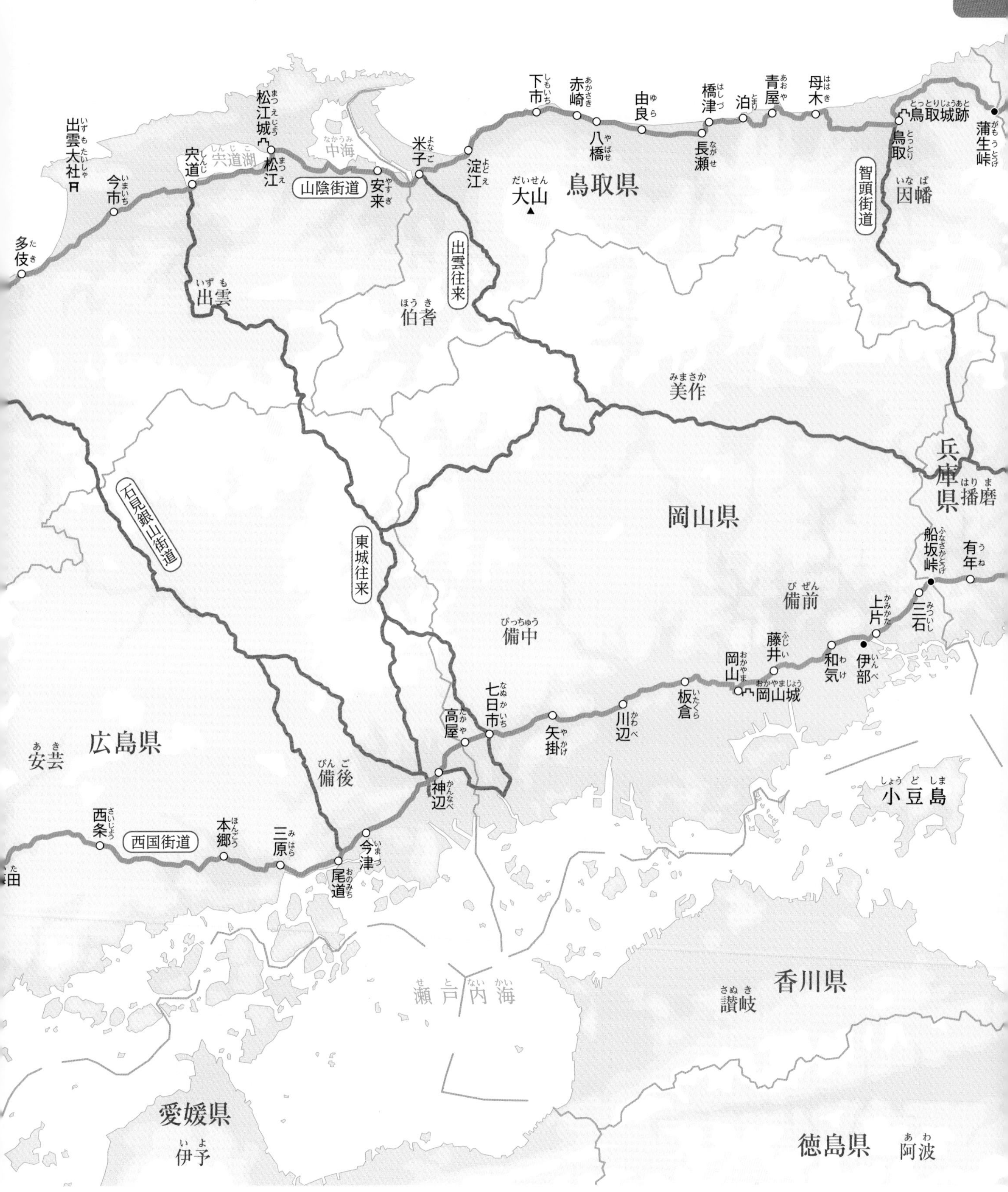
0
40km
10里
日本海
出雲大社
松江城
宍道湖
中海
宍道
松江
米子
安来
山陰街道
今市
多伎
出雲
淀江
大山
鳥取県
出雲往来
伯耆
下市
赤崎
八橋
由良
長瀬
橋津
泊
青屋
母木
鳥取城跡
鳥取
蒲生峠
智頭街道
因幡
美作
兵庫県
播磨
岡山県
石見銀山街道
東城往来
船坂峠
有年
備前
上片
三石
備中
藤井
和気
伊部
岡山
岡山城
板倉
川辺
矢掛
七日市
高屋
神辺
広島県
安芸
備後
小豆島
西条
西国街道
本郷
三原
今津
尾道
瀬戸内海
香川県
讃岐
愛媛県
伊予
徳島県
阿波

西国街道18番目の宿・矢掛の町並み

山陰街道27番目の宿・宍道の八雲本陣

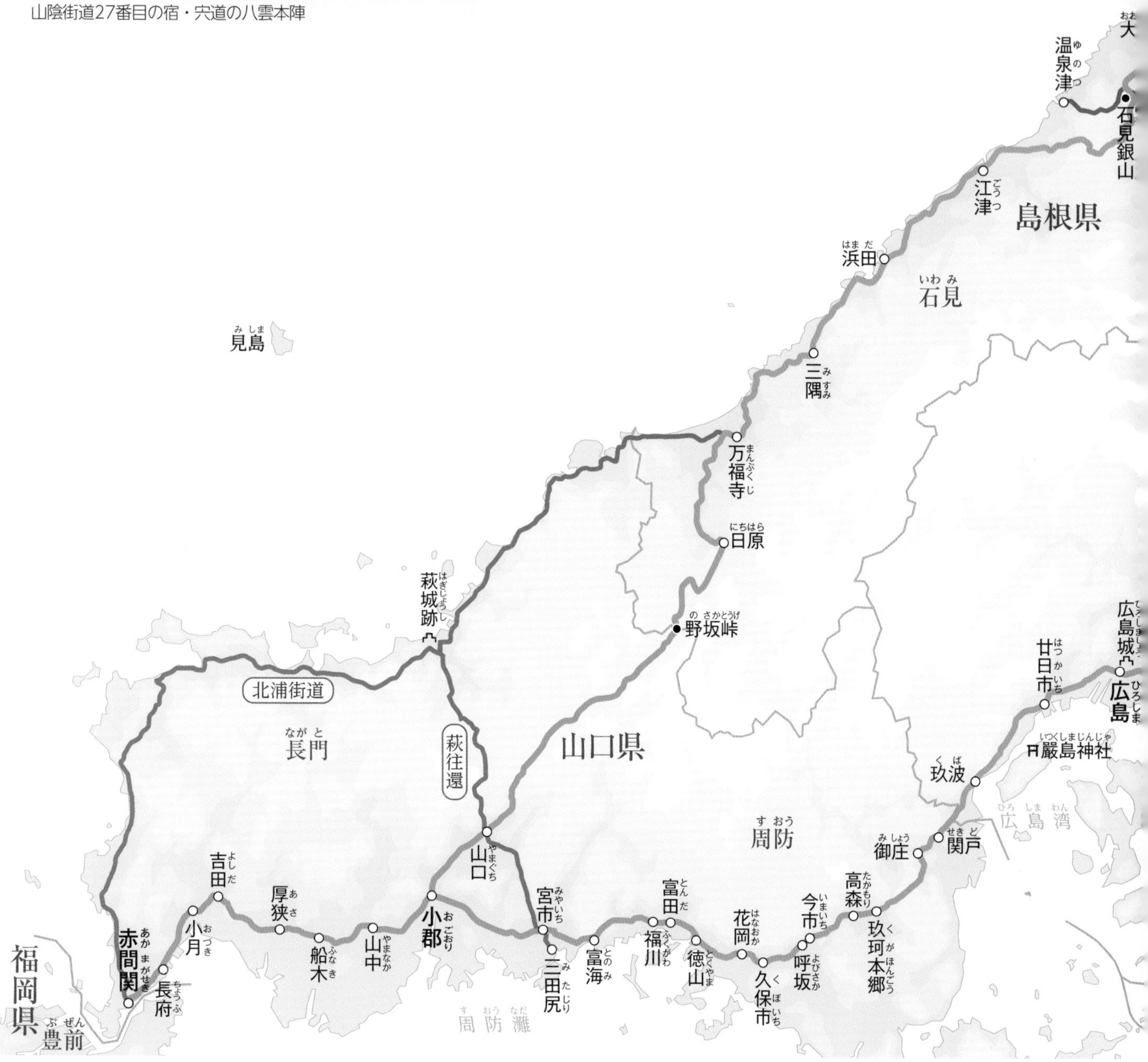

大
温泉津
石見銀山
江津
島根県
浜田
石見
見島
三隅
万福寺
日原
萩城跡
野坂峠
広島城
廿日市
広島
北浦街道
長門
萩往還
山口県
厳島神社
玖波
周防
広島湾
山口
関戸
御庄
吉田
厚狭
宮市
富田
高森
今市
小月
小郡
福川
花岡
玖珂本郷
赤間関
山中
船木
富海
徳山
呼坂
福岡県
長府
三田尻
久保市
豊前
周防灘

出雲往来／智頭街道

西国街道と山陰道をつなぐ

出雲往来は、播磨国の西国街道姫路（兵庫県姫路市）から伯耆国の山陰街道米子（島根県松江市）を結ぶ道。国道179号と道筋が重なる。古くから出雲と畿内を結んできた道。津山藩主・森忠政が津山城の築城と城下町の整備したのにともない、美作国（岡山県）の主要な往来に一里塚を築き、出雲往来が整備された。津山藩のほか、松江藩、広瀬藩、勝山藩などが参勤交代に出雲往来を利用した。

智頭街道は、因幡国の山陰道鳥取（鳥取県鳥取市）から播磨国の佐用（兵庫県佐用郡佐用町）を結ぶ道。国道53号の道筋と一部重なる。鳥取から千代川に沿って南下し智頭宿を経て、美作国との国境の志戸坂峠を越えて佐用へ。ここで出雲往来と合流する。鳥取藩の参勤交代に利用され、上方往来、京街道とも呼ばれた。街道名の智頭宿は鳥取藩最大の宿場町で、鳥取藩の本陣が置かれた。

往時の面影を残す智頭宿の石谷家住宅

東城往来

中国地方の商都・東城へ通じる道

東城往来は、備後国東城（広島県庄原市）を中心に、出雲国宍道（島根県松江市）、美作国高田（岡山県真庭市）、備中国笠岡（岡山県笠岡市）、備後国福山（広島県福山市）などを結ぶ道。日本海と瀬戸内海とのほぼ中間に位置する東城は山陰と山陽をつなぐ交通の要衝で、中国地方各地の物資が集まる場所。特に、「東城、西城くろがねどころ」と謳われた鉄の集散地で、鉄問屋や鍛冶屋も多く軒を連ねたという。鉄の輸送は馬や牛が使われたというが、大量の輸送を行う際には備中国の成羽に集められ、高梁川からは舟で玉島に運び、さらに瀬戸内海から各地へ運ばれた。また、日本海や瀬戸内海の塩や海産物も集まったほか、備中松山や備後福山の木綿商人も往来し、中国地方の山中にあって東城は大きく賑わったという。

今も古い町並みが残る東城

石見銀山街道

石見の銀の輸送路

石見銀山街道は、石見国の大森（島根県大田市）から西国街道の備後国尾道（広島県尾道市）や備中国笠岡（岡山県笠岡市）、さらに石見国温泉津（島根県大田市）なども結ぶ道。幕府直轄領の石見銀山で産出された銀の輸送路として発達した道で、大森からそれぞれの道を経て、湊から舟で大坂へ運ばれる。毎年初冬には銀の輸送のために、馬約300匹・人夫約400人が近隣の農村から動員されたという。大森は銀山川沿いの谷間に発展した鉱山町で、南北約3kmに渡って伝統的な赤瓦の木造建築の集落があり、武家・商家・寺院など様々な職業の人々が混在して町を形成していた。

石州瓦が美しい大森の町並み

萩往還／北浦街道

長州藩の往来を支えた道

萩往還は長門国の萩（山口県萩市）と西国街道の周防国三田尻（山口県防府市）を結ぶ道。国道262号の道筋と重なる。毛利氏長州藩の城下町である萩から西国街道を結ぶ道で、長州藩の参勤交代に用いられたほか、日本海の萩湊と瀬戸内海の中関湊を結ぶ役割もあり、物資の往来も多かった。幕末の維新の志士が通った道としても知られ、吉田松陰にまつわる史跡などが残される。

北浦街道は萩と長門国の赤間関（下関。山口県下関市）を結ぶ道。国道191号の道筋と重なる。萩から日本海沿いに進む道で、西廻海運の寄港地として繁栄した瀬戸崎などを経由する。萩から赤間関に向かうには、秋吉を通る中道筋や俵山を通る北道筋もあったという。

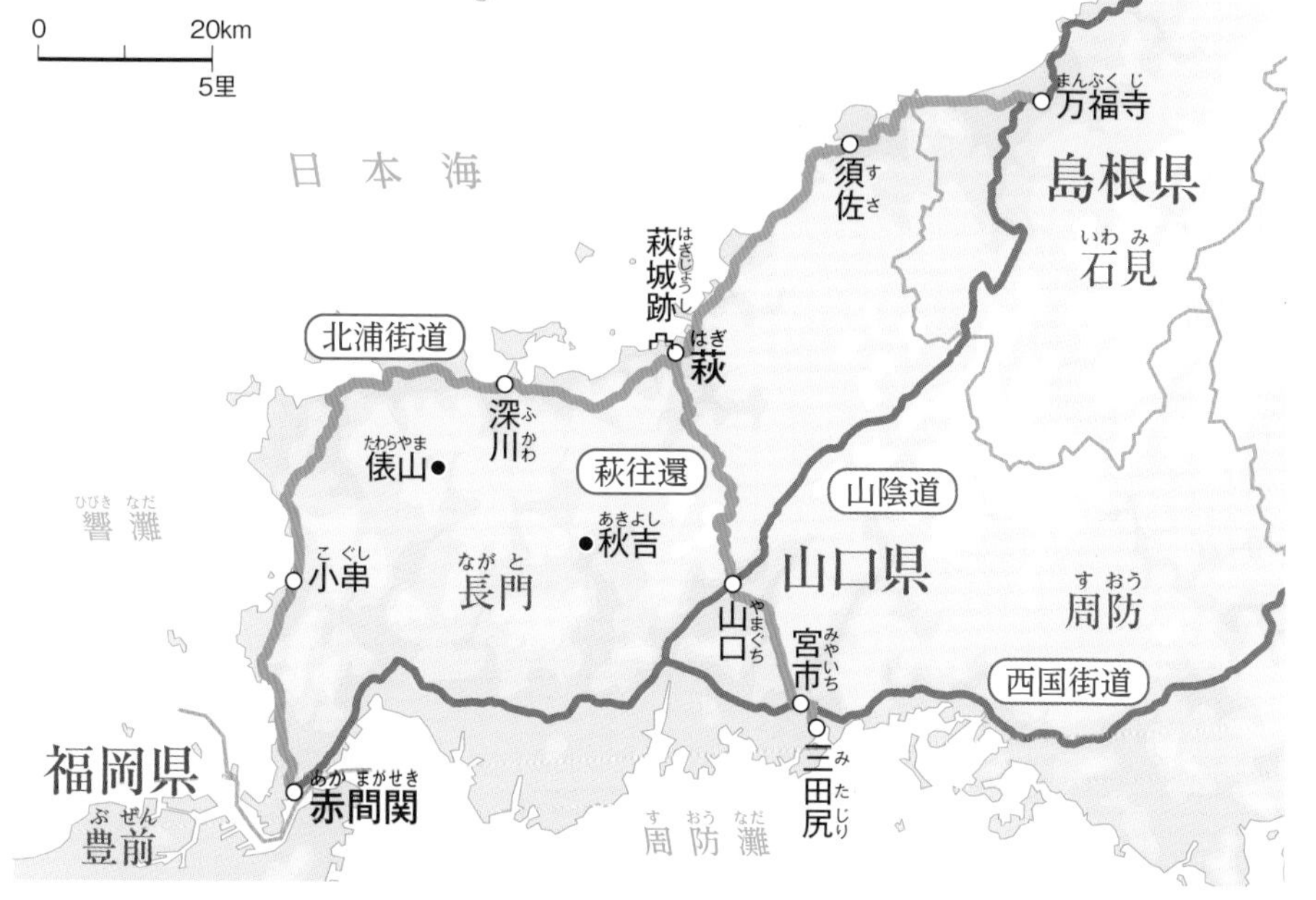

萩往還に立つ吉田松陰像（中央）

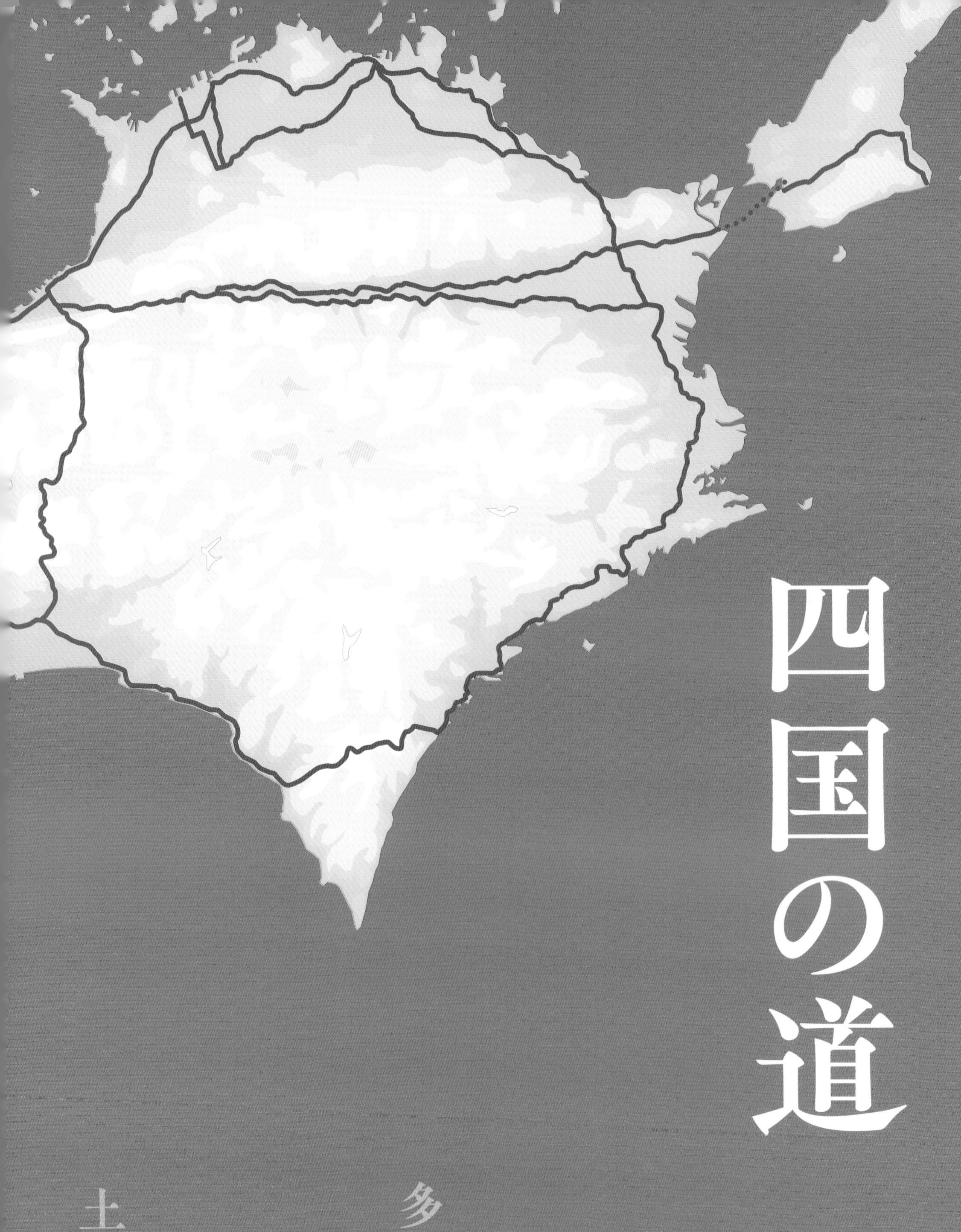

四国の道

志度街道
長尾街道
伊予街道
撫養街道
高松街道
丸亀街道
多度津街道
讃岐街道
小松街道
今治道
土佐北街道

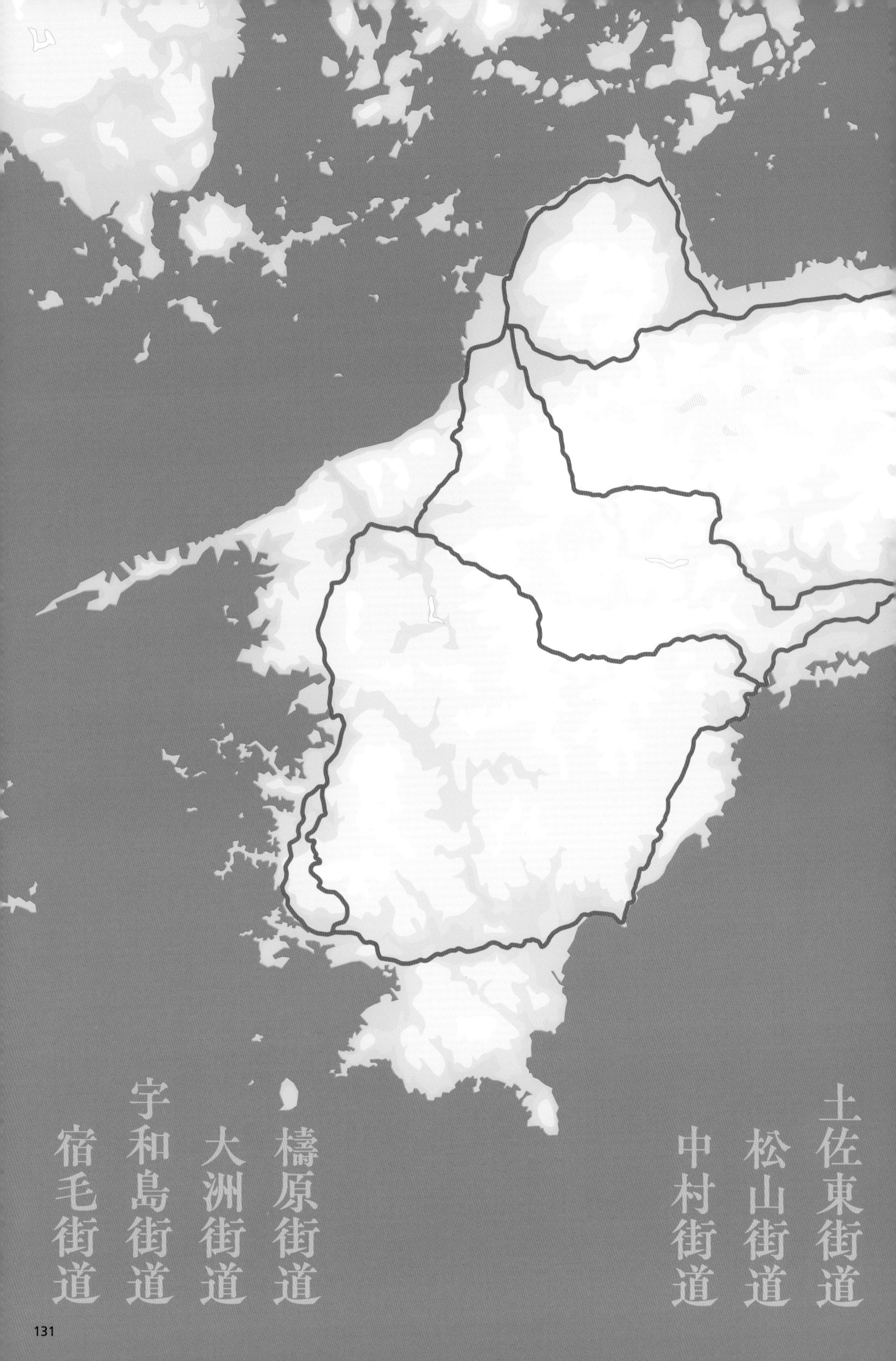
土佐東街道
松山街道
中村街道
檮原街道
大洲街道
宇和島街道
宿毛街道

志度街道／長尾街道

讃岐から阿波へ。八十八カ所巡礼の道

志度街道は、讃岐国の高松（香川県高松市）から阿波国の徳島（徳島県徳島市）を結ぶ道。高松からは志度を経て難所の大坂峠を越えて徳島に至る。讃岐国と阿波国の国境である大坂峠は古くから交通の要衝とされ、源義経の屋島攻めや豊臣秀吉の四国征伐でもこの峠を越えている。四国八十八カ所巡りの道として使われたほか、金刀比羅神社の参詣客も多く通ったという。街道の名になっている志度は四国八十八カ所第八十六番札所・志度寺の門前町。

長尾街道も高松から徳島を結ぶ道で、三本松で志度街道と合流して以降は同じ道を行く。四国八十八カ所第八十七番札所・長尾寺の門前町として栄えた長尾を通る道で、四国八十八カ所巡礼の道として使われたほか、高松からの往来も多く、讃岐国の主要街道のひとつだった。

志度寺の仁王門。背後に五重塔がそびえる

伊予街道／撫養街道

阿波国の往来を支える主要道

伊予街道は、阿波国の徳島（徳島県徳島市）から伊予国の川之江（愛媛県四国中央市）を結ぶ道。国道192号線の道筋とほぼ重なる。吉野川南岸の徳島から石井、川田、半田、井川を西へ進み池田で川北街道と合流した後、川之江へ至る。

撫養街道は、阿波国の撫養（徳島県鳴門市）から池田（徳島県三好市）を結ぶ道。川北街道とも呼ばれる。吉野川北岸で志度街道・長尾街道と交わる大寺を経て、脇町、郡里を西へ進み、池田で伊予街道と合流する。撫養から先、淡路国の由良まで続く道を含む場合もある。阿波国藩祖・蜂須賀家政が入封後に徳島城を築城し、城下町と街道も整備した。街道沿いには四国霊場巡りの八十八カ所第一番札所・霊山寺がある。また、脇町は特産品の「阿波藍」の集散地で、藍で財を成した豪商の家屋が立ち並ぶ「うだつの町並み」が今も残る。

脇町のうだつの町並み

高松街道／丸亀街道／多度津街道

金刀比羅宮へ通じる

高松街道は、讃岐国の高松（香川県高松市）から琴平（香川県仲多度郡琴平町）を結ぶ道。国道32号の道筋と重なる。金刀比羅宮への参詣道として用いられた。また、瀬戸内海沿いに丸亀へと向かう道も高松街道と呼ばれた。高松城の城下町・高松は東から長尾街道、志度街道が交わり、瀬戸内海の海運の中心地だったことから、中国、四国各地の物資が集まり賑わったという。

丸亀街道は、讃岐国の丸亀（香川県丸亀市）から琴平を結ぶ道。琴平にある金刀比羅宮は古くから海上交通の守護神として崇敬を集めていたが、江戸時代後期に庶民の間で金毘羅詣が大流行し、多くの参詣者で賑わった。丸亀港から金刀比羅宮までは約3里（約12㎞）の道程で、街道沿いには灯籠や丁石などが今も残る。

多度津街道は讃岐国の多度津（香川県仲多度郡多度津町）から琴平を結ぶ道。丸亀街道などと同じく金毘羅詣の道で、水運で栄えた多度津に集った西からの参詣客が主に通った。

堀に海水が満ちる水城の高松城

讃岐街道／小松街道／今治道

小松を起点に伊予国を横断する道

讃岐街道は、讃岐国の丸亀（香川県丸亀市）から伊予国の小松（愛媛県西条市）を結ぶ道。国道11号の道筋と重なる。四国霊場第六十八番札所神恵院や第六十九番観音寺を通り、川之江で伊予街道や土佐北街道と合流し、瀬戸内海沿いに小松へと西進する。伊予からの金毘羅詣の道として使われた。

小松街道と今治道は小松から伊予松山藩十五万石の城下町松山（愛媛県松山市）を結ぶ道。小松街道は国道11号と道筋が重なる。四国霊場第六十番横峰寺などを通る道で、難所の檜皮峠を越える。この峠道は道沿い3里に渡って桜が植えられたことから桜三里と呼ばれた。今治道は北側の今治を通る道で、国道196号と道筋が重なる。今治は瀬戸内海航路の中間に位置する海上交通の要衝で、塩田開発や伊予木綿の生産が進み、商業都市として発展した。

標高745mにある横峰寺（奥の院）

土佐北街道／土佐東街道

土佐高知へと至る主要道

土佐北街道は、土佐国の高知（高知県高知市）から伊予国の川之江（愛媛県四国中央市）を結ぶ道。国分、本山、立川下名を経て、笹ヶ峰を越えて伊予に入り、新宮、上分を経て川之江へ至る。伊予国と土佐国を結ぶ最短の道で、土佐藩主の参勤交代路として利用されたほか、庶民の生活道路としても利用された。吉野川流域特産の「碁石茶」が運ばれ、川之江、今治、尾道などでも愛飲されたという。

土佐東街道は、土佐国の高知から阿波国の徳島（徳島県徳島市）を結ぶ道。国道55号の道筋と重なる。太平洋沿いを進む道で、高知から物部、安芸を通り、野根山を越えて、甲浦、宍喰、岩脇を経て徳島に至る。古くからある道で、承久の乱で土佐の幡多に流された土御門上皇もこの道を通った。

土佐北街道の難所・笹ヶ峰

松山街道

高知から西へ、松山へと至る

松山街道は、伊予国の松山（愛媛県松山市）から土佐国の高知（高知県高知市）を結ぶ道。国道33号と道筋が重なる。松山から井門、久谷を経て三坂峠を越えて、久万、七鳥を経て土佐国に入り、用居、佐川、伊野を経て高知へ至る。アメリカから帰国したジョン万次郎や土佐を脱藩した土佐勤王党浜田辰弥（田中光顕）らが通ったとされる道。街道途中の伊野は土佐藩御用紙の手漉き和紙の産地で、白壁土蔵造りの紙問屋が今も立ち並び、手漉き和紙の伝統が受け継がれている。佐川は西の要衝で、土佐藩主山内家の家老・深尾家の領地で陣屋が置かれた。久万は松山藩の宿場町で久万山代官所が置かれ、四国八十八カ所第四十四番札所大寶寺の門前町として栄えた。

四国霊場第四十四番札所大寶寺

中村街道／檮原街道

坂本龍馬が利用した脱藩道

中村街道は、土佐国の高知（高知県高知市）と中村（高知県四万十市）を結ぶ道。国道56号の道筋と重なる。朝倉、高岡、須崎、窪川などを経て中村へ至る。中村は応仁の乱を避けた公家の一条教房が京から下り、中村御所を構え京の文化を移入した地。日明貿易船が南海路を経るようになってからは、「土佐の京都」と呼ばれるほどに繁栄した。

檮原街道は、土佐国の須崎（高知県須崎市）から伊予国の大洲（愛媛県大洲市）を結ぶ道。国道197号と道筋が重なる。坂本龍馬が脱藩した際に通った道として知られており、韮ヶ峠や九十九曲峠といった険しい山越えをして、土佐から伊予へと抜けた。

檮原に立つ坂本龍馬ら志士の像

大洲街道／宇和島街道／宿毛街道

伊予を横断し、各地に結ぶ

大洲街道は、伊予国の松山（愛媛県松山市）から大洲（愛媛県大洲市）を結ぶ道。松前、犬寄峠、中山、内子を経て大洲に至る。国道56号の道筋と重なる。大洲は初代藩主・加藤貞泰が6万石で入封して栄えた城下町は「伊予の小京都」と呼ばれた。

宇和島街道は、大洲から伊予国の宇和島（愛媛県宇和島市）を結ぶ道。大洲から鳥坂峠を越え、卯之町を経て法華津峠を越え、吉田から宇和島に至る。国道56号と道筋が重なる。宇和島藩の宿場町として栄えた卯之町は、四国八十八カ所第四十三番札所・源光山明石寺の門前町として賑わった。

宿毛街道は、宇和島から土佐国の中村（高知県四万十市）を結ぶ道。国道56号と道筋が重なる。宇和島から岩淵を経て松尾峠を越えて土佐国に入り、宿毛を経て中村へと至る。また、西側の岩松や平城を通るルートもある。宿毛は塩の産地として知られ、江戸時代は宿毛郷の中心で、大庄屋支配下の村方とは別に、宿毛山内氏の土居を中心とする町場があり、町庄屋が置かれていた。

卯之町（愛媛県四国西予市）の町並み

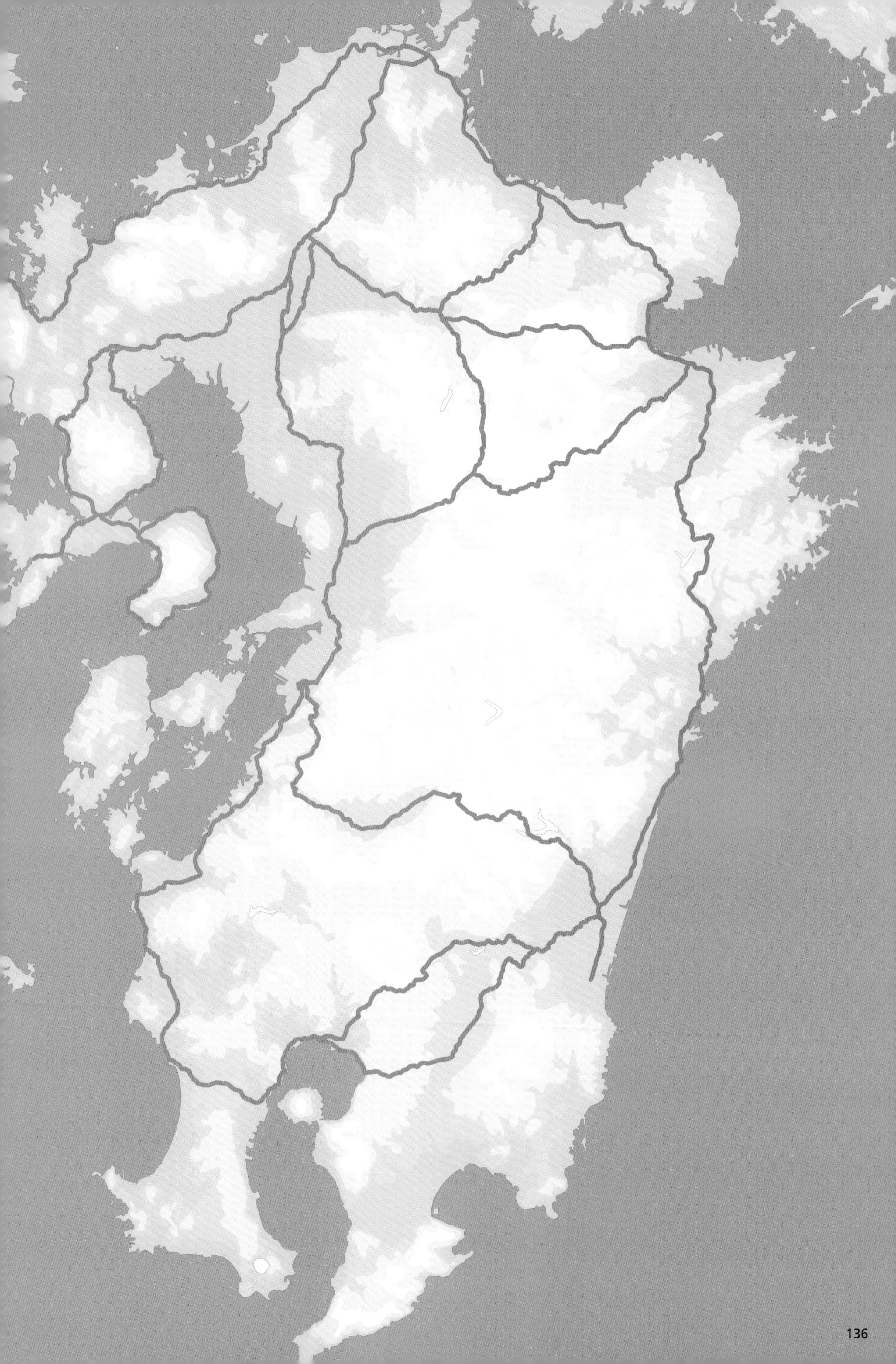

九州・沖縄の道

日向街道
長崎街道
唐津街道
島原街道
日田往還
豊後街道
薩摩街道
人吉街道
国頭方西海道

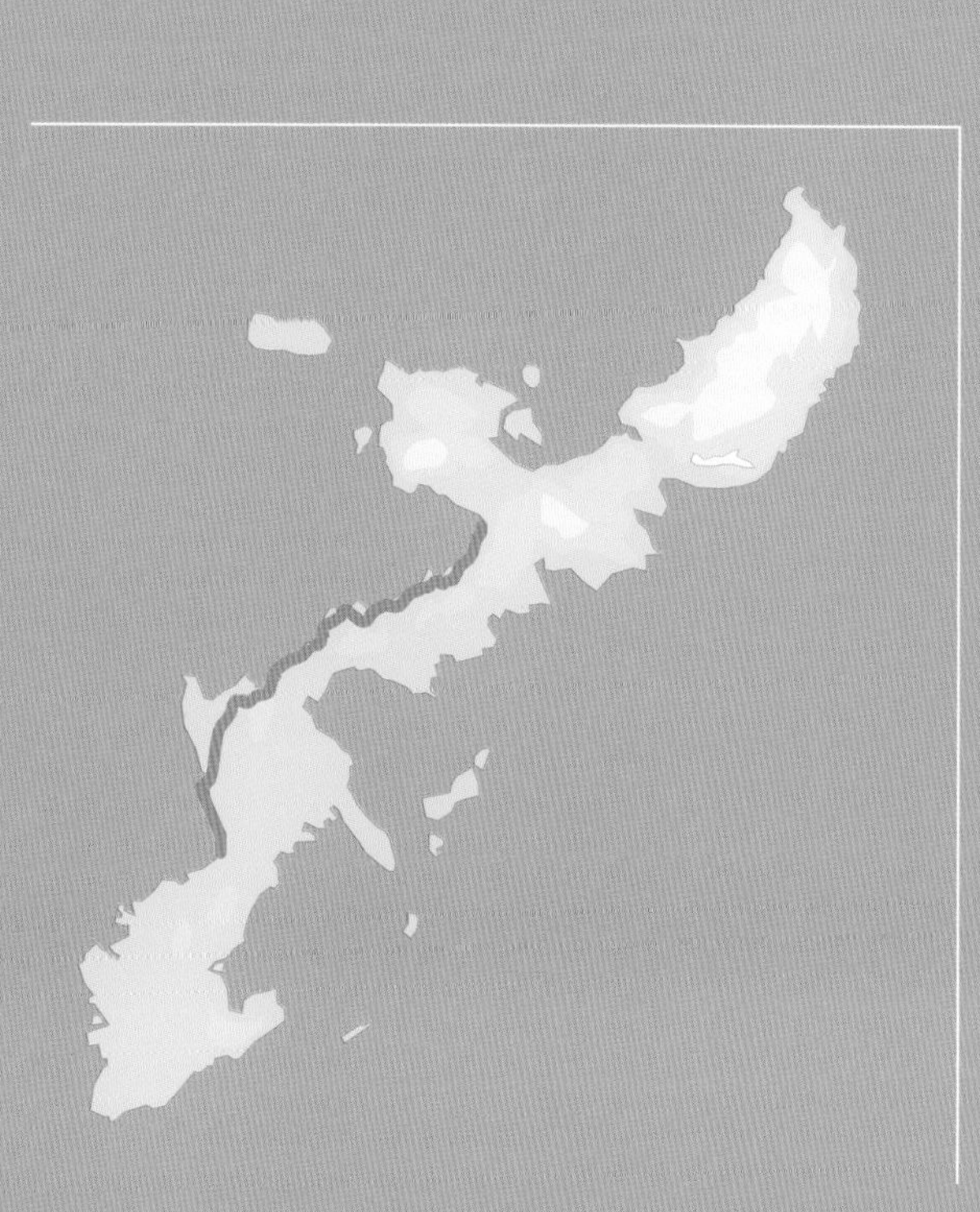

日向街道

九州の北端と南端をつなぐ

日向街道は、豊前国の小倉（福岡県北九州市小倉北区）と薩摩国の鹿児島（鹿児島県鹿児島市）を結ぶ道。国道10号の道筋と重なる。小倉を出て日田往還との分岐点である中津、宇佐神宮が立つ宇佐を経て険しい山道を抜けて豊後国（大分県）の府内に入る。府内は戦国大名の大友宗麟が築いた豊後最大の都市で、江戸時代には初代藩主・松平忠昭が入封後も府内藩の城下町として栄えた。府内を出て市場や小野市を経て、榎峠や梓峠を越えて日向国（宮崎県）に入り延岡へ。延岡は天孫降臨の地・高千穂への道に通じ、畿内に通じる海上交通の要衝として発展。銅・木材・炭などを江戸へ運んだほか、藩主の参勤交代の航路ともなった。延岡から神武天皇が東へ向け船出したと伝わる湊町・美々津を通り、人吉街道と合流する佐土原を経て、高岡で野尻と都城へ向かう道に分かれる。どちらも大隅国（鹿児島県）の加治木で合流し、薩摩国に入って薩摩藩の城下町鹿児島へと至る。九州の北端から南端までをつなぐ、全長約420kmの長い街道である。

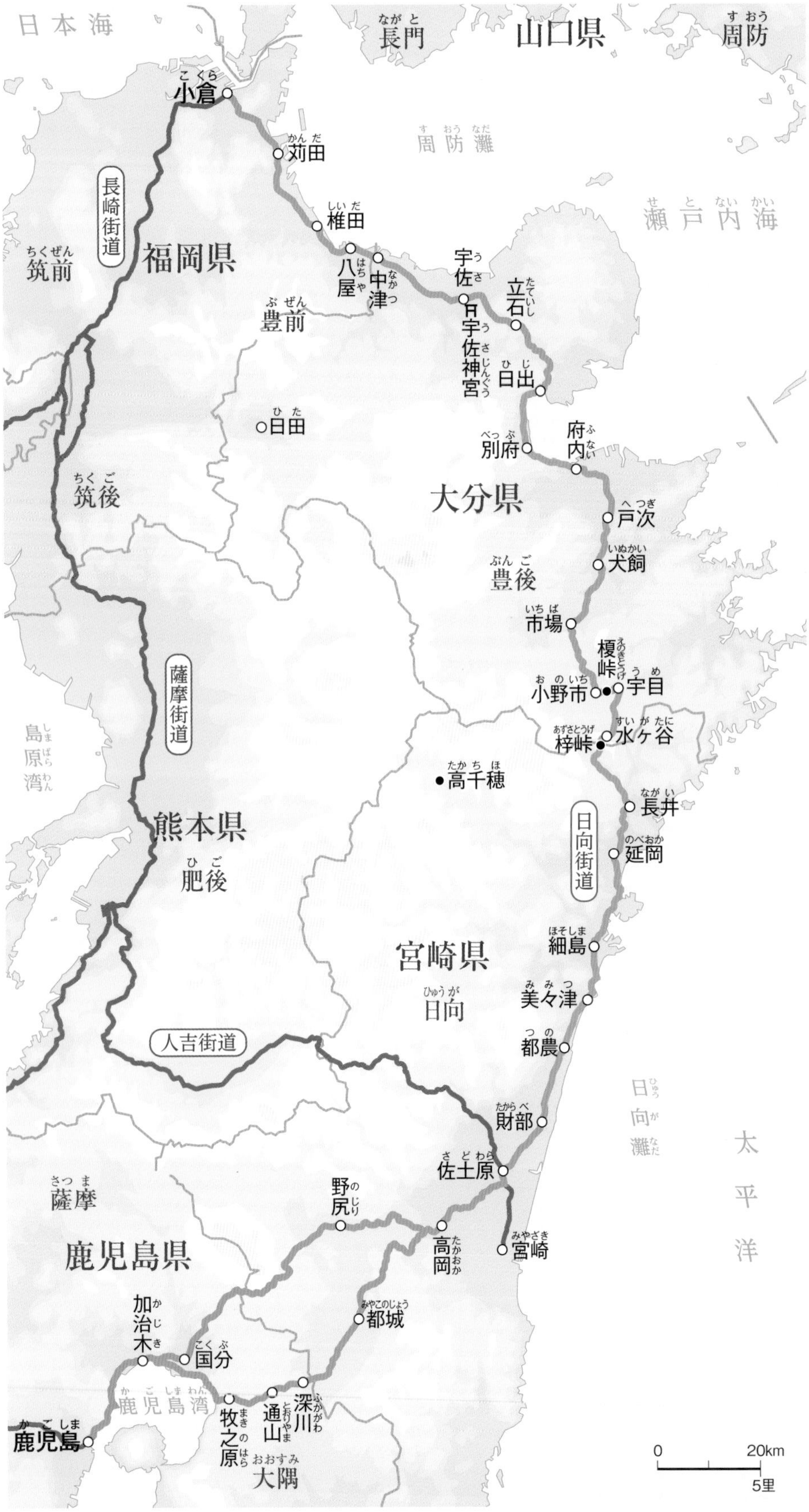

往時の町並みが残る美々津

全国八幡宮の総本宮・宇佐神宮

長崎街道／唐津街道／島原街道

大陸との玄関口、長崎へと続く道

長崎街道は、豊前国の小倉（福岡県北九州市小倉北区）から肥前国の長崎（長崎県長崎市）を結ぶ道。国道3号、国道34号、国道200号の道筋と重なる。約220kmの道程で薩摩藩・鍋島藩などの九州諸大名の参勤交代路として利用されただけでなく、長崎奉行や商人・学者・文人、オランダ商館長の一行など西洋商人も利用した。

唐津街道は、豊前国の小倉と肥前国の唐津（佐賀県唐津市）、さらに平戸（長崎県平戸市）を結ぶ道。国道3号、国道202号の道筋と重なる。宗像からの物資の集散地赤間、湊町博多を通る重要な道で、長崎街道の脇往還として、また福岡藩・唐津藩の参勤交代路として利用された。唐津のほかに、伊万里といった焼き物の町を通る道でもある。

島原街道は、長崎街道の肥前国諫早（長崎県諫早市）から口之津（長崎県南島原市）を結ぶ道。愛津で分岐して島原城のある島原を経由する道と、温泉地として知られる小浜を経て口之津へ至る道がある。分岐点の愛津は旅人の出入りが多かったため、番所が置かれた。主に島原藩主の参勤交代や長崎見回り、領内の巡視に利用されたため「殿様道」と呼ばれた。

寺院と教会が重なり合って見える平戸

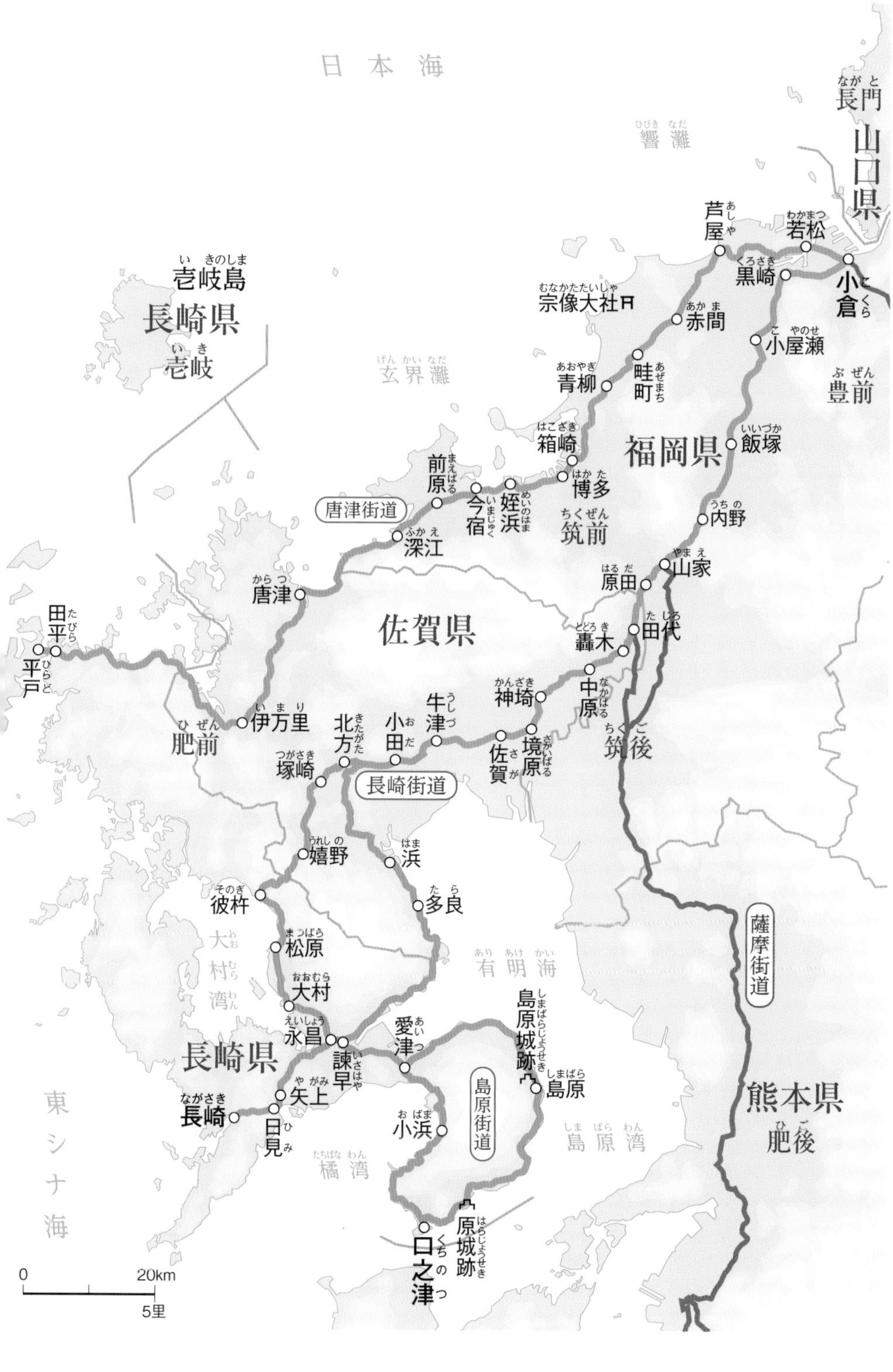

世界遺産に登録されている原城跡

日田往還

天領が置かれた日田から九州各地を結ぶ

日田往還は豊後国日田（大分県日田市）を起点として、豊後国の府内（大分県大分市）、豊前国中津（大分県中津市）、筑後国久留米（福岡県久留米市）、肥後国熊本（熊本県熊本市）など、九州各地に放射線状にのびる道。日田は多くの河川の合流地点であり各国の国境と接していた水陸交通の要衝で、この地を重視した江戸幕府は九州の外様大名を監視と年貢の管理のために、代官所（永山布政所）と陣屋を置いた。そして、天領日田の資金運用を請け負ったのが掛屋と呼ばれた日田商人で、質屋・製蠟・醸造などの家業のかたわら「日田金」を大名に貸付けるといった金融業を実施。日田は九州の経済の中心地となり、幕府や諸藩の武士、商人が日田往還を往来した。

日田の陣屋町・豆田の町並み

豊後街道

熊本藩の参勤交代の道

豊後街道は、豊前国鶴崎（大分県大分市）と肥後国熊本（熊本県熊本市）を結ぶ道。国道57号の道筋と重なる。鶴崎から野津原、今市、久住を経て肥後国に入り、阿蘇谷の坂梨、内牧を経て、二重峠を越えて熊本へ至る。主に熊本藩主や西南諸大名の参勤交代に利用され、鶴崎からは海路で瀬戸内海を通過し大坂に至り、東海道を通り江戸へ向かった。鶴崎は海の玄関として設けられた港町で、加藤清正が堀川の開削を行い、大野川の水を引いて船着場を造った。鶴崎は廻船問屋の寄港地として発展し、麦・大豆・鮎・椎茸・干鰯など豊後の特産品を運んだ。坂梨には坂梨口女改番所が置かれ、女の出入りを厳しく取り締まるための女改部屋があったと伝わる。

今も石畳が残る二重峠

薩摩街道／人吉街道

九州南部の大名が参勤交代に利用

薩摩街道は、筑前国の山家（福岡県筑紫野市）と薩摩国の鹿児島（鹿児島県鹿児島市）を結ぶ道。国道3号の道筋と重なる。長崎街道の宿場でもある山家から南下して筑後国（福岡県）に入り、さらに肥後国（熊本県）に入って豊後街道と合流する熊本藩の城下町熊本へ。南下して八代で人吉街道と合流し、国境の野間の関を越えて薩摩国に入り、阿久根や市来の湊町を経て、薩摩藩72万石の城下町鹿児島へと至る。鹿児島藩や熊本藩、久留米藩などが参勤交代にこの街道を利用した。

人吉街道は八代から球磨川沿いに進み、人吉を経由して日向国宮崎へと向かう道。国道219号の道筋と重なる。人吉藩が参勤交代で利用した。球磨川沿いの八代や人吉は舟運で栄えた。

鹿児島県出水市にある野間の関跡

国頭方西海道

琉球王朝が築いた道

国頭方西海道は、琉球国首里城（沖縄県那覇市）から今帰仁（沖縄県国頭郡今帰仁村）の番所を結ぶ道。国道58号の道筋と重なる。北谷（北谷町）、読谷山（読谷村）、金武（金武町）、名護（名護市）を経由する。琉球王国によって築かれた主要な街道で、首里王府と各地の間切（市町村）を結ぶ。地方を巡視する国王の行列や首里への旅人が利用したほか、沖縄で親族一門が行う聖地旧跡の巡拝行事「今帰仁上り」にも利用された。一里塚が置かれ、旅人の目安にされた。

北山王の居城の跡に今帰仁番所が置かれた

海の道

陸路の街道の整備が行われた江戸時代は、米や特産品などの物資を大量輸送するための、海路が発達した時代でもある。まずは江戸時代前期、「天下の台所」と呼ばれた大坂の物資を運ぶため、大坂－江戸間を結ぶ南海路が整備された。そして、寛文10年（1670）、奥州の年貢米を早急に江戸へ届けるための航路づくりを幕府から命じられた河村瑞賢により、東廻航路が整備された。当初は仙台藩の荒浜から江戸を結ぶルートだったが、後に酒田を起点とし、津軽海峡、三陸沖、鹿島灘、房総半島を経て江戸へ入る航路が開拓された。翌年には、酒田を起点とし、日本海に沿って本州を西に進み、下関から瀬戸内海を抜けて大坂へと至り、さらに江戸へとつながる西廻航路も確立した。こうした本州沿岸の航路の完成とともに、昆布やニシン、サケなどの海産物をもたらした蝦夷地との航路や、西国大名の参勤交代にも利用された四国・九州の航路も発展していった。

歌川広重「日本湊盡 長州下ノ関」

米積出港として発展した酒田の山居倉庫(明治時代建造)

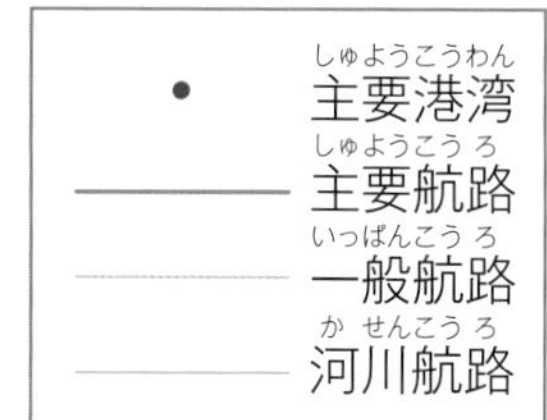

0 100 200km

西廻航路
福浦
三国
三保関
(美保関)
由良
敦賀
浜田
江の川
田辺
小浜
名護屋
萩
京都
下関
室住
(室積)
宮島
尾道
鞆
玉島
岡山
室津
平戸
小倉
兵庫
淀川
琵琶湖
唐津
博多
大坂
丸亀
撫養
堺
筑後川
御手洗
紀の川
鳥羽
長崎
吉野川
徳島
大崎
贄
島原
由良
九鬼
安乗
八代
田辺
須賀利
西廻航路
(南航路)
球磨川
浦上
(浦神)
鹿児島

【写真提供・協力(敬称略)】
国立国会図書館、富士美術館、農林水産省、岡崎市、三重県総合博物館、中津川市、江戸東京博物館、(一社)関ケ原観光協会、(公社)びわこビジターズビューロー、Art Institute of Chicago、ColBase、photolibrary、PIXTA

街道アトラス **歴史の道をたどる日本地図帳**

2024年3月25日　初版第1刷発行

編者――――株式会社平凡社
発行者―――下中順平
発行所―――株式会社平凡社
〒101-0051 東京都千代田区神田神保町3-29
電話 03-3230-6573〔営業〕

企画・編集―株式会社平凡社
地図制作――株式会社平凡社地図出版
デザイン――木高あすよ(株式会社平凡社地図出版)
印刷――――株式会社東京印書館
製本――――大口製本印刷株式会社

ISBN978-4-582-41818-7
平凡社ホームページ https://www.heibonsha.co.jp/

乱丁・落丁本はお取り替えいたしますので、小社読者サービス係まで直接お送りください(送料小社負担)。

「測量法に基づく国土地理院長承認(使用)R　5JHs　724」

本書の地図は令和6年に調製し、令和6年2月に部分更新を行いました。

【お問い合わせ】
本書の内容に関するお問い合わせは
弊社お問い合わせフォームをご利用ください。
https://www.heibonsha.co.jp/contact/